北京会馆碑刻文录

王汝丰 点校

北京燕山出版社

图书在版编目（CIP）数据

北京会馆碑刻文录 / 王汝丰点校 . -- 北京：北京燕山出版社，2017.11
 ISBN 978-7-5402-4893-2

Ⅰ . ①北… Ⅱ . ①王… Ⅲ . ①碑刻—汇编—北京 Ⅳ . ① K877.42

中国版本图书馆 CIP 数据核字 (2017) 第 307791 号

北京会馆碑刻文录

作　　者	王汝丰
责任编辑	夏艳　刘朝霞　俞伽
特约编辑	张芃
整体设计	吕敬人工作室　李顺
出版发行	北京燕山出版社有限公司
社　　址	北京市西城区陶然亭路 53 号
邮　　编	100054
电话传真	86-10-63587071（总编室）
印　　刷	北京兰星球彩色印刷有限公司
开　　本	787×1092　1/16
字　　数	482 千字
印　　张	36
版　　别	2017 年 12 月第 1 版
印　　次	2017 年 12 月第 1 次印刷

ISBN 978-7-5402-4893-2
定　　价　　188.00 元

版权所有　盗版必究

校辑说明

一、本书所录北京会馆碑刻，均据北京图书馆金石组编《北京图书馆藏中国历代石刻拓本汇编》(中州古籍出版社1989年版)，除首见全称外，均简作《拓本汇编》并注明拓本编号，册页编码，拓片尺寸，以及原碑所在地址等，以备考查。凡碑刻整体或大部分缺损漫漶不能辨识者，本书未录。

二、所据拓本，凡有残缺磨损、或漫漶莫辨文字，以□标示。缺字较多，不能确知字数者，以圆括号夹注说明。

三、所据拓本，原式均为繁体竖刻，现改简体横排。其中如捐款题名，改横排后格式稍变；原刻格式不尽相同，前后位置次序均未动。原竖刻之"如左""如右"，均照录未变。

四、所据拓本凡可确认之错讹字，以（ ）改正，置于原字之后。

五、少数碑文已见他书者，出校记，凡对校之书，除首见全称外，均作简称，如：《明清以来北京工商会馆碑刻选编》简称《碑刻选编》。《北京会馆档案史料》简称《档案史料》。《北京宣南会馆资料集成》简称《集成》。

六、凡原刻碑文有题者，均依原题。无题者据《拓本汇编》，或据碑文另拟，并出注说明。

七、本书所录会馆碑刻，凡以地域相区分者，按省分列。各省以首字笔划为序，依碑文撰写年月（或立碑年月）先后编列。"湖广"为清初省名，雍正后分置湖南、湖北两省。北京湖广会馆为湘鄂二省人士合建，本书据碑记仍以湖广旧名编列，工商行业会馆统一编列，不再细分。

八、原碑刻中汉字数字使用不一，有用大写者，如"壹、贰、叁、拾、佰、仟"；有用小写者"一、二、三、十、百、千"；有大小写混用者，如"壹百五拾两"、"陆十两"等，均依原刻，未加改动。

九、原刻中凡双行小字夹注，统改为单行小字。

十、清人文集中录出之北京会馆碑记以及相关记述，编为《别录》，各篇以撰写年月为序，注明出处，并附以作者简略小传。

前言

会馆是中国城市历史文化发展的产物。在经济发达的通都大邑,旅居异地的同籍士宦绅商,为联络乡谊,旅寓栖止,逐渐而有会馆的建置。随着城市经济的发展,工商业者为维护行业利益,交流行情,处理相关事务,逐渐又兴起工商行业会馆。

北京曾是元、明、清三朝都城,是全国的政治中心、文化中心和北方地区的经济中心。人文荟萃,士宦商旅云集,明永乐年间已有会馆创设,入清后,会馆建置日繁。晚清以来更日臻兴盛,为数也最多,居全国之冠。据史志专家考证,北京的会馆,包括以地域相区分的同乡会馆(试馆),和以不同行业相区分的工商行业会馆,其总数高达457所。1949年11月,北京市人民政府民政局曾有过一次会馆的调查统计,当时尚有391所之多。2011年出版的白继增先生所著《北京宣南会馆拾遗》一书中,作者经长期不懈的调查寻访统计,晚清以来,包括存废在内的北京会馆数量,仅宣武门以南一带即通称"宣南"的地域范围内,总数便高达722所,还不包括会馆所属的其他馆产如"义园""义地"等等。会馆成为北京城市社会历史中重要的民间社会组织,并以其厚重的地域文化特质产生了重要的社会影响。

会馆的建置沿革、增扩修葺、管理规条以及馆舍财产等等，大都有文字记述，刻石立碑，以昭公信，以垂久远，以资传承备考。每一块会馆碑刻的文字记载，都是一份宝贵的历史的记录，不仅是会馆历史文化的载体，同时也是珍贵的历史遗存。既是研究会馆及会馆历史文化第一手的文献资料，进而也是研究北京历史文化不可或缺的文献资料，具有重要的文献价值和史料价值。

学术界对北京会馆碑刻的发掘整理和研究十分重视。中国人民大学李华教授于上世纪60年代起，便不辞艰辛，奔波于北京外城正阳、宣武、崇文三门以南一带地区，寻访调查会馆碑刻。所得计165块，并从中选出90块，就其碑文加以考辨点校，编成《明清以来北京工商会馆碑刻选编》（文物出版社1980年版），另有75块存目未刊。1997年，北京市档案馆以馆藏档案为主，由方旭先生主编的《北京会馆档案史料》一书出版，其中收入北京会馆碑刻55件。以上两书共收碑刻145件，加上上述李书中存目75件，共220件。这些碑刻资料的整理刊出，为学术界提供了珍贵资料，嘉惠学林，为促进北京会馆的研究作出了很大贡献。

除上述已经点校问世的碑刻外，尚有大量碑刻散落各处。随着北京城市建设日新月异的发展变化，许多碑刻或已由原址移存他处，有的碑刻或已毁损残断，甚或已不知下落，散失难觅。如果不亟加搜寻、保护、抢救，将是难以弥补的损失。1989年，北京图书馆（今国家图书馆）金石组编成《北京图书馆藏中国历代石刻拓本汇编》，总计100册，由中州古籍出版社出版。这是一套规模宏大的碑刻拓本集，煌煌巨制，蔚然大观。其中收入北京会馆碑刻拓本约计150余本。这些拓本，展示了北京会馆碑刻原貌，其碑文所记，无论内容繁简，都是北京会馆历史发展的真实记录，是北京会馆研究不可或缺的原始资料，对会馆碑刻的保护、利用，更具有重要意义。

国家图书馆收藏的上述北京会馆碑刻拓本，除少数已经标点排印见于他书外，绝大多数都尚未整理点校。当我读到这些拓本时，立即为之吸引，喜不自禁。我曾试着对其中一些碑文加以标点，以加深自己对碑文的理解。没有想到，一触即未能释手，断断续续，日积月累，数量日增，也日益感到标点辑录的必要，在几位老友的鼓动和鼓励下，遂下决心尽力完成对这批碑刻拓本的标点校辑工作。初意如此，没有什么宏图远略，只想竭尽个人绵薄，做一点基础性的事情，以提供读者阅读和利用的方便，或能有助于对这批拓本资料的研究，则不胜欣幸，并当感谢有心于此的研究者了。

还有一些北京会馆的碑记以及相关的记述，散见于清人文集中。作者都是当时旅寓北京的文士名流，又都是参与会馆建置、修葺的亲历亲见者。这些文字记述，除个别已勒石立碑，其馀均未见有碑刻，是会馆碑刻难得的补充，同样具有重要的文献价值，弥足可贵。拾遗补缺，特将平日读书所见辑为《别录》编入，计34篇，希望对北京的会馆的研究有所增益。

辑校工作虽已勉力毕事，但心仍忐忑。由于年老体衰，尤其是为学识不足所限，力不从心，难免有舛误错讹，恳请指正，不胜感激。

王汝丰

二〇一五年十一月于怡思苑

目录

山东省 / 1

三义庙创立义园并施棺木碑记 / 2

山左义园历次置地碑 / 6

增置宝应寺义田房间记 / 8

登莱义地碑记 / 10

重整山东登莱义园宝应寺公产碑记 / 12

山西省 / 15

创立三晋会馆序 / 16

三晋会馆箴 / 18

重修三晋会馆记 / 19

重修三晋会馆捐资题名碑 / 21

重修汾阳会馆记 / 23

重修炉神庵老君殿碑记 / 25

重修炉神庵老君殿碑阴题名 / 27

重修炉神庙碑记 / 29

曲沃邑侯张公重修会馆碑记 / 31

重修河东会馆碑记 / 33

重修会馆碑记 / 35

重修浮山会馆捐资题名 / 40

创建西晋会馆碑记 / 45

重修临汾东馆记 / 47

汾阳会馆捐金题名记 / 49

重修新建高庙碑记 / 51

山右会馆碑 / 53

三忠祠诗并记 / 55

山右三忠祠题词 / 57

重修三晋会馆记 / 59

重修三晋会馆捐款题名 / 61

西晋会馆扩建关帝庙碑记 / 65

三圣祠碑 / 67

创立公会义地碑记 / 70

重建晋太平高庙碑记 / 72

增修晋翼会馆碑记 / 74

河东会馆重修碑记 / 76

重修高庙记 / 79

襄陵会馆碑记 / 81

重修河东会馆碑记 / 84

晋太高庙重修新建碑记 / 86

重修三晋会馆暨三忠祠记 / 88

关帝庙碑 / 90

重修浮山会馆关帝庙捐资及首事人题名 / 92

移建神殿重修翼城会馆碑记 / 95

三晋东馆记 / 97

南城煤行补修太原会馆捐资题名碑 / 99

太原会馆重修碑记 / 102

诸商号捐款题名 / 104

三晋公寓记 / 107

山右临襄两馆归一碑 / 108

山右临襄两馆归一碑题名 / 110

重修代州合属会馆碑记 / 112

金妆神像碑记 / 114

浮山会馆碑阴题名 / 116

重修会馆记 / 119

浮山会馆题名碑 / 121

重修晋太高庙记 / 124

重修太原郡馆碑记 / 127

云山别墅记 / 129

修建云山别墅京外官绅商号捐赀题名碑 / 132

云山别墅规条 / 134

重修会馆记 / 136

重修浮山会馆碑记 / 146

潞安会馆碑 / 150

潞郡会馆纪念碑文 / 152

潞郡会馆纪念碑题名 / 154

襄陵南北两馆癸亥纪念碑 / 158

重修襄陵会馆记 / 159

太原会馆捐资题名碑 / 161

广东省 / 165

琼州会馆碑记 / 166

袁崇焕墓碑 / 168

廉州前后会馆合记之碑 / 169

新建广东南海县会馆碑记 / 172

新会邑馆记 / 174

重修顺德邑馆碑记 / 176

顺德邑馆碑记 / 177

京师番禺会馆碑记 / 180

重修广东旧义园醵金题名 / 182

韶州新馆记 / 186

重修粤东旧馆碑记 / 189

袁督师庙诗刻 / 191

袁督师庙匾额 / 192

袁督师庙联 / 193

袁督师庙碑记 / 194

明袁督师庙记 / 199

袁督师祠墓诗刻 / 201

	康有为袁督师庙联 / 202	江苏省 / 243	元宁新馆记 / 244
	梁启超袁督师庙联 / 203		惜字会馆捐资题名碑 / 246
	重修明督师袁崇焕祠墓碑 / 204		重修扬州会馆碑铭 / 250
			重修西元宁会馆记 / 252
广西省 / 207	柳州会馆建置始末记 / 208		梁家园惜字会馆重建文昌殿碑记 / 255
			改上江两邑会馆为江宁郡馆记 / 259
			重修江阴会馆记 / 261
			重修南通县馆记 / 263
云南省 / 213	赵譔事迹记 / 214		徐州会馆捐款题名刻石 / 265
	滇会馆记 / 216		创修徐州会馆记 / 267
	请谥赵譔奏稿碑 / 219		
	赐谥忠愍诗 / 221	安徽省 / 269	重建宣城义塚碑记 / 270
	赵譔祠堂记 / 223		歙县义阡禁示碑 / 272
	经理会馆条规序 / 224		重修会馆记 / 274
			重修歙县会馆捐输题名 / 276
江西省 / 229	新置江西抚郡南馆碑记 / 230		会馆岁输经费记 / 279
	抚郡南馆捐款题名 / 232		歙县义园禁示碑 / 282
	重修吉安义园记 / 234		庐州会馆记 / 284
	重修庐陵会馆记 / 236		重修庐郡会馆碑记 / 285
	重修抚州新馆记 / 238		新建安徽会馆记 / 286
	重修抚州新馆捐资题名 / 240		庐州会馆记 / 289

奉天 / 293

- 京师凤阳会馆记 / 291
- 北平奉天会馆碑记 / 294
- 奉天会馆题名 / 297

河南省 / 307

- 重修中州东馆碑记 / 308
- 重修中州东馆乐输题名 / 311
- 重修开封会馆记 / 317
- 重建嵩云草堂记 / 319
- 创建北京正阳县会馆记 / 321

陕西省 / 325

- 三原新馆碑记 / 326
- 华州会馆唱和诗 / 328
- 重修朝邑会馆碑记 / 330
- 重修朝邑会馆碑记 / 331
- 朝邑会馆捐款题名记 / 332
- 朝邑会馆记 / 333
- 三原南馆记 / 335
- 创建商山会馆记 / 337

浙江省 / 341

- 重修全浙会馆记 / 342
- 重修全浙会馆捐资题名 / 344
- 重修全浙会馆碑记 / 348
- 重修全浙会馆捐助题名 / 350
- 山阴会稽两邑会馆记 / 355
- 浙江会馆捐款题名 / 358
- 宁绍乡祠岁修碑记 / 361
- 睎贤阁记 / 363
- 修禊堂记 / 365
- 杭州会馆记 / 367
- 改建嘉兴六邑馆碑记 / 369
- 重修上虞会馆记略 / 372

湖广省 / 375

- 子午井铭并序 / 376
- 子午井铭 / 378
- 北平湖广会馆癸未董事题名 / 380
- 湖广会馆子午井诗刻之一 / 382
- 湖广会馆子午井诗刻之二 / 384
- 湖广会馆子午井诗刻之三 / 386

福建省 / 389

龙岩新馆碑记 / 390

龙岩会馆捐资题名记 / 392

工商行业会馆 / 395

梨园会馆碑 / 396

梨园会馆题名 / 397

创建黄皮胡同仙城会馆碑记 / 399

正乙祠碑 / 402

正乙祠碑题名 / 404

绦行恭逢圣会碑记 / 406

续修针祖刘仙翁庙碑记 / 408

仙城会馆市地题名记 / 410

重建新义塚碑记 / 413

重修仙城会馆碑记 / 415

重建公馆碑记 / 418

绦行碑记 / 419

建立罩棚碑序 / 421

春台班义园碑记 / 425

颜料行会馆碑 / 427

颜料行会馆捐资题名 / 430

玉行长春会馆馆产碑 / 432

玉行长春会馆馆产碑题名 / 434

重修仙城会馆碑铭 / 436

糖饼行碑 / 439

安苏义园碑 / 442

梨园聚议庙会碑 / 444

梨园会馆碑 / 446

梨园会馆碑 / 447

重修成善水局碑 / 448

绦行圣会碑记 / 451

重修玉行长春会馆之碑记 / 453

靴鞋行财神会碑文 / 455

玉行长春会馆馆产碑 / 458

北京琉璃厂安平公所记 / 461

整容行公益会碑 / 463

牛骨行行规碑 / 465

北平市五金业同业公会建筑会所碑记 / 467

北平市五金业同业公会购置会址纪略 / 469

北平市五金业同业公会创立纪念碑 / 471

别录 / 475

宣城会馆记　施闰章 / 476

创立三晋会馆序　上官鉝 / 478

重修广州会馆碑记　程可则　/　480

重修中州会馆记　汤斌　/　483

仁钱会馆落成蒙皇六子作八分书题"湖山凝秀"并附跋语奖勖，肃咏陈谢　金甡　/　485

高安县会馆记　朱轼　/　486

修建长沙郡会馆　彭维新　/　489

金陵会馆记　方苞　/　491

京城抚州临川二会馆记　李绂　/　493

休宁会馆碑记　汪由敦　/　495

山右三忠祠碑记　朱筠　/　497

重修浙绍乡祠记　邵晋涵　/　500

松江义殡记　吴省钦　/　502

寄同乡外任诸公　阮葵生　/　504

重修中州东馆碑记　胡季堂　/　506

重修云间会馆版记　吴省钦　/　509

重修正乙祠碑记　邵晋涵　/　511

梁家园惜字会馆记　赵怀玉　/　513

重修扬州会馆碑铭　阮元　/　515

重修黎川新馆记　陈用光　/　517

敬题黎川新馆供奉文武二帝圣像　陈用光　/　519

绩溪会馆尚义轩记　胡培翚　/　521

重修湖广会馆碑记　/　523

京师长元吴会馆为先曾祖尚书芝庭公创建，自乾隆庚辰至今道光癸巳，已阅七十三年矣。仲春三日，芝轩冢宰暨同郡诸君供奉文昌神位于馆中，附设先尚书公神位以志不忘，敬成二律志感　彭蕴章　/　527

群玉山房记　彭蕴章　/　529

代三晋公寓筹画信　祁寯藻　/　531

重修广东旧义园记　邓华熙　/　532

京城长沙郡馆始末考　罗汝怀　/　534

重修嘉兴会馆记　许景澄　/　536

移建广东会馆募疏　谭宗浚　/　538

记修葺浙绍乡祠　李慈铭　/　540

浙绍乡祠联额　李慈铭　/　542

越中先贤祠目序例　李慈铭　/　544

记修葺全浙会馆事　李慈铭　/　562

山东省

共 5 座

三义庙创立义园并施棺木碑记
山左义园历次置地碑
增置宝应寺义田房间记
登莱义地碑记
重整山东登莱义园宝应寺公产碑记

三义庙创立义园并施棺木碑记

嘉庆二十三年（1818）

　　盖闻桑梓谊切，常深瘗旅之情；异地奄然，莫甚无棺之惨。但吾东省以推车食力于潞河者，日益繁盛，而以病故，柩难归里，亦有起柩无坟可葬者，岁亦不免。更有贫不能殓者，尤堪凄恻。此属同乡同里咸为念切而不能自已者也。是以年来同志拟创义园，为吾东省亲友殁于潞河者或埋葬、或暂厝之地。并置粗棺数十口，以济无力买棺之人。而所需颇大，若非众擎，难成善举。今议，凡在小车店载货物者，每车一辆，每次捐助京钱四十文，以为置地之需。所有开小车店并看守堆房人等，每月每人捐助京钱二百十文，以为买棺之用。遇有病终，挨次葬埋。烦祈三义庙住持将姓名、住址挨次序注册，以备查册起柩之益。伏愿乡台诸友，关情休戚，协力玉成，俾同乡客死者旅榇有托，无棺者骸骨得安，其为厚德应胜于麦舟之助矣。是为引。

堆　房　王维清　方　盛　王甲选　王有智　李□飞

	王澄清	高 起	张祖业	刘洪远	王祯祥
	张 可	张继载			
助 善	胡廷瑞	蓝有文	李 存	张国弼	张永泰
	张 钰	王国柱	林 祥	周 仁	黄廷□
	陈□孟	张 □	李□□	刘永龄	韩蛟龙
	王存义	武兴文	李 春	孙光灿	董福兴
	李 瑛				
袁□海	孙 海 车子房等		姜 盛	董 泰	李连元
	胡运斗	马大陞	苗武忠	胡运清	胡运成
	朱□林	孙□书	李永年	隗长德	刘 哲
	陈世珍	王希成	许盛三	袁绍发	袁绍德
	傅及茂	袁清吉	袁永贵	袁□富	杨振□
	魏可举	王 仲	孙可发	姜 凤	邓天祥
	宋其□	张宗安	张宗禹	闫 贵	李延龄
	董 瑞	李发玉	尤廷礼	尤廷锡	贺景顺
	卢 昆	卢 福	李重喜	魏□信	马元勋
	张日东	王起安	吴克亮	高世珍	李洛书
	李洛瑞	袁永福	袁宏贵	董 吉	张福先
	黄五广	郭 梅			
王甲选 车子房等		史 诘	安国勋	丁克祚	崔文瑞
	戴文□	崔学楷	杨起蛟	王士贤	范 栋
	王百川	郭有勋	王□周	朱元学	韩 清
	李成先	王立业	商秉祥	郭元清	刘希禹
	刘富吉	方士□	吕 □	花春玉	黄 璞
	庞□□	吴光增	郭元魁	庞荣亮	刘 □
	堵振明	王顺先	张永祥	李仁礼	李贵友
	马宏□				

王永福车子房等	纪　成	段为□	荣健龙	谢九玉
张惟俭	杨盛林	夏立本	张祖□	刘尚武
宋□安	陈茂松	王云平	万　祥	王永□
强明春	陈宗清	李□春	罗□山	胡云成
朱作凤	马天□	刘□□	□　荣	胡长安
杨可有	高立德	赵□□	张荣春	孙光伍
董象坤	王继发	李□□		
高景宗车子房等	冯　义	郭景□	潘　起	曹士宽
王海□	隋代□	王德安	□　陵	隋福□
隋　□	王　起	高　□	孙成□	杜克修
隋万林	刁　林	刁立功	隋宗鲁	燕玉□
李希□	何修敬	张钦宗	高可□	白　二
苗　□	白　贵	苗苹中	吴化凤	
张有德车子房等	吴克明	王　泰	徐　顺	范天左
吴可春	孙福盛	周发仲	王永富	霍□存
李□□	张国珍	王士顺	郭盛□	李广太
张　和	李广明	白　琏	花士秀	车永泰
王士先	吴可□	李士顺	李士孝	杨知元
杨士文	梁国泰	刘发中	刘发庆	李　刚
张祖显车子房等	段　绪	张继先	张永和	林　玉
陆廷杰	李希武	王□朝	张祖德	张祖朴
张□□	□□□	杨□增	李法圣	宋廷选
刘悦和	李希增			
李　惠车子房等	杜魁书	张志方	湛永盛	王　顺
胥　鉴	马全才	张世贤	王允礼	周玉密
吴文章	王起先	李　洪	李德成	范柴德
姜子盛	刘永孝	刘永顺	王子仁	周永顺

刘　清　胡　兴　吴化平

王维清堆房推车人等

大清嘉庆二十三年岁次戊寅菊月吉旦　住持僧广瑞率僧徒孙觉悟敬立

《拓本汇编》第78册第178页。拓片编号：京8322。拓片碑身高154厘米，宽83厘米。额均高23厘米，宽25厘米，正书题"永垂不朽"。碑在北京市通州区新城南门外。

山左义园历次置地碑

道光二年（1822）

　　大清嘉庆十年三月十六日，置地一段，计十四亩。坐落新城南门外新开路，东至道，西至王宅地，南至道北，北至道，四至分明。价银六十两正。

　　嘉庆十三年十二月初六日，置地二段，共计十四亩五分。坐落新城南门外新庄北上坡。东至宝通寺地，西至刘姓地，南至官道，北至宝通寺地。又一段，东至李姓地，南至刘姓地，西至道沟，北至官道，四至分明。价钱八十七千文。

　　嘉庆十六年七月二十九日，置地一段，计八十六亩。坐落通州城南梨园庄南边。东至旗地，南至李宅坟地，西边南至黄宅坟地，西至旗地，北至车道，四至分明。价钱一千零三十三千文。

　　本庙向有先代遗留香火地二段，计三十亩。坐落本庙，后改为山东义地。

　　嘉庆二十五年十□月初七日□典菜园一段，计二十亩。坐落新庄，东至马军地，南至菜园，西至新庄，北至大道，四至分明。典价清钱二百五十千。又地一段，计十亩，坐落晒米厂，典价六十千整。

道光二年二月初十日买地一段，计四十四亩。坐落新城南关□（砖）坯厂。东至官道，南至王姓地，西至小道，北至官道，四至分明。买价清钱四百千整。

助善　　　　韩□□　周明德　王保□　赵田□　□□忠　张□泰
　　　　　　刘□□　邓　瑛　赵　祥　刘自明　赵□旺　韩廷业
　　　　　　孔□□　萧永泰　张　琨（以下磨损莫辨）
　　　　　　□　□　张明山　丁□诚（以下磨损莫辨）

《拓本汇编》第78册第179页。拓片编号：京8322。拓片碑身高154厘米，宽83厘米。额高23厘米，宽25厘米，正书题"山左同立"。原无题。题为点校者所拟。刻于嘉庆二十三年《三义庙创立义园并施棺木碑记》碑阴。碑文记嘉庆二十五年及道光二年二月两次置地事。当为道光二年补刻。

增置宝应寺义田房间记

道光五年（1825）

京都广宁门东南半里许，有宝应寺，旧传自李唐时建。寺门南向，门内伏魔殿三间，坐北向南。正北佛殿三间，亦南向。佛殿之两旁，接连耳房各二间，为禅房。东西廊房共六间，为客堂。寺附近多开旷地，我登莱二郡游京师者旧置义田三处，一在寺东南；一在寺北；一在寺西南，用以埋葬二郡人之客死而无归者。寺后小房二十一间，计正屋两处，一九间，一六间；东西厢屋六间，亦登莱人置为疾病、休养、死丧暂停之所。比年来，义田埋葬渐无隙地，其养病、停柩处又本狭小，渐不足于用。住持僧通福亟请于余。余于道光甲申年告陈伟堂太史与乡人在京者共议之，遂有众义士倡率捐赀，得京钱七千二百四十串，于寺东北增置田六亩，寺南置田四亩，埋葬浮厝，不患无地焉。越岁，乙酉春正月，庀材鸠工，于佛殿西偏后筑正房五间，西房三间，以广旧有二十一间之数，养病、停柩亦不患无地焉。于是僧通福计众善士所捐赀尚有所馀，请于余曰，寺为古刹，而规模未廓，四方善士过往于兹，或车马无所容，或几榻无所设，幸因馀赀，于旧有之西耳房、西廊房之西，接连增筑正房三间、西厢三间、对厅三间、车门一座，所以广禅房客堂者，较为整洁而开展矣。是年九月，置田筑室诸事粗成，请余记之。余曰，此众善士之义举也，此住持僧之成劳也，因备志其始末如此，而又愿后人之继此事于地之不足以容埋葬，屋之不足以供栖息，则倡义而迭增之，至于永永年代是无穷之善也夫。是为记。
赐进士出身兵部右侍郎随带加一级黄邑贾允升撰文
赐进士出身翰林院编修前翰林院侍读学士黄邑陈官俊书
道光五年岁次乙酉九月　谷旦　住持僧通福□立

《拓本汇编》第79册第88页。拓片编号：京702。碑身阴、阳均高130厘米，宽67厘米。额高22厘米，宽21厘米。篆书题"功德无量"。碑阴刻"登莱二郡众善公立"。碑在北京市西城区广安门内南线阁。

登莱义地碑记

同治六年（1867）

　　京都左安门外马回甸村，旧有山东登莱二郡义地十二亩，以为二郡有故于京都，力不能回籍者埋葬之所。创始多年，无从考稽。乾隆元年，二郡之贾于京者，仿旧地十二亩之规，添置八亩。嗣后，岁久塚满，基地累恢。五十六年复购十四亩，嘉庆十四年又如之。道光十三年又添购十二亩，迨今故塚累累，又无隙地，因又添购十亩，以备不虞，于是合前后所购之地，共七十亩，庶几藏骸有所，可以安背井之魂；致祭以时，可以慰若敖之鬼，诚为笃念桑梓，不遗死亡之义举也。村旁旧有忠佑关帝庙，扫墓者皆借此休息，因托住持和尚照料一切，数十年来无不尽善。嘉庆元年，二郡人捐赀重修后院观音殿，并立碑于殿之东院。咸丰元年，在东院建立碑亭，六年，于东院后建屋五楹。盖二郡借庙以休息，而庙遂因二郡以辉煌也。爰勒贞珉，志斯举之颠末以永垂不朽云。

赐进士出身礼部仪制司郎中前翰林院庶吉士记名御史山左林庆贻撰文并书

同治六年八月初一日　谷旦　建立

《拓本汇编》第 83 册第 118 页。拓片编号：京 6265。高 190 厘米，宽 68 厘米。额双钩正书题"众义不朽"。碑在北京市丰台区左安门外马回甸。

重整山东登莱义园宝应寺公产碑记

光绪二十九年（1903）

登莱义园之附于宝应寺也，自乾隆壬戌始，至道光五年黄县贾东愚少司马、潍县陈文悫相国倡率集赀，添建殿宇，增置义田，而庙宇田产遂由二郡京官综理。嗣因不得其人，僧人无赖，窃将田产售典殆尽，而善举之废弛且数十年矣。光绪十二年，福山牟朵珊侍御始议修举其事。未几，侍御出守柳州，福山王文敏大司成继之，检查契册，追究已失之公产，虽未尽复旧额，然已得其过半，而车公庄、二里沟亦佥议并入兹寺。遂订立章程，延总管一人、司事三人以经理之。二郡值年京官及四市会首随时督察之。延僧一人，俾专司香火。以房地租入为岁修舍宇及总管司事僧人、工人薪工之费。复纠集二郡绅商按时捐资，每届年终，资送柩骨。于是绅商之故于京师者，停厝有所；其贫无力者，悉得归骨于故乡，洵盛举也。庚子之乱，都城失守，文敏公暨其夫人率孀媳投井以殉，洋兵据城，经年始退，庙舍半遭焚毁，而兹寺独全，谓非文敏公之忠魂默为呵护者欤。乱既定，二郡绅商感念弗忘，于寺内西室立文敏公神牌，并追立倡兴义举之先达诸公各神牌，岁时荐香酒以申景仰。诸先达功德在斯，即食报于斯，此亦乡先生没而祀于社之义耳。惟自遭乱以后，百事复将废弛。登莱之官于京师者，惧坠乡先达之懿美，乃因时变通，酌改旧章，集四市会首及绅商，捐赀重加整理。其田产皆详稽文契，绘图造册，由宛平钤印存案，以杜盗卖欺隐之弊。诸事既集，爰勒于石，以垂久远，并刻公产总数于碑阴，以备稽考。庶踵其事者易为修举，而乡先达之懿美可永弗坠焉，是所望于后之君子已。是为记。

赐进士出身钦加三品衔赏戴花翎候选道掌云南道监察御史潍县陈恒庆撰

赐同进士出身赏戴花翎国子监祭酒莱阳王塼书

光绪二十九年岁次癸卯夏五月　立

《拓本汇编》第88册第172页。题：《山东登莱义园宝应寺公产碑》。拓片编号：京706。高126厘米，宽66厘米。额高17厘米，宽16厘米。篆书题"永垂不朽"。碑在北京市西城区广安门内南线阁。

山西省

共 60 座

创立三晋会馆序
三晋会馆箴
重修三晋会馆记
重修三晋会馆捐资题名碑
重修汾阳会馆记
重修炉神庵老君殿碑记
重修炉神庵老君殿碑阴题名
重修炉神庙碑记
曲沃邑侯张公重修会馆碑记
重修河东会馆碑记
重修会馆碑记
重修浮山会馆捐资题名
创建西晋会馆碑记
重修临汾东馆记
汾阳会馆捐金题名记
重修新建高庙碑记
山右会馆碑
三忠祠诗并记
山右三忠祠题词
重修三晋会馆记
重修三晋会馆捐款题名

西晋会馆扩建关帝庙碑记
三圣祠碑
创立公会义地碑记
重建晋太平高庙碑记
增修晋翼会馆碑记
河东会馆重修碑记
重修高庙记
襄陵会馆碑记
重修河东会馆碑记
晋太高庙重修新建碑记
重修三晋会馆暨三忠祠记
关帝庙碑
重修浮山会馆关帝庙捐资及
　　首事人题名
移建神殿重修翼城会馆碑记
三晋东馆记
南城煤行补修太原会馆捐资
　　题名碑
太原会馆重修碑记
诸商号捐款题名
三晋公寓记

山右临襄两馆归一碑
山右临襄两馆归一碑题名
重修代州合属会馆碑记
金妆神像碑记
浮山会馆碑阴题名
重修会馆记
浮山会馆题名碑
重修晋太高庙记
重修太原郡馆碑记
云山别墅记
修建云山别墅京外官绅商号
　　捐赀题名碑
云山别墅规条
重修会馆碑记
重修浮山会馆碑记
潞安会馆碑
潞郡会馆纪念碑文
潞郡会馆纪念碑题名
襄陵南北两馆癸亥纪念碑
重修襄陵会馆记
太原会馆捐资题名碑

创立三晋会馆序

康熙六年（1667）

士君子释蔬屩而谒承明，矢志清忠，以报朝廷者，靖献之义则然也。而父兄师友之教则渐远矣①。乃东西南北各异其乡，一乡之中有先达长者，则父兄之训宜尊也。有同寅协恭，则友于之谊可亲也。而且秩秩以观礼，雍雍以观乐，虽乡党燕洽之际，而班朝莅政，型仁讲让之休，俨然存乎其间，此其意可深思也。按各省具有会馆设于京师，吾晋虽褊，三河古帝更都，而平阳尧之所理，春秋人物，天下莫强。以及后代节义，理学文章，如汉之太史公、唐之梁公、宋之温公、明之文清公，均表表千载上下，莫有敢与为轩轾者。班班往喆，指不胜屈。今在廷诸臣，内而公辅，外而节钺，济济相望而一馆不备，于典为缺。癸卯初春，学士杨君、院长朱君揖余而言曰：吾晋陶唐遗俗，崇尚节俭，而乡井宴好之情，未可略而不讲，曷纠众谋，同肇懿举，在内在外，勉力创治。余曰唯唯。见今吴门、关中两大中丞，咸负重望。燕、齐、豫、楚、闽、越宦游诸君，尤多名贤，不惮一时之经营，竖立百年之远图，岂非上愿。

但斯馆既立之后，在朝君子，尊尊而亲亲，贤贤而贵德。岁时伏腊，燕集有期，共以忠臣孝子，良友悌弟相劝勉，不徒斤斤然讲乡曲之礼而修饮食之好，甚盛典也。古者太史陈诗，国风十五，《周南》《召南》之后，不遗《蟋蟀》《葛屦》之章，今晋尤是唐风也。林立班行，共事圣主，尚备斯馆以附诸省之末，凡我同人，知必不以此举为迂图，况乎吾乡先正，典型可师，后之人安在不可仰止高山，而兴思景行者乎？愿言跂予，遹观厥成。是为序。

大清康熙六年岁次丁未四月吉旦

大理寺少卿翼城上官鉁撰

校记：

① "渐远矣"：碑刻漫漶，据上官鉁《诚正斋文集》卷一，页八同题文补入，《清代诗文集汇编》第59册，第216页。

《拓本汇编》第62册第85页。拓片编号：京7165。拓片高32厘米，宽70厘米。碑在北京市西城区骡马市大街。

三晋会馆箴

康熙二十三年（1684）

维我三晋，陶唐遗风。家敦节俭，里重桑农。

登朝受禄，夙夜在公。事业务实，文章由中。

先明义利，慎辨和同。官宁恬退，道取协恭。

谈心讲学，克己责躬。与子言孝，与臣言忠。

共修共证，成始成终。太平无事，佳会何穷。

康熙甲子元日刑部尚书蔚州魏象枢六十八岁题并书

《拓本汇编》第64册第48页。拓片编号：京7145。拓片高46厘米，宽93厘米。石在北京市西城区骡马市大街。

重修三晋会馆记

雍正十三年（1735）

三晋会馆创始于康熙丁未之夏，乃乡先达协力经营，为岁时伏腊讌集之地，以敦礼让而联桑梓之谊，□□历今六十馀年，中间虽有补苴，而垣墉栋宇日就倾圮。雍正甲寅春，佥议修葺，公推侍御朱东园、张青臣、大理宋雅伯三先生董厥事。在京同人咸醵金捐助，而外任诸君子传闻所至，亦有分清俸以襄兹举者，遂庀材鸠工，不数月间焕然复新，斯亦足以徵吾乡人心风俗之厚，固未尝不逮曩昔也。工既竣，同人属余记之。余谓吾侪当里居时，散处各郡邑，某占中条之峰，某傍太行之麓，或依汾流之浜，或介大河之滨。相去远者且千馀里，近者亦不下数十里。闻名相思，每以不获款接为憾。今者幸得备官朝宁，共宣猷于盛代，班联鹭序，砦并天街；邸舍邻比，不啻同井。然而又重葺斯馆，以时聚会，此岂偶然之故哉！其会于斯馆也，言孝言忠，尊贤尚齿，与夫德行政事，理学文章，前何以追踪往哲，后何以风示来兹，则魏敏果公之箴词，古质简约，真意盎然可挹；上官廷尉之序言，一篇之中，亦复三致意焉。吾侪亦唯遵守其说于勿替而已矣。时雍正十三年岁次乙卯仲春，工部右侍郎管理水利钱粮兼营田观察使副使加六级纪录十二次王钧撰。

《拓本汇编》第 68 册第 162 页。拓片编号：京 7167。拓片高 46 厘米，宽 79 厘米，石在北京市西城区骡马市大街。

重修三晋会馆捐资题名碑

雍正十三年（1735）

重修三晋会馆捐资同人（下数字漫漶莫辨）

　　工部右侍郎王钧　　陆拾两

　　太仆寺卿范毓馪　　捌拾两

　　河东副总河都察院右佥都御史刘勷　　伍拾两

　　司经局洗马兼翰林院修撰崔纪　　伍两

　　翰林院检讨王承尧　　叁两

　　翰林院检讨卢秉纯　　叁两

　　翰林院庶吉士杨二酉　　肆两

　　翰林院庶吉士梁文山　　叁两

　　掌浙江道监察御史朱士伋　　叁拾两

　　掌陕西道监察御史张嗣荣　　叁拾两

　　贵州道监察御史崔琳　　肆两

　　贵州道监察御史张鹓　　叁两

　　山东道监察御史张考　　肆两

吏部验封司郎中田懋　柒两

刑部江西司郎中田震　拾伍两

户部云南司员外刘绳伊　拾贰两

刑部陕西司员外马淇珩　柒两

刑部安徽司员外于大梃　肆两

刑部四川司主事马壓　捌两

吏部文选司额外主事张传液　叁两

候补主事郭二成　捌两

大理寺右寺正宋在诗　拾两

内阁中书刘炘　肆两

京营参将杨先荣　拾两

銮仪卫经历赵升朝　伍两

中兵马司副指挥朱肯营　肆两

鸿胪寺孔闻午　肆两

山东济水道张体仁　陆拾两

江西盐驿道闫尧熙　拾两

直隶永平府知府梁锡藩　拾两

河南归德府知府李闻梾　捌两

山东武定府知府张文炳　拾两

广西庆远府知府王锡璹　伍两

湖广试用知州路声闻　柒两

湖广平江县知县高能宣　叁两

候选知县郑时庆　肆两

候选知县梁开宗　贰拾两

大兴县县丞闫金坛　柒两

雍正十三年乙卯春日刻石

《拓本汇编》第68册第165页。拓片编号：京9501。拓片高49厘米，宽75厘米。石在北京市西城区骡马市大街。

重修汾阳会馆记

乾隆八年（1743）

天下文人学士，宾客□□，萃集于辇毂之下，□□君子念有以联桑梓而解索居，故筑为馆舍以便侨寓焉。汾邑有会馆在正阳门外留守尉西南隅斜街，□来已久。有□一代，文风鼎盛，通籍者以此为公车之所，谒选之区，先达名贤，□□匾额，而邑中领乡荐、登贤书□□□□朱榜以仿雁塔遗意，此会馆之大有造于后人□□□□□□□□□□师□门其□人□□□□□□□□神殿上塑□圣□□□□□□□□□□乡人之贸易□□□每逢朔望，瞻仰趋拜，接踵而来，香火不绝。又旧例于五月□□□□□□□□□□□□□□□凡我同乡，聚谈□饮，终日尽欢，是出门求友，他乡遇故，又赖有此耳。（磨损漫漶约20字）于今岁月云□，风雨飘摇，鼯鼠侵削，已非复旧日之馆也。□□□□□□□□□□□□□□□□候选从九品任藻、武生武承祖、国学生谢承珖、国学生李□□、刘□□、□□□□黄廷□、王□明、任□□、李文□等俱踊跃从事，或捐资，或募化，鸠工庇（庀）材，卜吉而起。因其旧规，稍为□□，不□月而告竣，煌煌乎巨观也。是役也，乾隆癸亥三月兴工，本年七月告成，土木匠役之费约九百余金，因直书其事以垂不朽云。

乾隆八年八月中秋谷旦

赐进士第中宪大夫原任奉天府府丞吕文樱撰

岁贡生候选儒学训导靳□□书

《拓本汇编》第69册第131页。拓片编号：京9962。拓片高125厘米，宽68厘米。碑在北京市西城区棕树斜街。碑左下残损，碑记作者及书丹者名，据《拓本汇编》之说明补。

重修炉神庵老君殿碑记

乾隆十一年（1746）

京城崇文门外，有炉神庵，仅存前明张姓碑版，初不详其创建所由。询庵所得名，则以供奉李老君像，故炉神之。老君之为炉神，于史传无所考。予尝揆以意，或世传道家丹灶，可铅汞致黄白故云尔耶？抑亦别有据耶？吾山右之贾于京者，多业铜、铁、锡、炭诸货，以其有资于炉也，相沿尸祝炉神唯谨。① 庵不专祀老君，② 其伏魔殿佛殿，前后修举于潞商，而老君一殿独颓然支架飘风晦雨中。诸贾不宁于心，敛金鸠工，并配庑、山门，悉更新之，完整逾前二殿。予思先王神道设教使百姓由而不知，后世求福情胜，不核祀典，往往创为臆说，曰某事某神司之，某业某神主之。支离附会，其可笑如老君之为炉神，何可殚述。然苟其不列于淫祀，类足以收摄人心，生起敬畏，③ 而移其敬畏神明之念；货力不私以急公，上勤孝养，时乡里匮乏固其所优为，则吾乡人之共成此举，其可嘉正④自有在者。老氏之学，清净无为，归本谷神不死为天地根意，其心超万物，绝无所丝毫芥蒂于名利者。丹灶之说，固不足信，即有其术，当夫青牛仙去，方将逃名养拙于无何有之乡，唐漠之野，⑤而犹寓意尘世，博后来崇奉，栖神红炉赤焰间哉！此其老掌故，学有本原，必无大谬于圣人之道又可知也。吾并揭而出之示乡人，俾知老君可世祀，而祀老君者不必其在炉神也。至经始落成，岁月及赀费工料之数，首事者能胪列记之，不复赘述云。时乾隆十一年岁次丙寅八月谷旦众善等立。

都察院左副都御史合河孙嘉淦撰

校记：

① "唯谨"：《明清以来北京工商会馆碑刻选编》脱。
② "庵不专祀老君"：《碑刻选编》脱。
③ "起敬畏"：拓片漫漶，据《碑刻选编》补入。
④ "其可嘉正"：《碑刻选编》作"其可嘉止"。
⑤ "唐漠之野"：《碑刻选编》作"广漠之野"。

《拓本汇编》第69册第184页。拓片编号：京730。阳高123厘米，宽59厘米。额高、宽均19厘米。双钩篆题"重修碑记"。碑阴题名，高122厘米，宽60厘米。额高22厘米，宽18厘米。碑在北京市西城区珠市口西大街潞安会馆。

重修炉神庵老君殿碑阴题名

和硕怡贤亲王

和硕裕献亲王

宗室辅国公

顺天府府尹钱晋锡

副都统宁秀

侍读学士薄有德

京营总镇陈武

礼部侍郎孙岳颁

吏部左侍郎赵士麟

左都御史杨汝榖

工部尚书李先复

礼部尚书钱以垲

保和殿大学士王熙

内大臣阿拉锡

刑部尚书张照

左都御史沈近思

兵部左侍郎永寿

宗人府府丞张国栋

内阁学士翁英

太仆寺正卿范毓馪

河南道御史杜之昂

刑部郎中王克昌

彭世荣	申崇厚	梁承业	刘国祥	韩文科	齐镕录	李茂芳
李芝富	李芝荣	王文炳	西得库	陈有德	夏增吉	史天禄
卢士俊	额林徹	俞廷试	何起麟	李 涛	李进忠	孙国用
徐国铨	陈正心	沈钟秀	田本顺	潘养正	董学孔	盛弘学
徐有德	杨 彪	祁继祖	钟志淳	金朝鸾	秦国忠	张万仓
鲁登霁	李文迪	沈礼科	郑世泰	宋世显	萧应麟	薛福瑾
李之秀	李守元	辛兴鸾	闵国柱	刘应第	栗世业	房子明
石国柱	杨 芳	张鸣珍	胡世泰	黄三纪	李鸿儒	顾秉润
郑三阳	王希舜	马成龙	张问礼	李国用	李应兰	王文烜
王廷选	刘国凤	钟毓美	张秉忠	郝国辅	马登第	李永贵
张承宗	李 正	邓之祥	王问臣	王 玺	包永源	金弘声
赵士英	张文英	李 德	李 灿	王廷铭	樊本佐	孙承德
田成玉	袁守仁	王廷策	韩国琦	李仙基	杨世发	陈嘉猷
韩芬友	宁承英	范 瑛	盛心学	李元芳	王国兴	张寿祥
张 琳	冯进贵	郭正义	赵振宗	韩国瑞	买象晋	王圣谟
王永泰	张启庆	陈 琮	房成府	刘永年	赵振国	袁国栋
田嘉玉						

《拓本汇编》第69册第185页。《重修炉神庵老君殿碑记》之碑阴刻石，原无题，题为点校者所拟。

重修炉神庙碑记

乾隆二十一年（1756）

尝考神人感应之理，窃叹寺观之修建，神像之金妆，虽曰人力，而发于不容已，动于不自知，盖有不关人工而感于神圣之威灵者，情出自然，无容强也。都中崇文门东三里许，旧有炉神庙，相传创自张君，其后历年久而风雨摧，为日多而墙垣坏。登堂拜谒者莫不共为咨嗟，而工费浩大，皆以独力难成而止。壬戌春，上党铜行诸君子瞻栋宇之倾颓，伤圣像之剥落，因大发其乐善之心，各出己囊相与勉力捐输，因其旧制，扩其规模，迄于今，庙貌巍然，道君之圣像赫然而金碧辉煌，焕然改观矣。此后，又建如来佛殿五楹，西建关圣帝君殿五楹，通前山门一座。工起于乾隆七年三月，告竣于二十年十一月。其间历十数馀年，约费三千馀金，而纠工庀材，不惮劳瘁，非广种福缘，好善乐输者，乌能若是。余备员京邸，叨任木天，不暇与诸君子共襄胜事以助成工，乃工成之后而属文于余，余固甚幸张君创建于前，更幸诸君大成于后，使莫为之前，虽美而弗彰，莫为之后，虽盛而不传，夫安知非冥冥之中有默为其感而发于不容已,动于不自知者乎?因以不文之词,述其始末以志不朽云。是为序。

赐进士出身儒林郎翰林院编修加二级范清沂薰沐拜撰

钦命稽察南新仓山东道监察御史加三级戴章甫沐手敬书

乾隆二十一年岁次丙子孟夏吉立

《拓本汇编》第71册第80页。拓片编号:京731。拓片阳高123厘米,宽70厘米。额高20厘米,宽18厘米。双钩篆题"重修碑记"。碑阴高104厘米,宽63厘米。刻捐资姓名字号,漫漶莫辨,略。额高24厘米,宽18厘米,双钩篆题"万古流芳"。碑在北京市西城区珠市口西大街潞安会馆。

曲沃邑侯张公重修会馆碑记

乾隆二十四年（1759）

　　京师曲沃会馆，创于顺治戊子岁，为邑大司马贾公汉复捐输也。至康熙八年己酉，贾公复纠邑绅士合力重修。为地二区，其东一区，正殿五楹，祀佛像，左右祀关帝、火神。东西二厢招僧住持。其西一区，旧有正庭及群房。庭颜"敬梓"，示敬睦桑梓之意也。后不谨于火，遂只遗空基。小屋六七间。□住持无赖，随逸去。数十年来，沃人官京师者寥寥矣，无复过而问兹馆者。虽司马后裔之隶旗籍者环相为理，不过于茅草颓屋中岁取其租而已。幸邑侯湘潭张公讳坊，字和五，自天镇调治沃土，去蒙驿，复水利，惠政班班，于己卯夏以卓异荐于朝，引见入都，而兹馆之兴举及期矣。先是丁丑冬，公纂修沃乘，见旧载贾司马及高、卫二相国京师会馆文，遂以其地询诸邑人，茫无知者。公入都即访得之。返沃日以节省从教书院费，遣役赍金赴都，属比部王勋、裴志□、虞部行有□及原任序班赵锡衮、需次县令雷光远重为修葺，不佞惠民亦与其中焉。先期招山右临汾僧人真福住持馆内供香火，即督理工作，为力甚多。贾氏后裔名邦基者偶为间阻，随自悔，礼请于众□，修成后贾氏子若孙不复干预，此亦足见贾公之灵为不泯矣。遂庀材纠匠，殿宇之坍塌者修之，两厢之废坏者□之，墙垣□瓦，栋宇闬闳，焕然一新。于以缵承司马敬梓之意，俾邑之□公车者藉以赋乐土焉。公之治沃，其利泽且远逮都城，不诚□千古耶。至若辉煌景象，式廓规模，其西一区基址犹存也，则以俟后之善承贤侯之志，不忘贾公之休者。□承修葺之役，为感邑侯之德，遂叙其事以镌诸珉石。

乾隆二十有四年岁次己卯冬十有二月

顺天己卯科举人山西癸酉科拔贡邑人苏惠民顿首拜撰并书

《拓本汇编》第71册第163页。拓片编号：京7131。拓片阳通高152厘米，阴通高150厘米，均宽65厘米。阳额篆题"继美前徽"。碑阴见第71册第164页。两载刻，上序，下刻贾汉覆《曲沃会馆原记》。漫漶甚，莫可辨识。略。碑在北京市西城区虎坊桥路北。

重修河东会馆碑记

乾隆二十五年（1760）

京师为名胜之区，亦四方聚会之所也。河东会馆建自雍正五年，于彰义门大街路南置乔姓旧址而立者。其时略加修葺，日久半就倾圮，屡欲拓其故而未果。今上御极之廿有四年，重熙累洽，近悦远来，猗欤盛矣。吾河东僻壤，地联北直，近日月之□光，沾雨露之洪泽，服贾于都会者实繁有人。于是集议以志重修河东会馆，引□□□□，念前功之匪易，奚堪遽废于一时。咸发欢喜之心，共图鼎新之举。以得乐助□□□□□□于旧所而兴造焉。前为头门，以次为堂者，前后四层。过道一方，榴列屋翼，其旁□□□□□陆间，凡深长三十五杆零五寸。北阔十三杆零三寸，南阔十二杆零七寸。良材□□□□椽土，四周以垣，向之颓然就圮者，今则焕然改观矣。兹于乾隆二十五年二月二十七日动工，六月十五日告成。共费金若干两。堂中奉祀关圣帝君、火德真君、福德财神。公举住持朝夕香火，庶有无化居明，荷懋迁之上意，而商贾安业，幽赖默佑于神灵。今而后，列肆而居者，会集有方；交易而退者，各得其所。当圣神寿诞，讽祝于斯；岁时伏腊，欢聚于斯。且沐皇恩，迓神庥，联梓谊者，举于斯矣。习而安焉，不见异物而迁焉，吾侪勉乎哉！是用永勒贞珉，后之观者，宜思前功，无替于后，以葺其敝。是岁夏五勒石。

督工人　柴□□
　　　　田□□
　　　　虞□□
　　　　□□□
　　　　李　□
　　　　常　□
　　　　张　□
　　　　吉永禄
　　　　靳元□
　　　　李成□
　　　　葛进□
　　　　柴　芳

玉工　　刘正方

大清乾隆年六月初六日　立石

本馆住持□宝华山正宗第九世律学沙门园正

重修会馆碑记

乾隆三十年（1765）

晋浮山会馆原建于京都正阳门外鹞儿胡同南隅，为吾邑祀神、同乡聚会之所也。旧来栋宇崔巍，丹艧壮丽，祥臻上国，瑞兆人文，历有年所矣。而世远年湮，风雨剥蚀，榱题墙垣渐多倾折。乙酉之春，吾侪公倡义举，捐金修葺，倾者以正，废者以兴，更造演乐之台，用以享神灵而洽人欢。竹苞松茂，轮奂维新，诚阖邑萃处于京师者之宏馆也。兹于本年季秋告成，将见福德永昌，人文蔚起，奕奕绵绵，光于前而显于后矣。爰记重修之始末，勒义举之芳名，俾嗣事者有所考证而永垂不朽焉耳。

阖邑绅缙

    直隶分巡□□□大兵备道兼水利河道加二级张体中

    刑部陕西司郎中候选道张体乾

    湖北分守安襄郧等处下荆南道加二级张圣治

    四川保宁府巴州知州张元济

候选知县张圣注

候选布政司理问张圣泽

候选员外郎张圣洙

　　捐银贰拾肆两

候选县丞张德洪捐银拾两

福建福州府候官县知县候补同知段玠捐银拾两

陕西西安府礼泉县知县张介禧捐银肆两

四川直隶绵州知州加三级王二南捐银肆两

汾州府汾阳县儒学训导张泽焕捐银肆两

蒲州府猗氏县教谕张斗寅捐银肆两

四川龙安府石泉县典史张□猷捐银贰两

天津峻德号捐银伍两

公会各号姓氏

　　兴茂号　韩永□　杨金□

　　永兴茂号　杨从□　邢弘隆　朱作□

　　西峻兴号　乔万琮　□云瞻　张永祚　陕金□　周易□

　　丕兴号　姜大业　贾钟琼　杨从游

　　中泰和号　卢　忠　杨从亮　卢　蓉　张　峻

　　西兴号　杨汝安　张□□

　　东峻兴号　贾万德　乔仁明　乔万珍　孙九锡　刘国樑

　　东泰和号　程大礼　郭万通　□　□　程式贤　高□□

　　欣茂号　李□枝　郭思容　王金尧

　　久兴号　张　强　侯玉□　解明华　张君弼　赵居仁

　　西泰和号　张廷鉴　杨金铃　严守怀　卫特邦

　　东兴号　姚金玉　刘春彦

　　中峻兴号　陕金馨　郑君仁

　　以上各捐银陆两

远兴号　郭□大
恒丰号　陈自修　陈自得　李荣盛　王□世　□昌后
双凤号　王明达　段良衣　卫裔韶　卫裔浮
恒泰号　邢弘才　李□林　高玉□
恒盛号　邢弘□　杨士科　陕继尧
恒茂号　杨捷基　李　□　杨敏恕
恒裕号　卫□隆　邢文□　崔世凤
公昌号　李应兴　卫世安
魁元号　郭从仁
永茂号　杨承基　郭　正
顺义号　杨培正　郭玉山
永兴号　李生材　李　任
复兴号　徐□□　孙信忠
通茂号　杨□基　杨思义　秦及谅
富有号　杨孟书　杨□基　孙从正
　以上各捐银伍两
万昇号　张凤来　李春兴　郑　康
仁□号　程大义　王道口　张　震
和□号　郭万口　马学汤　杨从容
定兴号　李魁元　段生芳
和顺号　贾　汶　汪　南　张大江　乔宗福
协兴号　张　□　汪人□
永增号　□□□　□玉芳
会源号　□□□　□□□
　以上各捐银肆两
东万昇号　雷国柱　赵光振　何□公
义兴号　杨从义　□□□

□元号　郭从智　杨大平

德茂号　□□寿　李继盛

□□号　杨金□　杨金□

同盛号　乔学□　杨从仁

协□号　张魁星　徐书升

永丰号　□□□　□九□

履泰号　柏世峻

　以上各捐银叁两

□顺号　李春贤　卫吉喜

洪茂号　程大臣　郭□南　程□恭

仁和号　贾　□　贾作□

公顺号　程　佩

南峻兴号　柏殿元

忠益号　卫□仁

吉昌号　段弘道　王　河　刘□达

廷盛号　葛人纪　姚书升

源兴号　乔　□　乔　桂　乔　□

西金元号　□　□　□□□

兴隆号　杨从□　刘　相

大成号　王建武

长兴号　郭　恭

　以上各捐银贰两

馆内西院供神，南殿三间，后庭三间，前庭三间，戏楼三间，北房三间。

东院

南房三间，中北房三间，东房三间，西房二间，门楼一间，北房二间，东房一间，共房三十间。

乾隆岁次乙酉年孟冬月　日　吉立

《拓本汇编》第72册第129页。拓片编号：京4170。碑身阳阴均高124厘米，阳宽69厘米，阴宽72厘米。额高27厘米，宽24厘米。篆书"万古流芳"。碑在北京市西城区鹨儿胡同。

重修浮山会馆捐资题名

乾隆三十年（1765）

阖邑各号姓氏

  元聚号 黄　介 孔希文 李法舜 冯金有

  广兴号 张学诗

  泰山号 张　义

  恒裕号 乔星辉

 以上各捐银贰两

  永盛号 李清林 乔如辉

  富兴号 张起凤 张自修

  永茂号 孔学景 孔学先

 以上各捐银壹两伍钱

  聚兴号 柏天锡 姜廷本

  安盛号 杨扶基 李连登 李　璋

  伍源号 盖体福

  广丰号 李孝琛

太和坊　侯玉隆　杨宗寿

万顺号　孙致忠

悦来号　高缵汤　孟金堂

复兴号　张四书　张如礼

公盛号　李若枫

泰恒号　张弘智

恒泰号　张　斌　郭自美

仁和号　王　蒲

泰盛号　郭国贤

利裕号　杨振基　张　清

三义号　李宪章

亨裕号　赵　谦

永泰号　盖本才

义成号　程大生

同泰号　权朝宰

同盛号　冯　璞　卫星德　李子昌　乔福盛　乔福增

柏世斌　李生樑

李生桐　段弘昌　段弘道　张本极　李　顺

恒聚号　严守本　李福贵

同盛号

恒盛号

同兴号

连兴号

大有号　郭永芳　段伦衣　段霞衣　杨彦惠　刘　宽

恒直号　杨仕荣

　以上各捐银壹两

　　朱　长　捐银陆钱

兴顺号　韩显宗

永益号　赵　议

丰盛号　高大□（盛）

晋泰号　权乘位　程克论

永兴号　张天□

茂盛号　王殿举　卫大观

义兴号　吴可丰

和兴号　姚　□

永盛号　王廷彦

复兴号　李□玉

恒泰号　王□俊

三义号　赵居公

长盛号　白应元

义和号　李从众

德茂号　陈二仁

三元号　张维轮

天成号　张法恒

恒顺号　郭耀宗

日昇号　柏学业

和聚号　郭致祥

合兴号　卫廷贵

三和号　李法宁

洪泰号　张复兴

永茂号　程文光

复增号　李生良

泰和号　万　琬

新盛号　李文德

源盛号	卫元法					
恒立号	李继舜					
永顺号	王□					
同兴号	王□□					
永盛号	张银山					
复兴号	□惠照					
同盛号	李定忠					
双和号	张正云					
义合号	王重世					
三合号	霍星福	柏万世				
恒旺号	陈自旺					
九化坊	陕宏□					
永兴号	杨忠全					
天顺号	盖（王）统伦					
兴隆号	王弘昇	陈嘉会	赵光才	杨天良	孙士长	邢三畏
	葛守□	李景唐	段佐衣	段法颜	邢三英	孟自杰
	刘保彦	孙乾忠	吴顺□	张友直	刘万珍	郭自信
	王大贵	张大英	李提仁	王子华	赵居慎	李□
	安乐国	张峻	李绍□	葛生泰	李元忠	卫三榜
	孙克武	卫三邢	邢三星	邢□□	张寿	段星标
	姚虞□	李希杰	薛生□	李永芳	张照	卫□安
	程克谦	黄□景	卫子高	张光□	王得志	杨守望
公盛号						
公兴号						
源盛号						
同茂号						
兴盛号						

永合号

同盛号

涌泉号　霍登福

西增盛号

天兴号

天祥号　赵法孟

永盛号

　　以上各捐银伍钱

	李希德	乔人□	张　玠	柏万库	韩正旺	李　会
	李□性	乔万恕	马星魁	卫□湖	乔宗长	
	卫大标	郭自成	卫□□	孟文安	盖邑祥	
	李翠兰	柏□常	张九望	王　□	李大财	
	杨　濮	贾玉廷	贾文仓			

恒立号

三义号

万顺号

通顺号

　　以上各捐银叁钱

《拓本汇编》第72册第130页,《重修会馆碑记》之碑阴。题为校录者所加。

创建西晋会馆碑记

乾隆三十一年（1766）

　　京都之海甸青龙桥西北隅，启西晋会馆焉。其中三晋商贾一嘉会者，乃诸商贾创自乾隆岁次重光大荒落①之吉，捐买刘姓隙地各区□□关圣大帝庙貌，次□三晋义塚茔地。寻于阏逢涒滩②岁而万祥之工集□□，至柔兆阉茂年，诸商贾属余撰文以记之。余思夫我圣帝肇迹炎汉，其生也有自来，其逝也有所为。故忠义大闲，超乎寻常之□；而浩然正气，塞乎天地之间。自天子王侯，中外靡不祠春秋以崇祀典焉，则其所以由汉迄今，德被生民，□□社稷，光垂青史，著美熙朝，以耀万世而志无穷者，前人之述备矣。然则神威圣武，早振聋聩于千秋；而浃髓沦肌，自化愚蒙于万古。谁无性始，谁无天良。因而捐金输赀，尽是乐善之士；山高水长，谁悲失路之魂。今藉妥理神明之诚，余□瘗坛于祠侧；俾无归之大□岁长夜于客乡。此正谓一举而两善备，洵一时之胜事者也。余本关南下士，愧乏明易简尽之工；推诚相属，实有秦晋联封之雅。是以不惭鄙陋，援笔直书厥事，虽用意不逮，第稍伸创建大略云尔。

特授圆明园副将管参将事加三级三晋李全　树村守备官王清同校

□奉宸苑七品笔帖前任乐部礼器馆执事官加三级纪录二次长白桑格篆额

陕西兴安州直隶州生员晋阳景运通撰书

皇清乾隆岁次柔兆阉茂年无射月③中澣谷旦众商贾同立石

校记：

①重光大荒落：即乾隆二十六年辛巳。
②阏逢涒滩：即乾隆二十九年甲申。
③柔兆阉茂年：即丙戌年。无射月：即季秋九月，按即乾隆三十一年丙戌九月中旬刻石。

《拓本汇编》第 72 册第 158 页。拓片编号：京 5283。拓片通高 133 厘米，宽 59 厘米。额双行竖刻篆题"创建西晋会馆碑记"。碑在北京市海淀区青龙桥老府村。

重修临汾东馆记

乾隆三十二年（1767）

　　临汾为山右平阳首邑，其立东馆于京师也，自前明始。中建祠宇，乡之人贸迁于畿甸者，率会聚于是焉。岁既久，日渐倾圮。继武主斯馆有年矣，既廑榱栋之虑，而又惧乡人隳枌榆之谊也。今于乾隆丙戌之夏，重整殿宇，以妥神灵，外及厅堂、两庑、戏台等处，咸加修葺。鸠工庀材，迄秋而告竣。集众力，襄义举，维桑与梓。自是有如归之乐焉，岂不懿欤！爰次助资各姓氏镌诸石，以志不朽云。

北洪顺号	西兴瑞号	南洪顺号	东兴瑞号
洪顺纸号	洪泰号	南兴瑞号	

西纸杂货公会助银二百七十两零五钱

西城洪顺号	寿昌号	东兴瑞号	晋茂号
西洪顺号	恒益号	南兴瑞号	万益号
瑞生号	振昌号	北洪顺号	万顺号

宏盛号　　广德楼　　洪泰号　　元盛号

元吉号　　西兴瑞号　　永信号　　元顺号

隆泰号　　同泰号　　正泰号　　南洪顺号

会茂号　　盛瑞号

杂货公会助银六百三十七两零三钱

乾隆三十二年岁次丁亥七月　吉旦

《拓本汇编》第72册第174页。拓片编号：京10429。拓片高147厘米，宽75厘米。碑在北京市东城区西打磨厂。

汾阳会馆捐金题名记

乾隆三十五年五月（1770）

正阳门外西南一里许有汾阳会馆，邑人之客京师者，岁时会集于此，其来久矣。自乾隆癸酉岁重修后，规制颇为宏敞。越今十有八载，洒扫暨茨，不改旧观。而里人谢承珖、赵永升等复惧岁月滋久且弗能固，谋于同志，醵金得三百馀两，岁收其息，以为缮葺之资，因勒石纪其岁月，并捐金者姓氏于左方，所以为斯馆计久长也。夫天道无久而不变，而经营补救之事则存乎人。以今视昔，亦犹以后视今。后之人诚以斯为志，嗣而葺之，庶斯馆之可久，而亦今之所厚望也夫。

乾隆三十五年岁次庚寅五月十三日邑人曹学闵撰并书

吏科掌印给事中曹学闵捐银拾贰两
候选州同知宋国珽、兵部武选司员外郎宋国璁捐银伍拾两
户部陕西司员外郎李誉椿捐银拾贰两
户部江西司主事贾生琇捐银拾陆两

翰林院待诏宋国珖捐银拾贰两

陕西西安府同知田高捐银贰拾两

云南试用知县署师宗州知州任锡绂捐银贰拾两

□发河工试用州同知张惇典捐银拾两

江南金匮县望亭司巡检魏国卿捐银肆两

张家口兴盛辅记捐银肆拾两

张家口万盛永记捐银叁拾两

张家口利亨兴记捐银叁拾两

张家口永顺隆记捐银叁拾两

张家口德盛宏记捐银叁拾两

张家口永盛隆记捐银拾伍两

张家口恒隆峻记捐银拾两

福建寿宁县渔溪司巡检杨淳捐银肆两

褚士宾捐银肆两

《拓本汇编》第73册第16页。拓片编号：京10001。拓片高48厘米，宽60厘米。碑在北京西城区大栅栏棕树斜街。

重修新建高庙碑记

乾隆三十五年八月（1770）

天下事，莫为之前，虽美弗彰；莫为之后，虽盛弗传。此古今来创始守成者之所为兢兢也。余邑山右太平府，清初年间，贸易京华，□□□□□神功，财源辐辏，公议捐资在南横街堂子胡同之小猪营口建关帝庙一座，正殿三间，□东□殿二间，西南隅□三圣殿六间，总而□之曰高庙。馀地，西立义塚，聊备桑梓之依。南□□□□补住持之费。立庙而后，复议所以聚会之区，于乾隆十四年间，在西大街胭脂胡同口内百顺胡同中间，□买会馆一所，题额曰晋太平馆，现有碑记屹立可考。由是历年轮流□□□，馆中积储京钱六百千有奇，遂于乾隆二十九年间重修□□□□一道，又于三十三年新建东西厢房六间，小厨房一间，并补修庙内殿宇，禅房围□，焕然一新，猗欤休哉。此虽人为之所致，而实□□□□之□。然日久年湮，不无时事之□□，而急公向义尤贵先后之一辙。自兹以往，愿我邑享祀丰洁，沐昊天无涯之福；黾勉同心，树奕世克昌之基。无怠无荒，常念为之于前者，固惟克勤克俭，更图为之于后者匪易，则创始者有美愈彰，而守成者其盛永传矣。宁非合邑之厚幸乎？是为序。

赐进士出身文林郎知江苏江宁府溧水县事戴第业薰沐敬撰

邑庠生员邓振民沐手敬书

重修、新建督工总理人

   杜□魁　任得贵　关克大　赵文□

   王玉贵、李金魁　邓天德　德丰号

轮流办事人

   张□□　尉宗文　季承孔　郭思温

   李　荣　李述孔　关秉正　□□□　□□□　□□□

   关□□　关□□　李鸾鸣

   邢德茂　关克敏　王可贵　尉□秀

   关秉端　李　□　吴茂□　李□□　□□□

仝心上右

大清乾隆三十五年中秋　谷旦

山右会馆碑

乾隆三十七年（1772）

从来树木树人，非一日之计；成终成始，乃万全之方。凡事皆然，而馆会之地为尤甚。盖经众人之力而成，则创者维艰，守者亦不易也。山右会馆由来久矣，其初起于南路油商，进益繁盛，诸事丰盈，公议规条，无不悉备，且不假其馆于僧道之手，则立法良而贻谋善，岂非久远之计哉。然而沧海桑田，今昔殊致者不可胜道。故自北油日增，南油日减，商号寥落，而馆事即几于不继。每逢庆祀，不无摊派，我辈十数号长为偏重，因而首事同人屡有告退者，若不极力筹画，则山右公所难免贻笑于别行。是以公起会局，各出资数百金以济馆费。不意会未终而所积之金仅存其半，其出息及些须厘规，统计所入，不胜所出。恐日久消耗废弛馆事，我辈七号不忍坐视，复将会局踵而行之，自春徂秋，祀事克供，行商居贾，聚议有所。守成之功，何莫非创始之力耶。诸首事深虑斯人不知创始之善也，故历溯其由来。又恐斯人不遵守成之约也，故详列规条，使后之人一一循之，又安见今昔之不同，而有初之鲜终也哉。于是勒石馆中，以为长久计，爰纪其事而为之记。

	天和号	王心魁	
	源珍号	陈元禄	
	万昌兴号	贾椿龄	
司事	印丰号	张　灼	立石
	兴源号	刘汉英	
	六必居	汪　照	
	天章号	马缟武	

乾隆三十七年正月吉日

《拓本汇编》第73册第72页。拓片编号：京7964。拓片高137厘米，宽61厘米。碑在北京市东城区珠市口东大街明因寺街。原无题，题据《拓本汇编》。

三忠祠诗并记

乾隆三十九年三月（1774）

曩余备员刑曹时，从乡曲诸君子游于兹馆，兴之所至，燕饮唱和，致足乐也。未几，余解组归，诸君子亦多引去，盖上下廿年馀矣。辛卯春，携道源儿谒选都门，宫阙市廛，倍为壮丽，独兹馆日就倾颓，不胜今昔之感。先是，余家居时，与老友杨山夫讳维栋，襄陵诸生，山夫其号也。读《明史》及《日下旧闻》诸书，知都中向有山右三忠祠，祀明殉节诸臣，阅百五十年不闻葺治。山夫劝余重修，念志之弗敢忘。适太仆曹公讳学闵，号慕堂，汾阳人。与二三乡先生过我议修会馆。余谓：会馆以栖多士，三忠祠以妥名臣，宜并修之。曹公慨诺，倡同人共任其事。工既竣，因各纪以诗。

京邑构乡馆，昉诸南宋世。至今《渭南集》，犹载放翁记。匪曰事交游，相聚博声利。实于比屋中，隐寓乡饮意。参墟介万山，土狭谷恒贵。蹀躞走四方，足迹遍大地。紫极环众星，沧溟纳万派。市朝众所趋，冠盖尤争会。河汾富才彦，郁郁罗献珮。已去闾井遥，弥增桑梓爱。

长安人似海，涣者何由萃。惜哉旧宇芜，蒿艾日荒秽。低徊忆今昔，踯躅感兴废。不有慷慨人，谁为起颓敝。何期弹指顷，涌现华严界。云构郁嵯峨，□□骇壮丽。息彼轮辕劳，敦此姻睦义。我来落其□，□让嘉宾次。俯仰睇檐楹，慨然生远思。从来盛与□，岂不由人事。居者信已安，弥思作者瘁。补苴有□功，绸缪宜早计。勖矣后来人，继事其无替。

　　乾坤一广厦，纲常为梁柱。落落数百人，前后相撑拄。读书缅千载，慷慨犹起舞。况乃古烈士，与我同乡土。姓名照汗青，精爽留祠宇。行人过瞻拜，灵游如可睹。云何百载来，断壁丛榛莽。此虽前代人，抗辙奋螳斧。夷齐不事周，亦各为其主。圣朝表忠义，遗烈旌漳浦。乾隆丙戌，旨谕史馆诸臣，表章前明黄道周。三君捍封疆，气节固其伍。岂宜庙貌颓，坐视废不举。念此久怦怦，孤怀奈无与，何期公论符，一诺千金许。大义感人心，一倡果和汝。窈窈起轩楹，肃穆列笾俎。仿佛乡先生，升堂相对语。憬然慕前修，风教实多补。宁惟杜陵屋，但以庇行旅。作诗告乡闾，乐石镌庭庑。相勖励名节，各自期千古。

乾隆岁次甲午春三月望日

浮山张体乾谨题

《拓本汇编》第73册第122页。拓片编号：京7143。拓片高35厘米，宽87厘米。碑在北京市西城区骡马市大街三晋会馆。

山右三忠祠题词

乾隆三十九年三月（1774）

乾坤一广厦，纲常为梁柱。
落落数百人，前后相撑拄。
读书缅千载，慷慨犹起舞。
况乃古烈士，与我同乡土。
姓名照汗青，精爽留祠宇。
行人过瞻拜，灵游如可睹。
云何百载来，断壁丛榛莽。
此虽前代人，抗辙奋螳斧。
夷齐不事周，亦各为其主。
圣朝表忠义，遗烈旌漳浦。乾隆丙戌，旨谕史馆诸臣表章前明黄道周。
三君捍封疆，气节固其伍。
岂宜庙貌颓，坐视废不举。
念此久怦怦，孤怀奈无与。

何期公论符,一诺千金许。

大义感人心,一倡果和汝。

窈窈起轩楹,肃穆列笾俎。

仿佛乡先生,升堂相对语。

憬然慕前修,风教实多补。

宁惟杜陵屋,但以庇行旅。

作诗告乡闾,乐石镌庭庑。

相勖励名节,各自期千古。

大清乾隆三十九年岁在甲午春三月既望

浮山后学张体乾谨题

重修三晋会馆记

乾隆三十九年四月（1774）

虎坊桥西一舍而近，三晋会馆□□（在焉）。□于康熙癸卯，翼城上官廷尉鋐为之记。重修于雍正甲寅春，凤台王侍郎钧记之。□□又阅三纪，基地洼下，栋宇欹侧，□□□□而□之□□钱相□鸠工庀材，筑基崇□□五尺，中堂三楹，西楼□□□，东西有□□□周复，皆有加于旧。兴功□辛卯夏六月，越数月而毕。凡糜金□千九百□十有奇。既成，诸同□（乡）□与置酒以庆之，属余为文识其□□。余□《周礼》大司徒□□□□□□民，其二曰孝友、睦姻、任恤。孝友行于家者也，睦姻行于□□□□□，任恤行于乡者也。有不率教者，则以□刑纠之，□□□□□□族姻□□有间矣。而圣人□之以任恤之法，举其亲厚者而惩其□□者，岂区区为一乡计哉。盖圣人之精神，周浃乎四海之内，使为□□者在一家则亲于家，在一乡则亲于乡人，□各遂其私以成天下□□之治。然后尊君亲上之心，油然生于不自己，此其意至深且远也。□□瞻□世之□平生于□之□尤为怅怅，其与范舍人书□□□无所□□而于之邦，非如行道之人漠然□（哉）。□□□甫棠亟称之，以为古之君子不爱其同类者，在《诗》有之：维桑与梓，必恭敬止。情虽□□□□□而道可通于天下，未闻有薄于乡党而能厚于君父者也。今国家一统中外，分天下为十八行省，□同省之人聚于京师，皆得以□□（同乡）称之。此同省者，问其里居，相去或远至一二千里，姓名若不相识及其□路于斯也。岁时伏腊，□从晏集，有庆相贺，有忧相恤，虽肺腑之戚无以过此，去家远则于其乡人倍亲，至情所感，不谋而同。由是有会馆之□，以聚而□（联）之。且使计偕北上者，得假馆于是，而省僦宅之费，其为益不亦多哉。吾乡故唐魏之后，吴季子独称思深而忧□（远）者也。诵《诗》，于《伐檀》见事上之义；于《鸨羽》见养亲之诚；于《山枢》《葛屦》见节俭之风；于《杕杜》见好贤之德。载稽史乘，则卜子夏之文学，郭有道之气节，□□□□□□□，文潞公之经济，薛文清之笃行，前辈风流，于今未坠。然则吾侪之集于此馆也，其毋忘古风淳厚之美，先哲文行之遗，相亲以任恤，而相勖以忠孝，庶几不仅为一乡一国之善，□□足为□□□□也乎。□有□□姓氏，别列于他石焉。

乾隆甲午夏四月太仆寺少卿前史官汾阳曹学闵撰文

刑部广西司员外郎浮山张道源书石

重修三晋会馆捐款题名

乾隆三十九年三月（1774）

太仆寺少卿曹学闵捐银廿肆两

湖广道监察御史□正华捐银肆两

翰林院检讨郑岱钟捐银壹拾两

翰林院检讨王钟健捐银肆两

翰林院检讨温常绥捐银肆两

翰林院编修朱诰捐银肆两

翰林院庶吉士裴谦捐银肆两

吏部郎中介玉潮捐银肆两

议叙候选员外郎范清济捐银壹佰两

原刑部员外郎候补道张体乾捐银肆拾两

吏部员外郎孟生蕙捐银拾两

礼部主事卫锦捐银肆两

礼部主事闫泰和捐银捌两

兵部员外郎宋国琮捐银廿肆两

兵部员外郎刘秉憻捐银肆拾两

兵部主事张聚璧捐银拾贰两

兵部主事武调元捐银肆两

兵部主事赵来震捐银肆两

刑部郎中刘方烜捐银叁拾两

刑部郎中贾生琇捐银贰拾两

原刑部郎中尉□（代）溥捐银廿肆两

刑部员外郎张道源捐银叁拾两

原刑部员外郎冯有□捐银贰拾两

刑部主事郎若伊捐银肆两

刑部主事许体健捐银廿肆两

原刑部主事张尔溱捐银肆拾两

原刑部主事崔湛翼捐银贰拾两

工部郎中孟澥捐银肆拾两

候选员外郎郑杲捐银肆拾两

中书科中书王灏捐银拾贰两

北城兵马司正指挥张介禧捐银捌两

候选兵马司指挥郝振都捐银廿肆两

乾清门侍卫李坦捐银陆两

山西驻京提塘田宗周捐银捌两

原浙江象山协副将吉孔惠捐银捌拾两

原广西镇安协副将温有哲捐银贰拾两

原直隶大名兵备道张体中捐银叁拾两

原江西赣南兵备道葛德溥捐银壹百两

浙江宁绍台兵备道冯廷丞捐银肆拾两

四川川北兵备道吕元亮捐银壹拾两

原四川□驿道刘大□捐银捌拾两

广东盐法道刘□□捐银拾陆两

□□陕西驿盐道□□□捐银肆拾两

直隶广平□□□捐银贰拾两

直隶正定府知府秦□溥捐银叁拾两

甘肃凉州府知府田锡□捐银肆拾两

四川试用知府贾□吉捐银壹百两

原江西南昌府知府裴志濂捐银叁拾两

原四川庆州府知府张德□捐银拾贰两

原湖南永州府知府乔□□捐银廿肆两

候选知府行日昌捐银拾陆两

云南白盐井提举郎嘉卿捐银壹拾两

安徽直隶通州知州荆如□捐银叁拾两

陕西直隶乾州知州郭会博捐银肆拾两

四川涪州知州王宓捐银贰拾两

检发直隶候补知州冯履泰捐银拾陆两

原贵州黄平州知州高星焕捐银拾陆两

河南修武县知县乔集鹓捐银贰拾两

河南淮宁县知县冯履豫捐银拾陆两

四川万县知县梁文五捐银拾贰两

直隶武邑县知县何思温捐银拾贰两

直隶献县知县范清□捐银拾贰两

河南内黄县知县弓养正捐银陆两

甘肃镇原县知县康基□捐银壹拾两

浙江宁海县知县薛廷魁捐银捌两

湖北武昌县知县薛元统捐银陆两

原山东寿光县知县冯履谦捐银捌两

原浙江定海县知县晋廷相捐银陆两

原江南潜山县知县安清□捐银肆两

原浙江泰顺县知县□□捐银肆两

河南试用知县田世桐捐银肆两

候选知县乔人杰捐银肆两

原汾阳县儒学训导张泽□捐银贰两

原江南新阳县县丞吕人杰捐银肆两

候选主薄卫师文捐银□两（叁两）

候选主薄陈鹤鸣捐银贰两

诰封都司马□（福）祉捐银捌两

镇江守备张□□捐银壹拾两

候推卫守备□□□捐银拾贰两

候推守备□□□捐银肆两

壬辰科进士张天爵捐银贰两

戊子科举人冯履□捐银捌两

戊子科举人乔□□捐银贰两

庚寅科举人徐昆捐银陆两

辛卯科举人周□捐银伍两

戊子科举人周兆□捐银伍两

候选同知□□□捐银壹百两

（以下两行漫漶甚，无可辨识，其一行大致为总计捐银数，另一行为立石日期）

《拓本汇编》第73册第132页。拓片编号：9502。拓片高54厘米，宽77厘米。此碑为重修三晋会馆捐资题名。原刻首行题漫漶莫辨，现题为另拟。

西晋会馆扩建关帝庙碑记

乾隆四十一年（1776）

　　盖闻圣王之制祀典也，法施于民则祀之；以死勤事则祀之；以劳定国则祀之；能御大灾则祀之；能捍大患则祀之，所以重神灵，隆报礼也。恭惟关帝，允文允武，至大至刚。具百折不回之忠，有一往无前之勇。生当汉末，势值鼎分。事不避夫阽危，义惟尊夫正统，卒乃功扶炎汉，节著千秋。史册所垂，殆所谓天授，非人力也。功德既隆，祀典宜异，春秋祭享，前代不废。我朝崇尚节义，复加帝号，固已尊至于无加，祀延于勿替矣。惟我山右，降神之所，谱系攸存。威灵无往而不周，桑梓沐恩而更渥。我同乡诸人在京师者，曾建庙于青龙桥，祀事洁丰，历有年所。今复扩充地址，以广香烟。功以集众而成，事以秉虔而就。经营既毕，栋宇聿新，庶乎来格来享，祝妥侑于无穷；降福降祥，获庇荫于靡既矣。

特授北城兵马司正指挥加五级纪录八次郝振都恭撰

赐进士出身翰林院庶吉士加二级戴联奎敬书

乾隆四十一年岁次丙申荷月中浣谷旦　仝会弟子敬立

《拓本汇编》第73册，第182页。拓片编号：京5042。碑原无题，现题为点校者所拟。拓片连额通高166厘米，宽63厘米。额正书题"西晋会馆"。碑原在北京市海淀区青龙桥，现藏北京石刻艺术博物馆。

三圣祠碑

乾隆四十四年（1779）

　　河东会馆为在京贸易诸君所建立，祠三圣帝君于其中，规模称壮丽，有住持主其馆，神前香火以及庭院内外皆整洁。每公会，在京同人远近咸集，拜祷之馀，继以燕会，能敬且和，居然吾乡醇朴之风，敦睦之义也。余心好之，故时或游历其间。岁己亥，其首事诸公告余曰：去年易州烟庄牙侩为奸，行中不通交易者几乎经年，卒赖三圣之灵，其人自来恳请定为章程，永归平允。行中同人欣喜过望之无已也，愿出囊金，重新神宇，列名捐施，合计数千金。吾等以馆中廊屋尚自完固，而诸人之意不可没也。适隔壁有荒宅一所，南北三十四干，东西九干□价若干金出售，因于捐输原数中酌取十分之三以偿其值而购得之，为将来那展之计，敢请为文以昭示来许。余曰：善哉！天之所助者顺也，□之所助者□也。如诸公之同心和气而不涉于私，神与人共助之也，宜矣。余不文，言不足以信后，即以其所言者列之于石，是亦可以不朽云。

赐进士出身刑部江苏清吏司主事加一级平陆县范三纲敬撰

翼城县李椿年书丹

总理公直　刘　□　贾永烈　李作恕　杜　坦　李椿年　田世明

募化公直　任文尉　李帝辅　靳大业　贺文光　常悦廷
　　　　　靳克敏　傅义印　杨居仁　丁毓瑞　石绍武
　　　　　柴国栋　柴一龄　谭可寿　杨存仁　刘秉全
　　　　　李耀贤　张　云　王鹏翼　柴庭硕　杨庭□
　　　　　谭德□　王友楠　李生明　王恩隆　续日昌
　　　　　吴　檀　侯鹤龄　王二让　张鹤年　闫有宽
　　　　　李　让　李　潭　高兆庆　冯贵金　王　锟
　　　　　王正兴　晋良臣　李作圣　李廷英　李秉铎
　　　　　李　璜　常德成　柴　云　杨敬修　史　志
　　　　　胡进玉　杨□碧　李　纲　李　栻　□大生
　　　　　张　□　王　俭　郭□武　王　锦　张　玙
　　　　　任文梅　袁德胜　李文质　史致中　马进学
　　　　　杜鹤年　闫有礼　吉延龄　卫正统　任文敷
　　　　　李　润　孙经玉

　　以上共收攒布施银柒佰柒拾叁两零五分
　　置西边房院使银肆佰伍拾两整
　　税契纸化费使银肆拾肆两五钱
　　自去岁七月起议事募收布施杂项使用银壹佰拾叁两四钱五分
　　造碑刊字使银叁拾五两陆钱五分
　　出讫折色带短平银肆拾二两
　　买置桌椅板凳傢伙使银捌拾柒两肆钱五分

大清乾隆肆拾肆年六月　本馆住持传贤首慈恩二宗第叁拾壹世□法

沙门正宗徒觉正、觉□

《拓本汇编》第74册第39页。拓片编号：京10105。拓片通高200厘米，宽62厘米。额正书横题："万古流传"。碑在北京西城区广安门内大街河东会馆。

创立公会义地碑记

乾隆五十四年（1789）

聿考至治之世，化行俗美。民生其时，出入相友，休戚相关，养生丧死者无憾。盖大道之行，天下为公。惠无不周，而功不必自己出。人无失所，而名不必自己立。故君子观于乡，而知王道之易易也。我朝仁政遐敷，太和翔洽，凡士庶商贾之沐浴圣化者，涵育薰陶，莫不存心利物，思于人有所济。而京师为首善之地，其乐善好施，见诸云为，尤难枚举。晋省密迩京师，经营贸易于斯地者，实繁有徒。临汾、襄陵之人，于乾隆四十八年在彰义门内之白纸坊古林禅院创为义举，事阅七载，积累千金，既置有器用，为岁时联聚宴会之需，而又于禅院之旁购买义地，使缓急有备焉。夫羁旅之子，越在异地，每不胜背井离乡之感。今两县之人，推睦姻、任恤之意以敦乡谊，俾旅客生者有所聚欢，而没者有所安厝，不至寥落而无倚，暴露而无归。而又虑夫时移势殊之忘其所自，善举之久而或废也，欲勒石以垂诸贞珉。余既嘉两县之人有好行其德之举，而益叹盛世德化之渐摩，沦肌浃髓，使人乐善而动于不容已也，爰执笔而为之志。

诰授中宪大夫户部浙江司掌印郎中加二级洪洞刘秉憻书丹

赐进士出身诰□奉政大夫刑部陕西司郎中加二级纪录四次蒲坂孟甡康撰文

|会首人|张　义　柴君□　张重□　□世法　王月盛
席　宝　亢发升　杨文耀　张　资　裴福禄
任生启　辛　林　张广选　贾秉缘　郝在相
张绍□|仝勒石|

乾隆五十四年六月初十日　立　　　　主持僧常明

重建晋太平高庙碑记

乾隆五十七年（1792）

　　去衖街南三百步而近，地名小猪营，有两阜东西对峙，三晋太平邑人懋迁于都门者尝构庙其上。南望江亭，东望瑶台，中通一峡，凡游城西南隅诸胜者，咸以此为门户。上复联以飞虹，远而望之，不啻琼楼玉宇，隐现五云深处。以高名庙，信不虚也。岁月浸久，栋宇倾圮，垣墉颓败，无复当时之观。邑人赵文宪、邓天德志切修复，用数年积存公项千馀金，芟夷荒秽，甃治□宇。虑其数不敷，又谋诸同人，募化千馀金，于东阜上改建大殿三间，供奉关帝、元君、财神像。东西耳房各一间，前增三楹为享亭，东西各增配房三间，为邑人谒选、公车及贸易来京师者憩息之所，其前为僧寮，亦东西各三间，周围缭以墙垣。又于西阜上修小殿三间，供奉□神、土地、城隍像。殿隙地数亩，以□□□。经始于乾隆五十年，落成于乾隆五十有二年。规模宏敞，邑之人岁时祭祀有所向，行李往来有所栖，疾病死亡有所归，闻之者莫不叹赵、邓诸公积十馀年之心力，惨淡经营，以扩充乡前辈之旧规也。余自乾隆四十六年官冬曹，次年即赁居太平会馆。会馆为斯庙之别业，又以余深悉修复斯庙颠末，落成后邑人属余记之，余喟然而叹曰：有□哉，太平邑人之多贤也，高庙一公所也，凡人之营营于都市□□间者，谁复有暇日以经营之，即暇矣，谁复肯舍重资以修治之，而创始者既劳于前，而诸公复□扩充于后，则斯庙为太平邑人之世有也信矣。斯庙之神，永为太平邑人之福佑也益信矣。虽然，诸神之灵，如日月之在天，水之在地中，无处不有，未必独私于太平邑人，而鉴观有□□其□□□□之意，则所以佑其生者，佑其行旅，佑其羁魂者，必于太平邑人为独□，则谓斯庙为太平邑人之世有也固宜。至景色□□，郡人士春秋佳日，选胜行乐，与江亭、瑶台互相辉映者，又其馀事也。

赐进士出身工部制造库郎中己酉科顺天乡试庚戌科会试同考试官临汾樊士鉴撰并书

乾隆五十七年十月二日立石

《拓本汇编》第76册第36页。拓片编号：京750。碑身高175厘米，宽70厘米。额高30厘米，宽27厘米，额篆书题"永敦桑梓"。碑在北京市西城区南堂子胡同。碑记六列刻石，末列刻捐资者题名，漫漶难辨。能辨识者有：永顺号募化银三十两，亨通号募化银二十一两五钱，万亿号募化银二十两，□盛号募化银十七两，晋兴号募化银十二两，张□□募化银十两。

增修晋翼会馆碑记

乾隆五十九年（1794）

尝思莫为之前，虽美弗彰；莫为之后，虽盛弗传。吾翼会馆之建，经始于前癸丑之春，告竣于前乙卯之夏。当日之妥神灵而崇祀典者，不可谓不周至也。惟是殿宇既成，而尚需罩棚覆盖；廊舍已修，而不见歌台映辉。每遇献享佳辰，难免风雨飘洒。吾乡在都人士常怀增高之思，时作继美之想，而又虑独力莫支，众擎易举。爰是联为公会。积金渐多，加输私囊，纳川成海，于今甲寅初春鸠工庀材，添飞阁于西廊，竖高厦于中殿，经之营之，不日成之。从此规模伟丽，用壮帝阙之观；局势恢宏，大焕皇州之色。诚所谓既尽美矣，又尽善也。夫天道之循环靡常，而人事之兴立有定。自有会馆以来，寒暑屡易，已及甲子之一周，不有创始，何以光耀于前；不得修葺，奚以垂远于后。是固人力共图，实为神威所感。至他日之绸缪维勤而补苴无懈者，又更望于继起之君子矣。是为记。

特授文林郎河南怀庆府温县知县加三级纪录五次邑人陈照青谨撰

例赠登仕佐郎吏部候选州吏目邑人李清业谨书

总理工直

张能恭　乔璧霞　毋岗龄　周　煦

符　鏴　监生陈绍唐　丁侠年　孔毓植

袁　洙　段鸿鸣　卢生溁　监生李荣年

卢廷选　监生薛廷柱　庞通权

值日工直

石际贤　曹清□　王朝炯　卢生溥

李芳□　李于澎　周　勋　祁丕训

乔丕发　赵友铨　宋维璟　吕廷樟

李廷秀　秦　琪　孔广熙　宋丙照

卢久榲　陈毓杰　孔广受　史化麟　石　铎

乾隆五十九年岁次甲寅五月初十日吉立

《拓本汇编》第76册第75页。拓片编号：京2556。拓片通高186厘米，宽70厘米，额双钩正书"奕世传芳"。碑在北京市东城区前门外小江胡同。

河东会馆重修碑记

嘉庆七年（1802）

　　河东古唐虞畿甸，在昭代为股肱郡。表里河山，土满是患，服贾用养，以是遍于天下，而辇下尤最，会馆所由昉也。馆始于雍正五年，屡经修葺，前人之述具备。嘉庆辛酉夏秋之交，霪霏连月，官私庐廨多圮，河东会馆亦无复前此完美矣。首事总理公直等谋诸同乡，敛金近千，庀材鸠工，不数日而顿还旧观。於戏，勤哉！余惟俗勤而俭，人恬以愉，河东之美，古也有志矣。忆自丁未始来京师，见士大夫多以风流相尚，而朴诚之气，吾乡未之或改，俗子或以西人陋之。至圣天子示敦朴为天下倡，而吾乡人若向风独先，沾化独厚者，岂非土厚水深，禀诸山川既异，而陶唐氏忧深思远，有虞氏薰解时阜，又司马子长所谓风教固殊者哉！余困公车屡矣，日往来长安陌上，谓卖成都之卜，饮新丰之酒，必真有其人，而仓卒未之见也。旅居多暇，每乐与吾乡人游处，盖风北枝南，人情尤甚。且将用养之义来告，不愿其依日月而忘望云也。幸吾乡人亦乐余之拙谬，以下望之相待者，余何敢！余行矣，诸君勉旃。数典不忘祖，守瓶不假器。是馆也，修有兴无废，有守无失，第一义也。至岁时聚会，以讲枌榆之谊，而溯《蟋蟀》之风者，于是乎在。将勤俭恬愉，无愧昭代股肱之郡矣。抑余闻修馆之后，即以赢金置义田六亩整，是尤仁人君子之用心也，并足征吾乡风俗之厚云。

赐进士出身阶文林郎吏部铨选知县丙午科举人曲沃冰嵩李发英撰文
赐进士出身翰林院庶吉士加一级辛酉科拔贡生联捷举人曲沃健园盖运长书丹

总理公直	郭　侯	李作惠	张　萃	韩丕忠	苏　蕡
	王存德	谭可读	孙永兴	乔利仁	

募化公直	张景魁	高从智	李耀凤	李殿飚	源通号
	柴　□	李锡钺	樊　澄	杜　勋	德利号
	戴师曾	范秀元	周攀桂	符龙章	薛景韩
	闫玉柱	史安国	靳自通	史安邦	李朝阳
	王时熙	张昆年	李克光	王从武	监生雷大峨
	靳　通	范特立	史　汉	王希鲤	杨佐汉
	张万合	张则拭	郑大宁	杨安忠	刘学孔
	吴品一	董圣辅	王率直	卢融春	王　通
	冯绍基	大昌裕号	三成号	玉兴号	王继纲
	长昇号	李永旺	大兴号	张鸿飞	傅利用
	苏继忠	贺　炳	杨致第	西永顺号	张振玺
	锡五号	王思文	李廷埰	符世伯	李学文
	王尔芳	成盛号	李景玿	天宝斋	杜永福
	王朝官	常利仁	薛文清	卫家荣	乾元号
	李汝玢	魏自□	张振□	大昌号	胡　琏
	正兴号	连庆斋			

嘉庆七年岁次壬戌六月吉旦

本馆住持传贤首慈恩二宗第叁拾贰世宏法沙门觉澄徒智□孙慧广、慧光

《拓本汇编》第77册，第115页。拓片编号：京10117。拓片通高212厘米，宽64厘米。额双钩篆书"善钧从众"。碑在北京市西城区广安门内大街。

重修高庙记

嘉庆十二年（1807）

　　高庙之建，据所传于人口者，谓始于前明。世远年湮，碑碣扑蚀，缙绅先生虽言无征，然自康熙己未重修，则昭然可考，庙之由来固已旧矣。观其形势，于四围平壤中筑土为基，耸出仞有馀尺，而庙即建其上，高庙之名，因是得欤。所崇祀者昊天上帝、伏魔大帝，以及聪明正直诸神，都人士祷祀祈福者，往来不绝。奈自重修以迄于今，百数十年，雨毁风销，倾颓剥落，几无完宇。夫庙者貌也，于人心之所仰戴尊敬，故立庙以奉之。若目睹其像之暴露于风日中，而漠不动念，虽时执香楮以奔走其下，亦复何益。然非有力者不能也。又非有力而兼有心者不能也。龚君辉远与宝杼徐君、星羽徐君，慷慨笃信士也，顾斯庙而咸各恻然伤之，相与合心同志纠工而重修焉。前后正殿，左右配殿、山门，悉仍其旧。外加围墙，前添照壁，筑泊岸甬道，均与庙基相称。栋宇依然，规模较前宏整矣。溯自春初以迄秋季，阅百三十日，费六千馀贯。龚君输资不吝，宝杼襄赞尽力，星羽监督克勤，而庙貌从此一新。夫物之在天地间，无有不朽。往往名胜古刹历千百年而长新者，全赖乐善好义之士，后先接续于其间焉。斯庙之建，苟无前贤之重修，何以至今日；今苟无龚、徐三君之继善，何以示后来。倘百十年后更有承三君之志而兴起焉，则斯庙直可与天地同其不朽矣。则所关岂浅鲜乎哉。吾知天帝神灵其所丕冒者，虽不止于斯庙，然得此轮奂崇闳日萃千百人之诚以昭事焉，其必有以鉴之，则是鉴其诚而锡福于都人无尽也。其所以呵护夫乐善好义之士者，岂复得而计量也欤。是为记。

大清嘉庆十二年岁次丁卯九月庚戌吉旦立

山阴平宗海撰

会稽徐指南书

《拓本汇编》第78册第11页。拓片编号：京796。高120厘米，宽62厘米。额高21厘米，宽19厘米，篆题"万古流芳"。碑在北京市西城区晋太胡同。

襄陵会馆碑记

嘉庆十八年（1813）

盖闻万古不朽之事业，皆千古好事者之精神创立。襄陵会馆座落在虎坊桥北口内街东，内供三财尊神以为客商云集之所，聚会之地。日久废弛，显乎失落，阖邑人等，岂忍坐观而不顾。是以齐心努力，将前辈之德名，须当同众整顿可也。有李学忠等谘访根源，查其底实，始知经先会首人等，于乾隆五十五年向他人将馆取回，即同经办馆事。结至六十年，馆费不敷，亏空钱柒佰肆拾千文，无项可底（抵）。恐积累愈深，是以先会首人等将馆推与武学庆、崔世泰二人经管。二人又协同出钱人等攒办，交出钱捌佰玖拾千文，将前亏项补讫外，馀钱壹佰五拾千文，存贮张可立名下营利，日后仍归公用。所有馆内房屋，由武、崔二人租赁，钱文系二人用度，众等俱不得异说。迨后新会首李学忠等意欲取馆，量力不足，公同商酌，聚集阖邑好事之人，诚起三圣神会馀积以为赎馆之资。于嘉庆十七年三月间，新会首等同向武、崔二人相商。据云：自六十年至十七年，屡遭大雨，房屋倒塌，一切修理共费讫钱式千零式十四千文。当时彼此相烦太平王卞禄翁说合，议定赎馆价值钱壹千弍佰千文，馀欠钱□佰弍拾肆千文。当时，众出钱人等布施在馆以为修理之费，俱无异说。新会首李学忠等当即极力筹画，向本邑善人君子募化，得布施钱伍□十千文。收用三圣会中钱肆佰柒拾柒千文；又同新旧会首等收回张可立营运钱肆佰零三千文，三宗共收讫钱壹千肆佰陆拾千文。公同王卞禄翁交清京满钱壹千弍佰千文，渠始将会馆交出，附交置馆红契七张，根账二本，推约一张。新会首李学忠等俱已接贷清楚，馀钱弍佰陆拾千文，本年修理全行使讫。今馆事已集，特将始末缘由缕细勒碑以备后日好事者之共鉴耳。凡我会首同人，务须竭诚经理，勿致复为废弛，以期绵绵延延，继继绳绳，修葺于不坠耶。是以志之。

赐进士出身翰林院庶吉士现任刑部主事汾阳县人任伯寅撰文

平阳府邑人张纂村李学忠书丹

总理会首　　□人郭恭宁　吴存立　李长清　孙依德

　　　　　　贾文元　邓　富　段忠信　翟世椿

　　　　　　李学忠　井玉纲　王悦忠　周良通

　　　　　　天文生翟凌云　孔宜家　刘成玉　刘□纲

　　　　　　卢廷桂　王祥凤　王泰和　柴云鹤

经理会首　　吴宗义　毛振京　张正善

　　　　　　晋丰店　周云霞　辛　琳

　　　　　　奎元坊　天文生韩荣锦　武学庆

　　　　　　泰升号　韩　辉　梁玉韫

　　　　　　张宗祥　崔世泰　郑蓝田

先布施人等　贾耀魁　辛　成　邓德荣　辛　琳

廪生严恺　□□科　乡饮□学庆　郭善林

崔世泰　李光禄　监生吴宗义　□秀牛

从九张正善　周□庆

以上共布施钱捌百零廿千文

住持僧永□

大清嘉庆十八年新正月初一日吉立

《拓本汇编》第78册第109页。拓片编号：京7125。碑身高166厘米，宽75厘米。额高21厘米，宽18厘米，正书题"万古流芳"。碑在北京市西城区韩家胡同五道庙。

重修河东会馆碑记

嘉庆二十一年（1816）

盖闻太上立德，其次立功，不朽所由称也。余于河东会馆有感矣。河东，唐、虞旧地也。其俗朴诚勤俭，至今类以忠厚相尚，故服贾者几遍宇宙，而辇下尤最。况蒙圣天子以孝治天下，则被于观感者深，而于乡谊为尤能笃焉。於戏，休哉！古之遗风犹有存者。溯自国朝雍正五年，馆始建于都城，中立关帝庙，配以火、财神，屡经修整，具载石碣，前人之述备矣。嘉庆丙子夏秋之交，霪雨连月，壁坏垣圮。首事人等矢愿捐赀，重为补葺。鸠工庇（庀）材，踊跃从事，不匝月而工已竣，属余为文以记。余惟闻帝之英灵被于遐迩，不惟河东人士敬之，而河东之敬之也为尤至。初立会馆，先设帝位，兼设火、财神以为配，是其敬神即所以尊帝，尊帝即所以笃乡谊也。嘉庆辛酉，复置义田六亩，使死者得安，而生者又岁时聚会，以讲枌榆之谊。桂酒兰浆，相持以献于帝前，斯其德何如，而其功又何如也。其在《传》曰：数典不忘祖。《诗》曰：维桑与梓，必恭敬止。余于河东会馆有取焉。至于勒之贞珉，俾入庙而祀，相与勉为正士，以无忘此日复修之义，则德之及于人者已至，而功之垂于后者不朽矣。谨记。

　　山东乐邑庠生南华孙景瑗撰文

总理公直　从九刘金安　监生郑　锐　李克泰　费万源

　　　　　张永盛　吏部候选□□□张崐年　苏世宰

　　　　　薛景仙　高修□　刘士魁　董　贤

　　　　　翟发俊　撒凤魁

募化公直　监生王缵武　大建号　恒聚号　鼎新号　义和号　监生张重华

　　　　　溥源号　德丰元　新隆号　功利号　永兴号　东庆云

　　　　　兴盛号　祥顺号　天德号　兴顺号　南天兴号　天锡号

　　　　　永盛号　永合号　天宝号　德盛号　茂盛号　大兴号

　　　　　　木作王德志　永兴号　宏盛号　祥生号

以上共收布施钱壹千叁佰贰拾捌吊

馆内前后修理油饰工钱玖佰贰拾吊

犒匠请人杂项使用钱肆拾柒吊玖佰伍拾

化布施收钱盘费钱玖拾肆吊伍佰玖拾

监工人费用底子钱陆拾壹吊陆佰

和尚请议工做口袋布钱工钱玖拾玖吊陆佰

造碑写字刻字钱柒拾陆吊伍佰

嘉庆二十一年岁次丙子十二月吉日谷旦

本馆住持沙门智□徒慧广孙本如

晋太高庙重修新建碑记

嘉庆二十三年（1818）

　　从来创建一事，难于始基，尤难于继起，如晋太高庙，乃晋省太平在都士商等同心协力，经□□□迄今，历年已多，碑记燦然不泯矣。然规模固属宏敞，犹未臻于美备也。嘉庆十一年重修财神庙三间，本庙北泊岸、东泊岸周围庙墙并桥一座，共用钱三千六百一十馀吊。今于嘉庆二十三年又新建大庙南房三间，泊岸十丈，山门一间，戏台一座，左右游廊四间，大殿左右配殿二间，共用钱三千九百七十三吊有奇，其中馀积等累由少成多，则西同兴号与有劳焉。两次倡修，则原会□五家源兴号、晋兴号、万亿号、永盛号，与西同兴号董理其事也。是举也，美矣备矣，□岁□□□神演剧有其所□见风琴雅管神□和平，将来帝君之佑、财神之佑者，定□□也。《诗》曰：维桑与梓。必恭敬止。余虽僻处太平，尤望诸公□□□□之善继毋怠也。

赐进士出身文林郎□□知山西太谷县事滇南□□甘岳撰并书

总理字号	万亿号	源兴号	西同兴号	晋兴号	永盛号
分理字号	永吉斋	同茂号	同丰号	□盛号	□□号
	成裕号	天元号	□本号	□珍斋	□□斋
	永泰号	□德号	□□号	通兴号	□□号
	永盛号	天泰号	永成号	兴□号	晋源号

协办工程　德丰木厂

大清嘉庆二十三年岁次戊寅仲夏吉立

《拓本汇编》第78册第174页。拓片编号：京748。碑身高107厘米，宽68厘米。额正书双钩题"昭兹来许"。碑在北京市西城区晋太胡同。

重修三晋会馆暨三忠祠记

道光四年（1824）

三晋会馆之设，昉于康熙六年丁未，闻喜杨少宰起斋公，朱少司农小晋公董其事，翼城上官廷尉玉鋌公为之记。三忠祠则始于明天启四年，祀沁水张忠烈公铨，襄陵高忠节公邦佐，大同何忠愍公廷樾。三公皆晋人，死辽东王事者，故曰三忠祠。二十三年甲子，蔚州魏果敏公虑乡人之不能敦睦也，勒箴词于馆壁。嗣重修于雍正十三年乙卯，安邑侍御朱东园、廷尉宋雅伯、洪洞侍御张青臣董其事。凤台王少司空钧为之记。又补葺于乾隆二十四年己卯，介休梁少詹确轩为之记。三十九年甲午，汾阳曹太仆慕堂创议重修，糜金一千七百有奇，堂构墉垣，视旧制有加焉。工竣，自为之记。浮山比部体乾张公复纪以诗。上下百馀年间，修葺者五。乡先达协力经营，不惮劳瘁，以联属情谊者何其笃与。盖以馆废则无憩息之所，谦集之地，桑梓之谊且日以疏，其虑至深长也。迨嘉庆壬申、癸酉间，又越四十馀年，祠与馆皆就倾圮，乡人之应试北上者，僦居于外，于是公议醵金重修三晋会馆及三忠祠。会馆修于二十一年，至二十二年十月工竣，縻金二千七百有奇，规模视前稍狭，董其事者为太平比部贾栎园。祠修于十九年二月，阅三月而工竣，縻金一千七百有奇，董其事者为汾阳侍御冯正斋。其捐施姓氏，越十馀年尚未勒石。今年秋，凤台农部常芸阁恐其久而失考也，属余为文以识之。余观乡先达诸记，皆谆谆以淳朴之风、敦睦之义相勖勉。而今则风会日殊，□情谊隔阂不相联属，今人之不古若，余窃滋惧焉。善乎魏果敏之箴有曰：家敦节俭，里重农桑。又曰：官宁恬退，道取协恭。斯言也，吾愿与乡之人共勉之。

道光四年秋九月太仆寺少卿灵石梁中靖谨记

鸿胪寺少卿吴江程邦宪书石

关帝庙碑

道光九年（1829）

　　盖闻事神者和人，合礼者嘉会。京都为首善之区，或观光于上国，或寄迹于市廛，征尘甫卸，莫不以适馆为乐。我浮山会馆，建自雍正七年，俾我邑士商得于此咏攸居安汝山焉。其馆北建关圣帝君玄坛、财神、火神、酒仙、炉王殿，遇朔望敬修祀事。南建演乐亭，依永和声，仰答神庥，所谓事神和人者此也。且凡我乡人托业兹土者，势如棋布，岁时伏腊，咸集于此，以敦亲睦之谊，以叙桑梓之乐。虽异地宛若同乡，所谓嘉会合礼者此也。原其始建，意甚善哉。但历年久远，风雨飘摇，不无倾圮之虑。余于丙戌春应礼闱试曾寓此馆，见其瓦飞檐颓，感慨系之。嗣遇我乡贸易诸公集会剧（醵）金，询其故，曰将有事于修葺。余闻之欣然喜。越三年己丑，余复以会试入都，适诸公鸠工庀材，大兴土木，月馀而丹艧焕彩，栋宇重华，□落成而工竣，将立石于神殿之右，属余为之记。余因溯创建之由来，与重修之□□，并诸公字号姓名胪列焉，以志不朽云。

例授文林郎吏部□□□□巳科举人程启泰撰

《拓本汇编》第 79 册第 148 页。拓片编号：京 4180。拓片阳、阴均高 127 厘米，宽 67 厘米。阴刻捐资题名。碑在北京市西城区鹞儿胡同。原无题，现题据《拓本汇编》。

重修浮山会馆关帝庙捐资及首事人题名

道光九年（1829）

重修布施名号

　　　　□□□□施钱贰拾吊文

永昌号　施钱贰拾吊文

恒泰号　严□□
　　　　卫先□　施钱拾伍吊文

恒盛号　严□年
　　　　左大□　施钱拾伍吊文

东恒盛　李学文
　　　　李在宛　施钱拾伍吊文

西恒盛　张法孟
　　　　杨坤卢　施钱拾伍吊文

　　　　杨如心
　　　　杨永□　施钱拾吊文

李步蟠　　　施钱拾吊文
□　提
李　忠　　　施钱拾吊文
李　志
□□□施钱拾吊文

阖会首事人名号

和兴号　　张□魁
　　　　　杨　□
西峻兴　　□□福
　　　　　□鹏□
南泰和　　贾光耀
　　　　　贾云龙
东义和　　贾增玉
　　　　　□光楣
复兴号　　杨秉□
　　　　　孔兆丰
中和号
南峻兴　　贾□南
　　　　　□大□
北复兴　　段常□
　　　　　万春□
峻兴号　　□大□
　　　　　姚□□
□泰和　　侯芳□
永和号　　杨占魁
复泰和　　杨永□
　　　　　柏　煜

义利号	尹□和				
	秦立□				
□□□	李耀仓				
	李宗□				
天□号	衡□奎				
	卫宗煜				
泰和号	姚学曾				
晋益号	侯芳和				
	李正发				
隆泰号	杜兴□				
督工人	侯芳和	张守福	贾增玉	侯芳□	郭大器
	贾光耀	郭丙煜	杨　□	李恒春	郭丙午
	孔兆丰	孟春台	卫宗煌	李宗□	杨占□
	□正□	尹雄和	□□□	柏　□	张□□

大清道光九年岁次己丑五月吉日立

《拓本汇编》第79册第149页。此即《关帝庙碑》碑阴所刻题名，原无题，现题为点校者所拟。

移建神殿重修翼城会馆碑记

道光九年（1829）

岁在己丑，移建三圣神殿于馆大厅之前，诚美举也。是馆创于雍正十年，为阖邑公车之所，凡应乡会试来者胥寓于此。斯馆也，固吾乡文人发迹之地也。越数十年风雨飘摇，至乾隆庚寅重修一次。又越十有九年，至戊申修葺一次。又越廿有四年，至嘉庆辛未复修一次。创建于前，屡修于后，以迄于今，百有馀年，而馆如故。于此见前人之善创，亦以见后人之善守也。惟当年创建之时，大厅建于馆之中，戏台在大厅之前，三圣神殿供于厅房最后一层，每逢朔望焚香，年例献剧，神殿总为大厅所蔽，阖邑士商，久拟更移，而工程浩大，未敢轻举。今岁仲春，士商募化善资，鸠工饬材，移建神殿于大厅之前，或朝夕焚香，或年例献剧，无所阻隔而诚敬达。又相度地址，改建大门三间。大门内屏门一层，月光墙一道，月光门一层，厢房十间，碑亭二间，过道二间，戏房三间。大门外新添地基一段，西墙一道，金刚墙一道，栅栏门一层，榱栌棁节，焕然一新。仰赖神灵护佑，未及半载而大功告竣，不敢没众善之乐施，爰将嘉名勒诸贞珉，永垂不朽云。

赐进士出身敕授文林郎四川什邡县知县署茂州直隶州知州加三级纪录五次邑人吉秉奇撰并书

总理募督工人	姜梦熊	秦文煌	王国宁	侯全义	孔继錞
副理督工人	李凌荣	刘立□	常万盛	岳守建	李唐功
督工人	张　梧	李崇德	张金宝	李正大	袁作椿
	侯怀德	王登魁	□其如		
	高智进	高　□	□□高	吴永□	张丕□	□兴堂 □□□
	石天榜	张学恭	魏如高	□其□	姜以诚
	董　利	李正顺			
	柴广基	安法魁	马超群		
	□□□	吴永□	吉廷彦	□学□	吴□□
	张　□	郭羽□	董　□	李发□	

统立

龙飞道光九年岁次己丑仲冬月谷旦　阖邑士商公立

三晋东馆记

道光十六年（1836）

京师三晋会馆，创于康熙六年辛卯，在宣武门外虎坊桥迤西。

国家大化翔洽，人文蔚起，吾晋士大夫应试谒选，于于而来者，日接踵于国门。虽合省各郡县创建分馆，星罗棋布数十区，其势涣而不萃。太仆灵石梁公与亭、给谏郭公心斋、侍御常公芸阁、何公春芳、观察张公绍文、刑部正郎康公竹吾，虑旧馆之不足供栖止也，共议营新馆益之。复得中外诸仕商笃念桑梓，踊跃捐输，共襄懿举。道光九年五月，购宅基于崇文门外延旺庙后街，工始于十年庚寅闰四月，七阅月而工竣。列屋七十馀楹，靡金九千有奇，命曰三晋东馆，以别于旧。盖旧馆之设，至今已一百六十馀年矣，雍正、乾隆间屡加修葺，皆有乡先生为之记。桑梓恭敬之义，伐木酾酒之欢，孝友、睦姻、任恤之训，一篇之中，三致意焉。前之焜耀如彼，今之轮奂如此，乡人士生当重熙累洽之时，得以优游学术，黼黻休明，有科目仕宦之盛，则农商物产无不盛。观于吾晋，推诸天下，而知其大同也。晋自唐叔肇封，水深土厚，人物敦庞，务本崇俭之风，至今未改。务本则知孝弟力田之足尚，崇俭则知撙节退让之可师。说者推本唐、虞遗泽之远，重以我朝敷教之隆，其地又环近畿辅，涵泳圣涯，辉烈光烛，导迎善气，捷于桴鼓，此则吾乡成教之易，所可先天下而共相庆幸者欤。居是馆者，其更争相砥厉，束身自爱，继前人之遗徽，为后来之矜式，庶无负太仆之苦心欤。工既竟，太仆以记来请，就太仆勤恳之意为推广言之以告乡人。旧馆经始之功，推故吏部侍郎闻喜起斋杨公、永宁户部侍郎小晋朱公裴。今兹新馆经始，实惟太仆诸公语有之，莫为之前，虽美弗彰。莫为之后，虽盛弗传。继自今高其闬闳，增其式廓，又不能不有望于后之君子矣。是为记。

赐进士出身诰授资政大夫兵部侍郎都察院右副都御史福建巡抚汾阳韩克均撰

赐进士出身资政大夫兵部左侍郎南书房翰林寿阳祁寯藻书

大清道光十六年岁次丙申冬十月吉日建

《拓本汇编》第 80 册第 108 页。拓片编号：京 3654。拓片高 127 厘米，宽 64 厘米。碑在北京市东城区崇文门外迎新街。

南城煤行补修太原会馆捐资题名碑

道光二十二年（1842）

兹因南城煤行补修太原会馆，所有捐资姓名开列于后：

山□号捐银拾两

东和号　□□□□

　以上各捐银捌两

复盛号捐银柒两

裕盛号　广顺号　德义号　涌泉号　广庆泉　永兴号

德隆号　恒昌号　晋隆号　洪兴号　广隆号　纯泰钱铺

天成钱铺　泰森茂　庆昌恒　广盛昌　德顺号　丰盛号

□□□□

　以上各捐银伍两

德合公　源成集　泰兴号　益盛永　聚合号　天盛号

信成号

　以上各捐银肆两

锦隆泰　元隆号　天兴隆　德泉号　永顺号　源顺号
义成号　五昌号　万盛号　东来德　晋和号　东兴公
北通义　永盛号　宝全号　泰基店　广盛号　晋泰福
万顺和记　王麻子家　世亨厂　广源厂　义盛厂　聚金号
东万盛　通顺号　鸿盛号　宝山号　正兴□局　义源号
增盛全

　　以上各捐银叁两

万盛号　东发号

　　以上各捐银贰两柒钱

同裕号　公义合　义顺号　义和号　宝聚号

　　以上各捐银贰两伍钱

天和号　东四合　宝聚号　通元号　永泰昌　兴盛号
吉顺号　恒兴立　永兴号　新泰号　义顺合　义兴永
万顺号　源隆号　宝裕号　泰山涌　宝兴号　天盛号
同裕号　永兴隆　公和永　正元号　源长号　永成号
义和号　志成号　志泰号　永丰号　西恒泰　日源永
合兴号　德隆号　泰山号　泰裕号　晋隆号　德丰号
万成号　泉□号　涌泉号　永泰号　广顺号　恒立号
洪茂号　合成号　山海号　元丰号　德盛号　永顺号
合兴号　魁元号　吉成号　同发号　丰美号　合意号
元龙号　同顺号　德兴号　泰源号　永盛号　景成永
天德裕　天成号　晋泰成　恒立号　万成号　聚兴号
兴盛号　义合成　永兴号　合兴号　德盛号　来兴号
泰兴号　恒顺号　合成公　通义号　同兴号　复兴号
三合号　必兴号　义和号　大恒盛　忠信号　德兴号
宝成号　顺兴号　聚成号　同盛号　东增盛　恒泰号
宝山号　德兴号　天源号　天盛号　成泰号　洪顺永

德顺成	合义号	永裕号	永锡号	锦泰号	崇昇号
恒盛号	合成号	德盛号	合兴号	隆顺号	协泰号
山兴成	山成公	东天泰	德成号	天源号	广恒长
三和永	天顺号	万盛号	通□号	义隆号	兴茂号
晋丰号	增盛号	泰山号	富和有	天顺号	天元号
西万盛	广顺兴	复兴号	德源号	永益号	义聚号
一顺号	中源号	广盛源	恒裕诚	合成号	天兴号
长盛号	聚宝玉	元顺号	天玉号	永泰德	恒源号
隆盛长	德润成	南诚义	诚义生	光裕号	洪泰隆
永兴隆	恒泰成	宝庆号	三益号	泰昌盛	全盛布铺
泰和居	天成公	恒胜昌	意顺厂	永盛号	德泉涌
恒成号	王银满	李逢泉	九如号		

　　以上各捐银贰两

广九源	源诚号	公盛号	永泰号	永昌号

　　以上各捐银壹两伍钱

三合号	复□号	三义号	永成号	德胜公	同盛号
裕成号	天成号	合兴公	永盛隆	海龙恒	锦隆王
山泉永	泰山号	山成王	恒泰号	贾□□	恒茂居
赵　发	瑞茂号	源顺号	锦成号	恒盛号	源盛号
三元号	万聚号	恒丰号	裕成号	松林号	裕成号

　　以上各捐银壹两

　　按：所刻捐款题名共269家，总计捐款685两。

《拓本汇编》第81册第60页。拓片编号：京10113。阳高161厘米，宽69厘米。刻捐款题名。阴高70厘米，宽10厘米，刻立石日期"道光二十二年岁次壬寅十一月十八日"一行。碑在北京市西城区储库营胡同。

太原会馆重修碑记

道光二十五年（1845）

　　吾郡会馆自创建以来，修葺者屡矣。然工不甚大，费易集而事易兴。今则岁久失修，残毁已甚。往年夏，武蓉洲工部，渠石臣兵部，孟又章、郭棣园两比部慨焉有重修之意，商之于余，余颇以工费浩繁为虑。诸君谓宜先谋之诸商人，因订期集议，诸商人愿共捐钱若干缗，计尚不足费之半耳。余复与在京诸公竭力捐助，并寓书郡绅之官于四方者。以壬寅岁二月兴工，至明年八月始蒇事。其乐楼庭院，一仍旧观，惟车门及东北隅各屋稍为变通，非率更曩规，凡以利居止也。是役也，工阅一载，费逾万缗，非又章之勇于任事，蓉洲、棣园之精于谋画，与夫同郡士商之好义急公，盖未易易。余惟司其出纳，与诸君子乐观厥成而已。工既竣，略识颠末，俾览者知大工不易举，重费不易集，偶有残朽，以时补葺，无负乡先达当日创建之意焉可。本馆地址，东邻李宅，西接四川会馆，南北俱临街。

　　　　　孟先颖
经理人　武蔚文
　　　　　郭景僖
道光二十五年岁次乙巳秋八月望日贾克慎并书

《拓本汇编》第81册第105页。拓片编号：京10107。拓片高112厘米，宽68厘米。额高宽均18厘米，篆题"重修碑记"。碑在北京市西城区储库营胡同。碑无题，题据碑文及题额拟。

诸商号捐款题名

道光二十七年四月（1847）

隆昌义	□泰号	恒兴号	涌源□	金泰兴	万顺号
广兴号	广川涌	德昌号	裕源号	通顺长	隆瑞长
兴隆号	恒泰永	贤来号	恒隆德	庆裕号	聚隆源
弘峻号	兴盛义	源茂长	广通义	义顺号	聚源楼
广盛号	□顺号	天义全	天顺全	福盛长	广泰长
三合号	隆盛号	裕成号	裕泰号	鸿泰号	三盛昌
丰裕号	德和长	大胜奎	万泰长	永盛号	祥瑞昌
天裕号	全盛号	东泰源	聚德永	源泰魁	德和泰
源利号	合聚成	广益号	德元公	聚德义	天泰隆
丰源隆	复亨泰	天德涌	源盛号	全盛顺	源泰长
德茂永	裕顺锦	恒茂长	定阳号	天□号	同裕长
同盛长	世德长	西义昇	义盛号	涌成义	广裕号
德义全	天德全	复兴号	源泰号	德顺号	四合公
广成号					

以上各施银壹两伍钱

刘拾店　靳　店　正顺店　和合公　增盛永　增盛源
永和公　永和义　长顺魁　万和号　聚泰公　永盛号
世隆号　德盛长　隆盛魁　广成全　兴盛长　隆顺号
义和隆　庆亨号　广顺号　三义合　万成号　成泰永
常新号　同和居　恒源长　万源长　中和号　□裕涌
昌发号　隆裕号　杰灵号　广源昌　万顺号　隆泰号
泰德长　兴隆号　义顺号　万裕号　义成号　广隆号
复成裕　三和号　义长永　吉源号　万胜公　福兴全
信义诚　洪吉号　永裕号　万兴号　泰和号　东合盛
天盛泰　永利邓店　天益店　东兴号　新盛隆　昌德号
源盛号　广兴号　德源涌　福泰隆　广兴德　源隆号
公道号　裕茂号　□义长　天德合　东永成　全盛长
新裕号　复盛全　万茂魁　锦泰玉　万庆号　隆盛号

以上各施银壹两

永盛号　公顺号

各施银伍钱

广义号

施银叁两

经理会首　全盛号　长顺德　兴茂□　隆聚长　双隆号　兴盛长
东广聚　同裕益　义和公　德义全　吉庆长　吉祥永
振源号　义昌号　广泰号　洪昌号　长盛魁　兴盛号
西广聚　源兴昌　源利号　广丰号　福聚号　广顺号
义胜号

公立

道光二十七年岁次丁末清和月谷旦　合行公立

按：此碑所列捐款题名，未详为何等捐款。碑在太原会馆，或即为修葺太原会馆之题名。

《拓本汇编》第81册第137页。拓片编号：京10109。拓片高133厘米，宽68厘米。额高、宽均19厘米，正书双钩题"万古流芳"。碑在北京市西城区储库营胡同太原会馆。

三晋公寓记

道光二十七年七月（1847）

国朝治事于圆明园，岁以为常，每日轮班儤直，部院虽各有直庐，然公不言私，究非憩息之所，冒暑冲寒，不但劳顿，兼虞迟误。寿阳祁□（实）甫大司农，暨中外同人仿云南公寓之例，各量力捐资，置一区于挂甲屯之西偏，即雨人何大司马之别业也。计屋五十楹，东□（西）两院，庖厩器具一切完备。垂柳修竹，杂花嫣然，而牡丹数十本为尤盛。自兹以往，不但趋公者可以先期待漏，凡引见入都、庶常肄业，以及大考考差、进士举人选拔，朝考覆试，皆无僦屋之烦，诚盛举也。不揣固陋，志其缘起，以待后君子之式廓焉。

礼部左侍郎代州冯芝撰

鸿胪寺卿阳曲贾克慎书

道光二十七年七月既望谷旦

《拓本汇编》第81册第142页。拓片编号：京7171。拓片高48厘米，宽86厘米。碑在北京市西城区骡马市大街三晋会馆。

山右临襄两馆归一碑

道光二十九年（1849）

　　盖闻创立基业，时有兴而复衰；义在人谋，事遂成而不败。兹缘明因寺街山右会馆，历年久远，房宇墙垣，焕然而固。经营会首，本系数家，不意驹光迅速，各家渐次萧条，仅馀六必居一家管理。馆中虽有积项，乃逢敬祀之期，既已举目无人，尤觉独力难支。且恐日久废弛，更难振作。今拟临襄会馆谊切同乡，即将山右馆中字据帐目归附在临襄馆。每届山右馆中嘉时吉日，约同临襄俱赴山右，欢聚虔诚，一体祭祀。至于一切需费，仍由山右馆中出支，庶几山右旧业不致败落泯灭，而敬祀得以率由旧章。现在约同临襄诸位会首率诚公议，意见相同，惟恐他日别有异言，致乖善举。敬撰碑词，镌石立碑，以昭永远。是为序。

今将两馆归一各会首芳名开列于左
亿盛号李攀桂拜篆
诰授光禄大夫工部尚书加三级纪录三次杜受田拜书

大清道光二十九年菊月望日　立

《拓本汇编》第81册第179页。拓片编号：京7963。碑身阳、阴均高115厘米，宽95厘米，额阳高、宽均21厘米，正书双钩题"万古流芳"。碑在北京市东城区清华街。原无题，现题为点校者所拟。

山右临襄两馆归一碑题名

道光二十九年（1849）

太和坊	李潭岩	段天智
鼎和号	刘　振	杨　禄
泉和号	杨佐杰	李　溢
涌福坊	曹　僖	杨　福
玉生号	张致恭	崔逢亮
成玉号	张晋安	景怀义
元华坊	张　立	王家桢
鼎茂恒	孔　麟	王臣义
鼎和庆	田万寿	范之周
寿昌号	景　堂	张景龙
保和坊	段文柄	孙万库
福兴号	苏　训	张永法
六必居	贾　颐	李春发
复昌号	张　禄	刘作栋

南洪泰	梁兆凤	孙　烽
通达号	田自习	王九盛
鸿昌号	范文成	乔廷栋
聚泰号	王万镒	乔　源
德昌号	冀方庆	王家祥
聚和号	陈光远	邓辛之
西隆泰号	张　禄	王林选
亿盛号	李攀桂	李茂林
公隆号	乔荣任	吕　志
益顺公记	张　铃	赵永寿
润和号	白扩基	王士玺

《拓本汇编》第81册，第180页。编号：京7963。此碑即《山右临襄两馆归一碑》之碑阴题名。原无题，题为点校者所拟。

重修代州合属会馆碑记

咸丰三年（1853）

　　吾乡勖堂冯少宗伯纠合郡人创置会馆，甚盛举也。其缘起已刻石存记矣。惟是基址非不宽宏，屋宇尚多倾圮。岁丁未，宿通籍后，少宗伯高年，欲致仕，即谆谆以馆事为嘱。适宫勖斋明府谒选入都，亦代为怂恿，宿义不获辞，乃偕勖斋明府请吾乡之经商于兹者共为料理，时则有若玉成美张少尉尧治，如阜堂刘封翁锡钺，国子生泰来永武公勋，均和堂安公而静，异馥轩李公沣塘，俊秀德成堂丁公如山，各出筹资，广为劝谕，先后共募得纹银壹仟肆佰馀两，制钱贰佰馀串，其帝君及侍从诸神像，敬谨□演。正殿三间，胥加黝垩，前后住屋旧存及增修者共六十馀间。缺者补之，废者修之，暨茨□□，奂然一新。工始于道光二十八年戊申，告竣于咸丰二年壬子，共麋金壹仟贰佰有奇。馀项存公，以备不时之需，然后居是馆者咸得栖息之安焉。惜少宗伯不及见之也。是举也，始其事者为勖斋明府，始终不懈，轮流值年者为张公尧治，刘公锡钺，武公勋，安公而静，丁公如山，李公沣塘。虽捐□□事，经商之力居多，而落成之日，则专为乡会试及谒选而设，而经商者不得寓其中焉。以此见诸公之踊跃从事，初无一毫自私之心，其好义急公，诚堪嘉尚。至随时修葺，式廓屡增，则后之君子不可□有□□□□□□□□在诸公之谊切桑梓已也。是为记。

赐进士身诰授中宪大夫吏部考功司候补主事加五级郡人郝应宿撰并书

咸丰三年岁次癸丑秋七月谷旦

金妆神像碑记

咸丰五年（1855）

　　尝闻莫为之前，虽美弗彰；莫为之后，虽盛弗传。以是知天下事有为之于前者，尤贵有为之于后者也。我浮山会馆，建自雍正七年，其馆北位五圣像，神德灵应，佑我商人。南建演乐亭，依永和声，仰答神麻。我乡贸易诸公，每遇朔望，咸集于此，敬修祀事。虽异地宛若同乡，皆得以敦亲睦之谊，叙桑梓之乐焉。且我邑士商，或观光于上国，或寄迹于市廛，举凡托业兹土者，靡不被神之佑，获福而平安也，是非有为之创建于前者，乌能如是哉。但年远日湮，风雨飘零，神像渐旧，讵可无为之修理于后者乎。是以我乡贸易诸公，目睹心伤，感慨系之，于是集会剧（醵）金，各出己囊，越一载而积钱叁百壹拾五千文，诸公即鸠工庀材，复为金妆。月馀而焕然维新，神得妥位，仅化费钱壹百壹拾贰千文。下馀钱贰百零叁千文，诸公同议，置买铜插香盘三十五个，铜卤壶三十五把，羊角灯三对，纱灯三对，拜毡一页。又重修台后罩棚三间。数月而工成告竣，将立石于神侧，适余缘我邑书吏阔敛粮需，合邑饥溺，余入都叩阍，曾寓此馆，诸公属余为之记，余溯创建之由来与重修之雅意，并诸公字号姓名胪列，以志永垂不朽云。

阖会字号首事人姓名

   东兴号　峻兴号　永昌号　永来号
   二合号　天昌号　云集号　三盛号
   和兴号　隆兴泰　三兴号　达适顺
   鸿兴号　隆泰号　天兴号　义顺昌
   盛隆号　兴茂泉　陈　顺　北复兴从九石昺贵
   增盛号张利　恒聚号崔芝亭　恒盛号乔维端　东恒号李邦桢
   西恒盛生员严国璧　岐山号范体信　泰山号燕怀江　全兴号宋法震
   隆丰号乔长华　泰兴号吴增辉　恒顺兴柏　诏　新盛号杨长富
   瑞兴号杨瑞兴　万盛号张悦槃　恒兴号史曰顺史曰玺

总理人　监生严云霄　杨宝魁

督工人　柏　谨　史淑适　李思纶　孙履尚
   张恒德　杨天福

石作　王鸣发

儒生李嘉乐撰文敬书

咸丰乙卯年仲春吉立

《拓本汇编》第82册第91页、92页。拓片编号：京1768。拓片阳高121厘米，宽60厘米。阴高120厘米，宽58厘米。阳碑记，阴题名。碑在北京市西城区鹞儿胡同浮山会馆。

浮山会馆碑阴题名

咸丰五年三月（1855）

阖会字号首事人姓名

  瑞兴号 杨宝魁 杨瑞兴

  恒聚号 崔芝亭 从九严国玠

  恒盛号 崔　宽 生员严自立

  东恒盛 李邦桢 乔维端

  西恒盛 严国瑾 李　绅

  五合兴 李继先 石兴贵

  永昌号 施钱拾千文

      石广盛 从九杨秉焕 程人杰

  永来号 施钱拾千文

      姚守保 李榜 乔均元

  德源号 施钱拾千文

      徐邑段高峒 从九吕学诗 吕金声

  峻兴号 施钱拾千文

　　　　　　　马遇湖　杨天星　张增印
　　北复兴　施钱拾千文
　　　　　　　从九石昺贵　张　凤　王永泰　高元举
　　东兴号　施钱拾千文
　　　　　　　监生段　山　贾　钧
　　顺兴号　施钱拾千文
　　　　　　　段　岭　乔善信
　　西峻兴　施钱拾千文
　　　　　　　郑法曾　王身立　乔步霄
　　东义和　施钱拾千文
　　　　　　　遆思恭　朱梦熊
　　北和顺　施钱拾千文
　　　　　　　郭爱山　冯　淮
　　新德隆　施钱拾千文
　　　　　　　监生郭峄山　郭崇智
　　天昌合　施钱拾千文
　　　　　　　马奎元　张丙行
　　二合号　施钱拾千文
　　　　　　　监生陈丙耀　监生李嘉瑾
督工人　郭爱山
　　　　朱梦熊
　　　　从九吕学诗
　　　　段　山
　　　　石昺贵
　　　　杨秉焕
　　　　马遇湖
　　　　郭峄山

　　　　马奎元
　　　　李　榜
　　　　李嘉章
勒石　　左自修
咸丰五年三月　吉日立

《拓本汇编》第82册第93页。拓片编号：4176。碑身高103厘米，宽58厘米。额高21厘米，宽19厘米。正书题"名传千秋"。原无题，题据《拓本汇编》。碑在鹞儿胡同浮山会馆，咸丰五年另有由李嘉乐撰文之《金妆神像碑》并碑阴所刻题名，此碑则为另一碑碑阴所刻题名，碑阳未见。

重修会馆记

同治五年九月（1866）

郡□（间）之有翼城会馆，由来旧矣。前人修葺有碑可考，于今计之，又历数十馀年。□（星）霜变易，倾□为废。去岁乙丑，会众公同商酌，募化兴修，乃自三圣神殿以及上而罩棚，下而甬道两旁之厢房，外而大门彤墙，一律鸠工庀材，次第缮葺，□□月而工告竣焉。是役也，规模悉仍其旧，而气象焕然聿新，于以庇神庥而□乡谊，不得谓非善举也。然事第继乎前人，而功当归诸众力，所有募化出资诸君子，允宜并垂不朽也。爰缀其颠末而勒诸□（贞）珉，是为序。

赐进士出身翰林院编修国史馆协修邑人袁承业撰文

总理募化人　耿贵照　李永年　李聚□（英）
　　　　　　秦兴栋　王正基　李玉春
副理募化人　董兰福　梁承先　杨殿□　王绍尧　常朝□
　　　　　　郑三□　史　义

督工人　　　李玉明　柴柏林　闫景鲁

　　　　　　□□月　郑兆昌　王□□

　　　　　　□福恒　柴登高　王□□　　仝　立

　　　　　　崔天□　□□□

龙飞大清同治五年菊月初二日谷旦邑人史家梧沐手敬书

《拓本汇编》第83册第92页。拓片编号：京2775。拓片高125厘米，宽60厘米。碑在北京市东城区前门外小江胡同。

浮山会馆题名碑

同治十二年五月（1873）

合会字号首事人姓名

西峻兴

  从九乔步霄　乔登霄

东兴号

  贡生段仕锦　段金树

顺兴号

  监生段仁銮　张纯仁

德昌号

  监生吴承慈　张人彦

景丰号

  段鹏瀚　段春景

永来号

  监生姚守保　李性天

永昌号

  乔均元 燕登云

福兴号

  卫殿侯 卫殿卿

西瑞兴

  宋法震 宋法宏

泰山号

  王长春 范全同

东恒盛

  监生严国珽 陕维清

恒盛号

  监生严国英 李 绅

金泰山

  邢 银 张诚昌

德兴号

  王书箴 宋玉通

二合号

  监生陈逢申 刘永廷

隆兴号

  张 □ 乔丙□

恒兴号

  史曰顺 张君宠

源和号

  张正性 陈光照

源兴号

  监生姚梦周 姚梦兰

大顺号

马增河　男占乾

督工人

　　吴承慈　柏二南　张正性　段金树　乔均元

　　张纯仁　乔步霄　□□□　刘□□　严国珽

　　李性天　燕登云　姚梦周　陈光照　王书箴

同治十二年五月吉立

《拓本汇编》第84册第51页。拓片编号：京4178。拓片通高122厘米，宽62厘米。额正书题"万古流芳"，原无题，现题据《拓本汇编》。碑在北京市西城区鹞儿胡同。

重修晋太高庙记

同治十二年八月（1873）

宣武城南有晋太高庙，创建自吾邑，由来旧矣。中奉关帝并诸神，其旁为别院，东西屋颇雅洁，为邑人栖息之地。南有乐亭，状若张幕。中门外体圆而锐，上卓如笔峰耸峙于巽宫者，为魁星阁。池西有小桥达财神殿，又西则义园也。正南列敞轩，踞高临下，远眺最宜。余官庶常时，偕友人读书其中，每春秋佳日，徘徊桥上，南望则谯楼雉堞，时隐现于烟树间，而江亭、龙树院、龙泉寺诸古刹，参差高下，历历俨在目前。万苇环之，一碧无际，依稀鹭汀鹤潋，城市有江湖之概焉。西望则太行山色，若苍然自远而至，弥使人起故乡之思。回忆花晨月夜，与同志樽酒论文于南轩，俯槛凭栏，旷然意远。弹指倏近十稔矣。庙旧为太平邑馆，昔人屡拓基址，遂规模益闳。复以馀赀别置邑馆于城东，租息所入为两馆修葺之费。道光庚戌岁，司事者以邑馆出售，欲有所更张，奈筹度未成而赀竟耗折。赖吾乡风俗朴厚，同人维持区画，廿馀年来，邑馆虽废，斯庙则岿然独存，顾以风雨凋残，墙垣亦多渐圮。今年春，邑人复踊跃输金，诹吉新之，不三月而告成，属余为文纪其巅末。余念自来名胜之区，往往兴废靡常。前之人经之营之，创始之艰，有非局外人所及知者。乃或数十年而废，或百馀年而废。当时华屋，此日邱墟，盖盛媺之难继也有若此。独斯庙阅数百载之久，尚克勉绍前型，叠经增葺，其质厚诚有足多者，余尤窃喜邑人之敬恭桑梓，同心合力，视余曩读书庙中时，益巍然焕然，日新而不已，俾后来者永奉庙貌于弗替。虽惭不文，得濡笔以志盛举，其愉快可胜道哉。

赐进士出身刑部河南司主事记名军机章京前翰林院庶吉士加二级邑人柳长庚撰并书

总理督工　李世昌
　　　　　　从九李英武
　　　　　　李时敩
　　　　　　郭遐章
直年　　　　尉万盛
　　　　　　王金贵
　　　　　　卢定适
　　　　　　韩兴发
　　　　　　吕　泽
　　　　　　关积泰
领工　　　　王应麟　曹进禄
　　　　　　从九王天仁
　　　　　　王金选　关培龙
　　　　　　邓玉泰　张　济
　　　　　　邓友仕　万振科
　　　　　　众字号轮流监工

大清同治拾贰年岁次癸酉八月谷旦立石

《拓本汇编》第 84 册第 56 页。拓片编号：京 749。拓片碑身高 117 厘米，宽 63 厘米。额高 20 厘米，宽 16 厘米。题"梓谊同敦"，石在北京市西城区南堂子胡同。

重修太原郡馆碑记

光绪三年（1877）

宣武城西太原郡馆一区，创自乾隆丙申，成于乙卯，重修于□□壬寅①。郡之计偕入都者，咸栖止于此。其□（成）众也。岁月□流，风雨剥蚀，咸丰年间已就倾圮，又十馀年，而倾圮益甚。同治壬申，与杜澍田铨部瑞□、杜石生比部瑞麟经纪其事；同集□□□□同官京师暨宦游四方诸先生皆欣然乐从，郡人商贾于此者尤振奋踊跃，争相输助，孝廉诸君复募郡邑富绅而共输焉。光绪乙亥，鸠工购材，登登冯冯□焉。若者□其废，若者扶其倾，若者增其新，若者仍其旧，凡七阅月而土木之工□□。明年丙子，涂以□□，□□□彩，丁丑三月落成，□□□厅事三楹，祀郡中历代乡贤，设俎豆，陈钟鼓，春秋□祭□。东偏之□雨庐，奎照轩、受福轩、聚星书屋，俾公车栖息。西偏之盍簪别墅、□会堂、恩□轩、□□□，为郡人诗酒文讌之区，春秋佳日，嬉酬淋漓，合吾郡之官于斯、贾于斯者而□乐□□□□□□焉。馆中行水之路，向由东南泻西北，势逆流，星家忌之。今将北面□□□□□□□□□南，建魁星楼于东南之隅，自是郡人多掇巍科者，阴阳术数之□事□□□□□□□□□□□□□南北贰拾陆丈肆尺，后垣坡水地陆尺，□西则□□□□□□□□□□□□□□□大小堂屋□阁□□壹百陆拾肆间，惜字炉一，井一，□□□□□□□□□馀则依其旧而修葺补缀之，（以下残泐）

按：此碑左半漫漶残损，难辨识。何人撰文，何人书丹不详，亦未见立石年月，据碑文，同治十一年壬申议修，光绪元年己亥开工重修，光绪三年丁丑工竣落成，则此碑当刻于光绪三年。

又按：乾隆丙申为乾隆四十一年，乙卯为乾隆六十年。壬寅年当在此后，而嘉庆无壬寅年，道光有壬寅，为二十二年。则是年曾有过一次重修。

《拓本汇编》第84册，第144页。拓片编号：京10054。高114厘米，宽67厘米。额高20厘米，宽18厘米。篆题"重修碑记"四字。

云山别墅记

光绪十八年（1892）

光绪十有八年八月，晋人士构屋于宣武门外下斜街，既蒇事，书"云山别墅"额揭诸楣，复旧观也。昔年驾幸淀园，臣僚扈跸，每建室为休沐地。云山别墅者，吾乡建为休沐所，今且久废为墟矣。今年二月，同人公举捐廉买地葺屋，追溯往日淀园之盛，思复其旧，锄之、畚之、圬之、旅之，阅七月而成，门庑堂室毕具。同人属世长为文记之。其北堂曰思远堂，取吴札忧深思远之意，以为禋祀之所，用志不忘其祖也。后楹神之所栖，祭则敬奉于前楹焉。西北度地筑楼，周以回廊，拾级而上，西山爽气，晴翠扑人，名之曰西爽阁。廊曰看山廊，以其烟墟远树，历历如绘，岚影浮碧，冯槛可数也。循廊而南，构堂三楹，取支道林语，颜曰显处视月斋，表章北学，固所愿焉。坿室为廊，缭以曲榭，四面启窗，修篁抽筭，取昌黎湖嵌潇碧意，名曰潇碧窗。迤东别室曰河汾精舍，盖亦师承先哲，笃守经训之意。又辟楼北隙地，广可四五亩，以为恢廓堂宇之地，杂莳花木，汲井灌园，春秋佳日过之，亦尘市中一清凉境也。夫求亭台池馆之盛于通邑大都之间，朱甍碧槛，割云啮波，恒为有力者所得。奢靡所极，几埒铜池、金谷，不数十年，管弦歌舞之场，变为牧马吹笳之地。诚哉，天下奢汰者易败，澹泊者可久也。吾乡沿唐、魏旧俗，勤俭见之《诗》篇，诵《蟋蟀》之诗，既曰无已太康，又曰好乐无荒，盖谆谆以俭相勖也。或谓地近边塞，风气褊急，筹算多于咏歌，宴安甚于勤劳，是诚有然。然而传乘所载，图志所列。其人未尝无杰，其地亦未尝不灵也。太行并州之域，自唐徂夏，皆都于此。先王流风馀韵，犹有存者。春秋之世，晋亦多材，赵衰之文，祁奚、羊肸之贤，其著焉者。后若汉之郭有道，隋之文中子，唐之裴晋公，宋之司马温公，皆扶舆旁薄之气所钟毓于是邦者焉。熙朝盛轨，人材辈出，赞翊休明，则有陈文贞，孙文定诸人。昌明经学，则有阎潜邱、范彪西诸人。志行高洁，提倡风雅，则有傅青主、吴莲洋诸人。岡非翘英擢秀，与运会相为转移，疏泉洿悬甕之山，枕汾注管涔之水。雁门楼烦长城之锁钥，句注先俞山川之形胜，五台飞锡，百刹簇筍，霞建天门，云衍香阁，是又见于神京而称胜绝者也。盖天地之气，每有所萃，萃则精华聚于是，昔之萃于西北者，今则寖由北而南矣。山右仍俭啬之遗，大雅通儒所遗绪馀，日久渐坠，乡曲孤学，通经致用者遂尠。所愿河汾讲学之地，太原钣镂之家，观感振兴，人文蔚起，孰谓西北璆琳，莫匹东南竹箭邪？今日者轮奂巍峨，冠裳跄济，祀事孔明，神之格思，乡人饮酒，长幼有序，易华靡为朴素，变丝竹为吟咏。结构不劳，无侈费也；征逐不繁，无侈观也。《诗》曰：维桑与梓，必恭敬止。此邦之人亦当思义顾名，有敬业乐群之助，常兢兢于好乐无荒之旨，而克保此勤俭旧俗也。使后之人过而羡之，且曰，此晋人士枌榆嘉会所婆娑而觞咏者也，今复完美如昔，职思其居，斯为吾乡创始之心矣。是为记。

太岁元黓执徐光绪十有八年秋八月寿阳祁世长制文命孙师曾敬书

江宁吴以贵镌

《拓片汇编》第 87 册第 22 页。拓片编号：京 9497。拓片阳、阴均高 120 厘米，宽 69 厘米。阳刻记，祁世长撰文，祁师曾书。碑在北京市西城区下斜街。

修建云山别墅京外官绅商号捐赀题名碑

光绪十八年（1892）

祁世长二百两　　冀以龢四百两　　刘笃康刘笃敬一百二十两

李延贤六十两　　刘永吉五十两　　何福堃三十两

何乃莹三十两　　贾　璜二十两　　董崇仁二十两

张式畴拾两　　　张桂林十两　　　王汝纯十两

贺勋拾两　　　　李廷飏十两　　　刘秉权十两

杨履晋八两　　　韩大镛四两　　　裴□□二两

白　菡二两　　　张兆珏一百两　　王近仁八十两

李殿林伍十两　　王　效三十两　　陈履亨贰拾两

王炳奎二十两　　康际清拾两　　　李鹤龄八两

阎锡龄四两　　　邓邦彦四两　　　宋传曾四两

李晋魁一两　　　渠纶阁四两　　　孟□振一百五十两

　　以上京官

又本省协济京平□银三千一百四十八两七钱九分

京官续捐

渠本翘二□两

外官　　　安以焕二十两　安廷桂拾两　安廷栋六两

　　　　　何福奎六十两　陈桂芬五十两　杨振奎五十两

　　　　　王锡晋五十两　武　勷五十两　刘体恒三十两

　　　　　冯尔炽三十两　张□升二十两　祁恩成二十两

　　　　　黄履中二十两　武从超十六两六钱四分　康奉蔼三十两

外官续捐　王遵文壹百两　王麟祥伍拾两　史□书叁拾两

　　　　　田恩来伍拾两　李希莲壹百两　张九章叁拾两

　　　　　霍润生壹百两

《拓本汇编》第87册第23页。《云山别墅记》之碑阴。

云山别墅规条

光绪二十六年（1900）

一　新馆为吾乡祀神谥会公所，其京外文武各官引见当差，及文武乡会试公车概不准居住。

一　新馆善后一切事宜，均归值年掌馆者经手，其每年举办应行典礼，先期差长班知会同人，共襄盛事，以昭慎重。

一　新馆存储祭器及各屋供张器具，均另登号簿，约每年岁晚宴会时，掌馆者派两人对簿清查一次，庶逐年检点，不致遗失损坏，漫无稽考。其掌馆者遇有升迁，应归后任经手，交代时亦照此办理。

一　新馆除此次用过经费均已开销不计外，如有馀银，公议存吾乡殷实字号，每年生息若干，归值年经手，以备长班工食及馆中岁修裱糊等费。一切出入均登号簿，当时易于稽核，后人亦知所遵循。所存款项，非新馆要务，不准私为动用。若有重修大工，经费不足，掌馆者另为筹款，庶吾乡新馆常新，足以经久远而无废坠。

一　新馆长班，责任綦重，用一妥人，须有眷属及有铺保者方许充当，每月给工食钱十千，门户时刻小心，院屋时常洒扫，器具时为检点，若有不遵约束，怠惰油滑，及将馆中器物私为动用遗失，一经闻知，立即责革，另行更换。

一　新馆为祀神谠会之地，理宜整齐严肃，概不准妇女游观，违者惟长班是问。其长班亲友，概不准馆中留宿，若有私人来往，与长班酗酒滋事，及窝藏匪类，勾引赌博种种不法情事，一经闻知，立即责革，交坊治罪。

一　新馆平日遇有同乡及外省京官、富商愿在此请客谠会者，准其假座，务须先期订约，庶免临时纷争，违者惟长班是问。所得假座小费，除赏给长班若干外，馀均交值年归入岁修款内。

一　新馆马号及后园空厂，不准长班私留车马，冀得小费，违者责革不贷。

一　新馆平日虽准同乡及外省绅商假座请客，均属雅集，概不准携带优伶演唱小曲。

一　新馆平日只准请客谠会，若遇有婚嫁庆吊各项事，无论同乡外省，概不准在此藉地办事。

以上规条，均系云山别墅同人公议，旧有木牌，诚恐年久损朽，馆人无所遵循，因勒诸石，以垂永远。

光绪二十六年岁次庚子五月上浣兵部右侍郎大同李殿林谨识

《拓片汇编》第88册第76页。拓片编号：京9495。拓片高113厘米，宽68厘米。碑在北京市西城区下斜街。

重修会馆碑记

光绪三十二年（1906）

　　京师旧有三晋东馆、三晋西馆、三忠祠，为士子旅寓。光绪十八年，祁文恪公复建云山别墅为礼神公谦之所。人地兴盛，省运攸关。自庚子拳匪之变，联军入都，土匪乘机作乱，别墅东馆楼舍焚毁无存，西馆、三忠祠亦多坍塌。颓垣败址，满目萧条。二十九年冬，殿林由江苏视学差满回京，与前都察院副宪何润夫，农部王邃甫、李兰圃，比部张翰卿、杨康侯，外务部渠楚南诸同人集议兴修。惟时公局存银贰千馀两，工料昂贵，需用不敷甚多，遂邀各京官及票商相助为理，并函恳外官何方伯寿萱，武观察仲平，张观察衮甫，黄观察坦元，董观察子安，曹太守菊农，高大令子纯合力提倡，京外官商共捐银柒千馀两。三十年夏，先由别墅开工，楼阁厅堂，照前起筑，园西□□棠梨馆三间，次年建造东馆，屋宇轮奂一新。西馆、三忠祠均先后修葺。各馆工竣，因勒芳名、捐数，以彰善举。同人之力，全省之荣焉。大同李殿林谨识并书。

京官　　李殿林二百两

　　　　梁本翘一百五十两

　　　　杨生春一百五十两

　　　　刘笃敬一百两

　　　　何乃堂五十两

　　　　常旭春五十两

　　　　常运衡五十两

　　　　乔尚谦五十两

　　　　李馨国三十两

　　　　段振基三十两

　　　　王仪通三十两

　　　　葛文模三十两

　　　　祁颂威三十两

　　　　王景济三十两

　　　　王汝纯

　　　　赵国良

　　　　魏　倬

　　　　李延贤

　　　　杨□晋

　　　　贾　璜

　　　　邓邦□

　　　　　各二十两

　　　　孙筍经十二两

　　　　李春溥十二两

　　　　杨长澡

　　　　许永彦

　　　　　各十两

阎锡龄

谷如墉

李慎修

郭景象

狄楼海

白　菡

李凤藻

蔡　侗

张　棨

　　各四两

米毓瑞

李廷飏

解发辂

邢□□

薛登道

荆育瓒

陈启秀

　　各二两

票庄　大德玉五十两

　　　锦生润五十两

　　　大盛川五十两

　　　存义公五十两

　　　志一堂五十两

　　　协成乾五十两

　　　三晋源五十两

　　　蔚盛长五十两

　　　义成谦五十两

　　　　大德恒五十两

　　　　大德通五十两

　　　　天成亨五十两

　　　　合盛元五十两

　　　　百川通五十两

　　　　新泰厚五十两

　　　　蔚丰厚五十两

　　　　蔚长厚五十两

　　　　蔚泰厚五十两

　　　　日昇昌五十两

　　　　协同庆五十两

　　　　陕西庄十一家各十二两

外官　　何福堃三百两

　　　　李继训三百两

　　　　赵　渊三百两

　　　　武　勷二百两

　　　　单儒绅二百两

　　　　董崇本二百两

　　　　武丕文二百两

　　　　王树鼎二百两

　　　　王学伊一百两

　　　　甘肃候补同乡官合捐二百两

　　　　董崇仁一百两

　　　　何福海一百两

　　　　高廷兰一百两

　　　　韩汝元一百两

　　　　张九章一百两

韩克敬一百两

曹　榕一百两

宋梦槐一百两

张鸿翼一百两

温绍樑一百两

王大堃六十两

贾景仁

黄履中

王希仁

祁恩成

常辅清

　各五十两

张西园

白承颐

武同文

张秀升

赵鸿谟

　各四十两

许　寯

王学周

王学曾

姚　瀛

邵祖□

钮福嘉

裴作则

吴　庚

　各三十两

王炽昌廿四两

张兆珏

乔仁鉴

张锡龄

李毓林

王乃成

王俊卿

李敬修

刘　钰

　各二十两

高锡华

刘维翰

　各十六两

韩学伊

侯成元

　各十二两

梁廷相

范中信

王　杰

张　朴

陈炳文

左恩鸿

钮承弼

　各十两

张祖培

常运藻

郜修文

陈毓沂

申应枢

刘汝诉

　　各十两

张蓉镜

张瑞玑

马　晋

吴命新

张祖配

吴文吉

曹　□

祁耀曾

李光祖

　　各八两

黄玉瓒

李五峰

薛士选

秦书声

□汝德

　　各六两

雷天衢

武　晰

范大华

王五昌

王发源

赵绥之

田祝三

李长星

程显荣

石寅恭

王华虞

牛居斗

刘以桐

李鹤年

　各六两

张文耀五两

李宝华

安国楫

曹佐武

盖仰惠

马锡纶

祁晋昌

　各四两

孙秉衡

何福赓

贾景德

侯于鲁

乔海峰

李钟璧

武绍元

　各四两

李晋魁

安廷樑

柴凯捷

郭焕离

　　各三两

杨廷秀

赵本宽

刘　溥

李翊宸

刘彭年

刘延恩

张洪造

黄光彩

刘师宠

　　各二两

梁德溥

卫思效

孙　绎

杨宝年

席　锐

　　各二两

马　骏

韩玉森

王克信

王怡然

贾鸿章

高瀛来

陈子雅

王步瀛

薛绍凤

李鉴清

李晋元

刘承钧

何厚琦

仇元承

郭庆云

关希贤

　　各一两

大清光绪三十二年岁次丙午十月　谷旦立

重修浮山会馆碑记

民国三年（1914）

且建祠立馆①，固由前人之缔造，而兴废补缺，尤赖后人之经营，天下事大抵然也。京师为人文会萃之地，商贾辐辏之区，不设公所，则观光贸易者行旌②甫至，不免有宿栈假馆之繁，即仕宦坐商，欲会同而联乡谊，亦未免参商卯酉矣。此会馆之设所由来也。前门外珠市口南鹞儿胡同浮山会馆，建自前清雍正年间，迄今二百馀载，馆内大小三院。前后两院，原有房二十馀间。西院正面，有五圣神殿一间，左右耳房各一间，戏楼③、罩棚共十二间，相沿已久，均有碑碣志其颠末。每逢朔望，凡我同乡，共集于此，以祀诸神而叙桑梓，即士子赴都者，亦以寓馆为乐④。休哉⑤，何其盛欤！自光绪庚子拳匪扰乱之后，百凡俱废，且历年久远，房屋倾塌甚多，即或存其一二，亦皆墙败而顶漏，名曰会馆，亦只虚设而已。幸有旅京诸公目睹心伤，大加整顿，不遗馀力，集会捐助，共成义举。前后两院新建、修补共房二十二间，并重建西院殿前罩棚三间。自民国元年开工，至今春而庆落成焉。将见美轮美奂，不惟足以庆华丽而壮观瞻，亦足以妥神灵而洽人心。地灵人杰，岂虚语哉！工竣立石，适余寓此，首事诸公嘱余为记[6]。余援其重修之始末，并善举之芳名而详列焉。俾嗣事者有所考证，以志永垂不朽云尔。是为序。

山西警务学校毕业邑人贾文卿撰并书

合会字号首事姓名列左

鸿泰长	李景升	李长福
西增玉	孙玉温	于茂林
松元昌	李振荣	侯元昌
泰山号	贾兴邦	韩功臣
东和兴	马肇业	子东山
永兴号	黄万俭	杨生澳
聚兴昌	张日兴	张道轩
都一处	王鸿儒	马长钰
招宝号	张学诗	李生岱
泰昌号	巢兴邦	杨凝兰
公盛义	李凤水	虎山
金泰山	张彬	乔集凤
泰山店	席世忠	郑从兴
三和居	李占鳌	张松山
天瑞居	邓登明	孙成文
东瑞兴	宋福基	马天禄
协泰山	宋福朝	陈从梅
二合号	陈希汤	李会萃
乾和厚	张乾翼	郑纯仁
富盛兴	杨生富	刘本康

　　　　　　天和公　杨躬珪　杨君义

　　　　　　永兴长　李明升　郭丕山　李占鳌

捐银拾两

新入会字号　公盛义　捐银七两二钱

　　　　　　东和兴　捐银三两六钱

　　　　　　乾和厚捐银三两六钱

　　　　　　富盛兴捐银三两六钱

　　　　　　协泰山　天和公　都一处　二合号　鸿泰长　永兴长

　　　　　　泰昌号　招宝号　东瑞兴　松元昌

　　　　　　　以上十家捐银捌拾两　因庚子之变帮助馆役

　　　　　　原存银壹百壹十两

　　　　　　收三次集会银四百两

　　　　　　收布施并新入会捐银二十八两⑦

　　　　　　收每月房租并香资银三百二十二两⑧

　　　　　　　管收共银八百六十两

　　　　　　　出三次修工并立碑共使银八百六十两

经理督工人　　李长福　黄万俭　宋福朝　李凤水

　　　　　　孙玉温　马长钰　宋福基　张　彬

　　　　　　李振荣　张日兴　陈希汤　席世忠

　　　　　　贾兴邦　李生岱　郑纯仁　张松山

　　　　　　马肇业　巢兴邦　郑登明　刘本康

中华民国三年十一月初一日立

校记：

① "且建祠立馆"：《碑刻选编》无"且"。
② "行旌"：《碑刻选编》作"行旅"。
③ "戏楼"：《碑刻选编》作"西楼"，误。
④ "寓馆为乐"："为乐"，据《碑刻选编》补。

⑤ "休哉"：《碑刻选编》作"体哉"，误。
⑥ "属余为记"：《碑刻选编》脱"余为记"。
⑦ "二十八两"：《碑刻选编》误为"叁拾捌两"。
⑧ "二十二两"：《碑刻选编》误为"叁拾贰两"。

《拓本汇编》第91册第61、62页。拓片编号：京4172。拓片阳、阴均高118厘米，宽70厘米。碑在北京市西城区鹞儿胡同。阳刻碑记，阴刻题名。按：此碑记并题名又见《碑刻选编》第101页。

潞安会馆碑

民国四年（1915）

　　会馆为潞安八县公产，当免纳税，旋经郭君□□□□□□，复经市政厅派外右一区巡官长赵君百□□□□□□□□馆地踞西珠市口之路北向南，南北计长二百一十四尺，东西计广四十八尺，后院稍广，得□十五尺，并由官□□□□□，以杜欺占。同乡诸君佥曰，吾潞是馆缮葺，兹幸□□□□□□□于前，而□□既饬，霖潦无虞，官府具书，规章有定，同人勉力从事，遑敢言劳。然先民有作，后人踵成，吾潞公言不可默尔而□也，□石待记，以属宝善，辞不获已，爰缕述馆之创始□□□□。甲辰岁，太史郭先生骥远及京曹十馀辈，铁业□□□□集□七千馀两以蒇其事，是作始之难也。嘉庆以来，荐绅稍□□□，己丑解元王先生发□、杨先生中桂等，复与铁业同乡□□□建。此后六十馀年中，潞属荐绅寥落，仅有太史郭先生从□□掌馆事数年外，幸商界同乡保重公产，俾无圮坏，则保守尤非易也。光绪□□，后院被焚，尔时荐绅益稀，商界又不与官□□，馆宇日摧。至民国成立，宝善归自英伦，任职工商部，目□馆地荒废，恻怆于怀。值李君芬浦，刘君伯川同寓京师，共抱斯慨，同计修复之策，又值参众两议院成立，苗君霖生、刘君子□、石君子□，联袂来京，筹议重修馆事，乃议院一停，同人星散，馆事因以罢议。自去岁公产核定，更议缮修，□谋既同，货财更集□□幸获□成，而诸君子先后缔造之勤，殆与先民同□欤。宝善□□不文，□□同乡诸君所属。质而言之，□□吾潞安会馆公产之□□，而诸君子将事之勖劬，□见者，□不容泯也，爰为记。

屯留郑宝善撰文　襄垣李庆芳书丹

中华民国四年四月一日

《拓本汇编》第91册第76页。拓片编号：京7095。拓片高61厘米，宽92厘米，碑在北京市西城区珠市口西大街路北。碑首漫漶，"会馆"之前均不可辨识。碑尾撰文者落款左旁刻有捐资题名，漫漶莫能辨，略。

潞郡会馆纪念碑文

民国九年（1920）

广渠门内东兴隆街今名土地庙，旧有潞郡会馆炉神庵一座，院外馀地是潞人坟茔，例如祭祀、会议、养病、停柩，向为郡人铜、锡、烟袋三帮经理。丁巳民国五年三月，因馆役德海将全部房舍租给陆军部兵工厂官硝局之朱兰田占用，彼恃势值卫禁阻潞人会议，三帮经理目击心惊，义愤同深，公举绅士郑宝善、刘伯川，商界周仕雯、程天锡、赵天章、郭世臣等，呈究德海于警察，诉除租约于法厅，三审终结，执行管业录后。京师地方审判厅布告第四六一号，为布告事：本厅执行刘伯川等诉朱兰田等租房一案，民国七年一月二十二日朱兰田曾将所租广渠门内东兴隆街炉神庵房屋一所共四十七间，并戏台、照棚点交刘伯川接收，内有东房四间，因暂放动产，讨限十五日腾交，具结在案。兹据刘伯川等状称，朱兰田迄今仍未将房腾交，请即勒令腾交，并令将讼费十五元六角迅交前来，应即照准。限朱兰田即将该房四间腾空，交刘伯川等具领，并令迅将该讼费照交，特此布告。中华民国九年七月九日京师地方审判厅长邵文。伯川等复于民国七年七月间，与馆董郑君宝善议定规则，建筑界石，呈警厅在案。馆地南北计长二百八十六尺，西面稍短，得一百九十六尺。东西计广二百十一尺，北面稍狭，得一百六十四尺。警区核定书存官府，以杜欺占。爰集五载经过事实，并同乡诸君子血汗金钱，双方牺牲劳怨，匪懈始终，在所不辞，勒于珉石，传之万世，以纪不朽之功业，是为志。

平顺刘德泉撰　牟平曲书元书

	郑宝善	刘德泉
绅界	李庆芳	裴宝棠
	王夏卿	牛菁泉

	周仕雯	陈佐周
商界	郭世臣	魏晋藩
	程天锡	赵天章

中华民国九年九月十二日　吉立

《拓本汇编》第93册第15页。拓片编号：京729。拓片高119厘米，宽47厘米。额高16厘米，宽15厘米，额正书题"永垂不朽"。碑在北京市西城区珠市口西大街潞安会馆。

潞郡会馆纪念碑题名

民国九年（1920）

　　郑宝善　王缙云　李庆芳　裴宝棠

　　刘德泉　周仕雯　赵天章　程天锡

　　郭世臣　魏晋藩　陈佐周

　　　各捐洋叁拾元

大律师

　　王槐市捐洋五元

　　牛得山捐洋拾元

　　张廷儒捐洋叁元

昌裕公　泰德号

　　各捐洋七拾元

源聚成　昌聚盛　宝兴陈

　　各捐洋六拾元

公利和捐洋四拾元

积成永捐洋拾元

宝聚兴　福顺隆　天兴成　乾兴成　泰元成
　　各捐洋五拾元
同顺合　永顺合　和丰号
　　各捐洋叁拾元
永天成　王保禄　德盛号　天佑号
　　各捐洋贰拾四元
兴盛号　捐洋贰拾叁元
泰兴号　天盛号　金天成　成兴号
　　各捐洋贰拾元
同盛公　捐洋拾六元
宝山号　捐洋拾四元
松茂泰　福盛永　永兴和　天聚永
聚成永　和兴号　万顺永　泰德公
源兴号　崇慎号
　　各捐洋拾五元
三义成　聚义成
　　各捐洋拾叁元
致顺号　泰盛永　天义和
　　各捐洋拾贰元
永盛号　绣魁和　永泰聚
　　各捐洋拾壹元
仪泰涌　天和义　天义成
　　各捐洋拾元
义和永　朱天成　广兴盛　牛天成
广顺成　长盛裕　泰和成
　　各捐洋拾元
龙海成　复兴源　松盛号　泰昌店

各捐洋九元

广顺昌　天成玉　泰山号　三泰德

各捐洋捌元

聚兴号　德成永　广顺公　义盛永
广兴长　天极德

各捐洋七元

永泰号　捐洋六元

四恒永　捐洋六元

义成永　天成永　天聚生　三合公
天成源　全胜店　恒成号

各捐洋五元

永茂兴　和盛号　万陞号　德全号
全盛和　永茂盛　天义合　新兴永
泰顺永　长盛永　全盛永　同茂盛
福茂全　德顺公　鸿贤号　同泰号

各捐洋四元

三兴成　全兴成　双聚生　永成号

各捐洋四元

复聚明　永泰兴　同泰号　天盛成
大兴成　广茂局　三盛号　全兴号
泰发永　三合永　聚陞永　泰顺成
聚珍祥

各捐洋叁元

信和厚　天盛永　泰山号　珍成号
双义公　双兴永

各捐洋贰元

德泰号　天成永　玉成春　广顺号

段满成　泰兴森　元兴成

　各捐洋贰元

万亿号　全亿增　海兴成　原记局

秦金锁　恒盛荣　源盛亨　聚成号

天义号　通顺公　顺兴号　泰山号

　各捐洋壹元

天玉成捐洋捌元

中华民国九年九月十二月

　　　　源聚成　王保禄

经理　昌裕公　松茂泰　同立

　　　同顺合　天盛号

《拓本汇编》第93册第16页。拓片高116厘米，宽48厘米，额高18厘米，宽16厘米，正书题"万善同归"。《潞郡会馆碑》碑阴，原无题，现题为点校者所拟。碑在北京市西城区珠市口西大街潞安会馆。

襄陵南北两馆癸亥纪念碑

民国十三年（1924）

　　□□□□月八日，襄陵会馆新旧契据、帐簿、房折又归襄陵绅商，其伪□□襄会馆碑记当众毁销。不书和事人姓名，惧羞缙绅先生也。肇事□（者）亦不书，存忠厚也。区区六百八十圆，不可道也。我襄人当以此为龟鉴，幸勿蹈此覆辙也。是为记。

本届会馆董事　　刘师亮　高崇忠
　　　　　　　　刘　馥　张俊卿　　　公刊
　　　　　　　　贾丕焕　邓学信
　　　　　　　　王抡元　刘尚恕

中华民国十三年八月十六日即甲子年七月十六日　谷旦

《拓本汇编》第94册第97页。拓片号：京7121。拓片高105厘米，宽43厘米。"襄陵南北两馆癸亥纪念碑"，正书，原竖行刻于碑之中央，其右刻碑记，左刻题名。碑在北京市西城区韩家胡同五道庙。碑右上角断残。

重修襄陵会馆记

民国十九年（1930）

古语云，开创难，守成亦不易，凡事皆然，大抵在乎人为而已。吾襄陵同乡居京师者甚夥，旧有南北两会馆。北馆在延寿寺街北首，佘家胡同东口路北。南馆在虎坊桥五道庙街中间路东。恭敬梓桑，欢联乡谊，甚盛事也。乡先辈创始经营，良非易易。第因世远年湮，房屋倾圮。民国十六年秋间，同人集议，重修南馆大殿后院房屋七间。十九年秋间，又重修大门楼一间，临街西房三间，院内南房两间，北房三间，暨前院神殿，前院铺地，一律重修。庭除整肃，焕然一新。前后两次，共用洋二仟三四百圆，均有详细登记。惟因存款有限，不敷工用，息借洋四百圆，议定嗣后款项盈馀，即行偿还。工既竣，同人谓宜泐石，俾垂永久，爰为略记如右□，愿我旅京襄人共尽守成之责任，勿忘乡先辈创始之艰难，庶几我襄邑之南北两馆可以永资宗庇，为乡邦人士欢洽集会之所也。是为记。

正、副董事　吴□泮

　　　　　　贾丕焕

　　　　　　□月升

　　　　　　刘尚忠

督工人　　　邓宗有　邓学信　苏文耀　席宴宾

　　　　　　段心田　吴福茂　贾文安　范兆熊

　　　　　　乔文平　柴仲三　武宝善　党丕承

　　　　　　张魁元　柴梅五　武丕基　樊占鳌

中华民国十九年岁次庚午秋九月吉日　立

《拓本汇编》第96册第85页。拓片编号：京7119。拓片高108厘米，宽48厘米，额正书横题"重修襄陵会馆记"。碑在北京市西城区韩家胡同五道庙。

太原会馆捐资题名碑

兹因重修太原会馆，所有捐资各铺户字号开列于后：

隆全茂　振源号
　　各施银式拾伍两
聚昌号　长顺德
　　各施银式拾两
同裕益　瑞昌号　全盛德　三益号
　　各施银拾伍两
北公义
　　施银拾式两伍钱
瑞泰号　裕泰店　福聚号　新泰号
西公义　全顺得　长盛魁　吉祥永
大兴号
　　以上各施银拾两

洪昌号　德义全　德裕店

　　各施银柒两伍钱

源顺店　永盛店　天顺店　六吉店
顺昌店　兴盛号　聚昌义　福源长
义源长　洪泰德　东广聚　瓜子行
吉庆长　恒昌号　天顺号　义昌号
全盛号　西广聚

　　以上各施银伍两

泰源号

　　施银四两伍钱

源兴昌　隆庆长　万昌号　隆和长
义胜号　兴茂号

　　以上各施银四两

广丰号　隆和永　兴茂长　裕庆号
三聚兴　兴丰号　万顺号　通泰号
三盛号　永兴号

　　以上各施银叁两伍钱

聚泰号　双隆号　隆泰号　南洪顺
大兴隆　万元魁　乾泰号　西兴隆

　　以上各施银叁两

万盛店　德义隆　永源号　同聚公
玉隆正　永茂长　恒泰号　德和兴
义茂号　义生隆　丰盛号　义盛长
三义昌　洪吉号　义盛号　裕盛公
恒兴号　恒盛隆　源吉号　长泉公
源盛店　裕昌公　聚成号　聚源长
晋裕号　兴顺长　安泰兴　长泰隆

隆盛长　广泰号　永祥泰　永泰隆
公裕隆　隆盛玉　合昌公　隆顺号
泰昌公　兴顺德　德合长　广来号
三盛隆　九庆长　天昌合　裕盛号
广盛义　泰丰隆　丰顺号　裕昌全
九升恒　源和昌　西万顺　广泰号
西安泰兴　兴泰号　德盛店　天德店
振泰店

  以上各施银式两伍钱

恒义长　丰益昌　义隆号　聚盛公
兴盛号　裕泰义　源成公　广泰隆
永茂长　广茂号　和兴公　志兴公
恒盛号　丰泰号　合隆成　广泰长
洪茂号　聚丰源　德丰长　同源长
德裕号　金泰玉　同义号　德泰隆
兴义隆　广顺号　万通号　永顺全
永源号　元昌号　福源泰　隆裕长
隆裕永　通顺裕　兴隆号　义兴号
兴隆长　晋亨号　万源隆　广顺号
庆隆涌　源吉裕　隆聚长　万和号
聚泰公　通顺号　元泰公　锦泰隆
永和隆　丰德隆　德和隆

  以上各施银式两

广源号　丰源公　合兴隆　益泰永
永丰武　河顺长　万长源　义泰公
义生长　兴裕号　兴泉号　长盛号
兴顺号　福泰和　广裕源　双成号

兴隆义	永德号	丰顺长	广裕长
广庆义	德隆号	三聚号	天泰号
广全号	万泰号	永隆长	聚盛号
隆锡长	义顺号	万隆号	万聚和
瑞义合	全顺长	隆裕盛	

《拓本汇编》第90册第140页。拓片编号：京10121。碑身高135厘米，宽69厘米，额高22厘米，宽21厘米。正书题"菓行公立"。此碑在北京市西城区储库营。拓片下缺一列。自"广源号"起至"隆裕盛"捐银数额未见。立石年月不详。

广东省

共 20 座

琼州会馆碑记
袁崇焕墓碑
廉州前后会馆合记之碑
新建广东南海县会馆碑记
新会邑馆记
重修顺德邑馆碑记
顺德邑馆碑记
京师番禺会馆碑记
重修广东旧义园醵金题名
韶州新馆记
重修粤东旧馆碑记
袁督师庙诗刻
袁督师庙匾额
袁督师庙联
袁督师庙碑记
明袁督师庙记
袁督师祠墓诗刻
康有为袁督师庙联
梁启超袁督师庙联
重修明督师袁崇焕祠墓碑

琼州会馆碑记

乾隆四十七年（1782）

　　琼州去京师九千馀里，人士之至止者稀，以故他郡多有邸舍，而琼独阙如。公车之上南宫，选人之赴吏部，往往寄寓全省行馆，屋少人众，或不能容。有力者僦屋以居，否则投诸逆旅，湫隘杂沓，要挟苛索，不可终日。乾隆己丑，典官京师，始与郡人谋建会馆。壬辰春，买宅于正阳门外灵中坊大外郎营北口内，其屋三重，围以旁屋，计十七间。又买屋左隙地，从十二丈，横五丈五尺。共用白金五百六十两。壬寅仲秋，乃改造焉。屋之西向者，易而东向，凡为堂三间，前厅、后寝各五间，旁屋十有一间，又于其左内外各建屋三间。其外为大门，门之右二间，租息以备修葺费，馆人工食亦于是取给，通为屋三十二间有半。其东北隅尚馀隙地一段，以俟他时补屋。计用白金一千七百有奇。先是，己丑岁定议建馆，郡人共捐白金九百六十两，买屋有馀，则以逐年生息，至壬寅而得八百金。郡人又续捐九百金，共一千七百金，以充改造用，事不劳而工举。于是乎基广而势完，外堂内寝，绕以杂室，庖湢厩楹，纤曲有容。琼人万里而来者，息肩投足，至若家居；乡语喧哗，忘其为客，不复有湫隘杂沓之虞，与夫要挟苛索之患矣。夫以典官京师，阖一郡之力，经营十馀载而始有一区之屋，以供乡人之偃息，不可不志其缘起。方今文明日盛，琼之人士交臂而至者日益众，后之君子有能珍护其已然，充益其未然，无俾人谓吾琼邸舍不他郡若也，则是举固为其嚆矢矣。壬寅改造之役，候选知县会同吴君嗣湖，候选训导岁贡生会同陈君江，定安程君学道，候选县丞琼山冯君渐，并著劳焉，例得备书。郡人翰林院编修四库全书馆纂修官吴典记。

乾隆四十七年岁次壬寅孟冬月谷旦立

按：琼州，今海南省。清属广东省，置琼州府，辖琼山、澄迈、定安、文昌、会同、乐会、临高七县。

《拓本汇编》第74册第131页。拓片编号：京2636。拓片连额通高170厘米，宽69厘米。额正书三行竖刻"琼州会馆碑记"。碑在北京市西城区大外廊营胡同。

袁崇焕墓碑

道光十一年（1831）

大清道光十一年二月
有明袁大将军墓
乡后进吴荣光拜题

《拓本汇编》第80册第6页。拓片编号：京5658。拓片高240厘米，宽69厘米。正书。碑在北京市东城区广渠门内袁崇焕祠。题据《拓本汇编》。

廉州前后会馆合记之碑

道光十五年（1835）

吾廉之有会馆，自乾隆壬寅始，是时，鱼山师官编修，载园先生充四库馆校录，遂卜基于粉坊琉璃街□□□□□□□□□二尺，屋三层，每层三间。上层厢房南北各一，中层南北各二，下层第一为大门，□南。每层俱有耳房，直计凡五间。上层□□尺后□楼□窗倚西，故名楼曰见山，后馀空地一段，此初建原址也。其明年，载园先生领顺天乡荐，甲辰，鱼山师充会试同考官，论者交称吉焉。自载园先生筮仕畿辅，鱼山师改官比部，旋奉讳归里，于是托同省京官阳山郑贯亭侍御代管。公车来往，皆住南耳房。越戊辰，典堂与合浦黄清溪师、钦州陈克斋皆赴礼闱，炯亦以朝考至都，始于上厅设文武帝位崇祀，适冯、李二先生已逝，因并设牌配之。嗣炯与典堂互为管理，而去留靡常，间托惠州刘竹湄铨部、黄荣阁侍御，广州金萩圃驾部，嘉应梁徽垣客部，或遥为经理，或赁馆兼理，皆荷一体相视，纤悉具详者，廉人士今犹颂之。自是，每岁除修理外，积存馀金，典堂复预垫凑价添置馆南之屋共七大间，四小间，是为馆之南院，仍以原馆取租抵款。迨丙戌，典堂馆选假归，倡议增建，有助至五十金者设位祔祀，以故同郡人士益踊跃，共捐银计七百有奇。戊子岁，始于馆后买整至潘家河沿地界，亦与街齐，并屋六间，南北向。爰添建北首正屋南向三间，外加临街大门西向三间，缭墙一道，而捐项已罄，典堂亦改官宰黔矣。时灵邑兵部差务韦熙堂接管，因屋宇散漫，出赁多被拖欠，□□秋，炯与心园孝廉、海亭明经熟商，炯愿捐贰佰金，海亭愿捐贰拾金，除现存租钱外，尚须三百馀金，则海亭先垫，递年扣租钱□□而止，并将原馆后楼门易向西，于是上层之东，添南向房三间，靠楼厢房东西各二，中层添厨突东西各一，下层作朝厅三间，与□屋连，临街墙内马棚三间，西北为车门，共计三十间，弦直凡十丈一尺，是为廉州后馆，向之散而未整者，皆联属矣。炯癸巳南归，馆事唯海亭专理，甲午之□，炯复至，乙未秋，典堂以准升分守领铅运至，援例至者凡三人，武公车一人，计垫项明岁春夏可以扣清。因公商勒碑以志颠末，俾垂久远，惟冀后之经理者视如家事，当无负乡前辈创始之心，而阖郡亦将有振兴之会焉。是为记。

一　经典堂手所捐银数及先后公议，会馆俱已详书木版。

一　经典堂劝捐至五十两者，其禄位俟修妥南院，于上层设大牌备书。

一　□契计拾壹张，又上□契共伍拾伍张，公议□□呈缴□□□□档。

一　递年各经手支存数簿，管事收存，不得废弃。

阖郡在京人士

合浦李□达　钦州冯士□

灵山仇□□　□□厚

　　仇效忠　梁　□

　　张锡□　刘□□

等仝立

道光十五年岁次乙未仲秋之吉

《拓本汇编》第80册第80页。拓片编号：京7117。拓片通高114厘米，宽51厘米。额篆书横题"廉州会馆碑记"。拓片左下漫漶，未见碑记作者落款，《拓本汇编》作"梁炯撰"。碑在北京市西城区琉璃街。

新建广东南海县会馆碑记

道光十五年（1835）

晋郭璞言，南海盛衣冠之气，盖金山珠海，扶舆磅礴，人文辈出，共奋功名。况乎圣化涵濡，含醇泳德，荷亨衢狃皇路者，于于而来，日新月盛而不知凡几也。国朝制科，广东九郡，举人中额七十有二名。每科广州郡几居其半。广州十四属，南海又几居其半。新旧科来京会试者不下百十人。迨会试后，留京过夏者，谒选知县者，赴试京兆者，又若而人。郡属统一会馆，限于地而不能遍容①。嘉庆年间，同郡顺德温少司马汝适率同人建顺德邑馆，时余官京师，窃谓南海省之首邑也，公车来者无庀积之所，以致或赁僧庑，或僦市舍，为北道主人者，其谓之何？志未就而出为巡道。道光癸未，余陈臬浙江，同里廖水部甡手贻一缄曰，南海议建会馆，甡寒士也，倡捐百金，同人踊跃襄助，已得千金有奇。余喜前志之竟成也，亟分养廉五百金复之。由是而李都转可琼、邓观察士宪，各捐五百金，合之同邑官京师及公车候选所捐，及廖明府翱、劳明府光泰先后劝捐在籍诸友②，共得一万三千两有奇，购宣武门外米市胡同董文恪公邦达故第，仍其式廓，略加修治。始于甲申之冬，迄于乙酉之春。工既蒇，又以其馀赀置公产本胡同房舍一区，每年出租，得息作馆中经费。此馆为董文恪公子文恭相国诰岳降福地，形势安恬，堂庑爽垲，花木竞秀，邱壑多姿，庶几旅人于处，君子攸芋乎[3]！尝考《礼》有候馆，《诗》称适馆，汉公孙宏作三馆。一曰钦贤，以待大贤；次曰翘材，以待大才；三曰接士，以待国士。馆不同而馆之义则无不同。他日计偕来者，爰得我所，所至如归。萃同井同里之人，乐其群，敬其业，求所以副此为贤、为才、为国士之实者，以备大廷之选，内而黼黻盛业，外而霖雨苍生，或有因此馆而思乎。经始者其捐题人名、银数，及馆中椽架屏席器用件数，并公产房舍间数，另勒于碑阴。

赐进士出身资政大夫兵部侍郎兼都察院右副都御史巡抚湖南等处地方提督军务兼理粮饷前兼署湖广总督刑部郎中军机章京掌河南道监察御史翰林院编修里人吴荣光撰并书

大清道光十有五年岁次乙未　月　日　立石

校记：

① "遍容"：《档案史料》《集成》作"遍客"，误。
② "诸友"：《档案史料》《集成》作"友人"。
③ "君子攸芋"：语出《诗·小雅》。《档案史料》《集成》作"君子攸宇"，误。

《拓片汇编》第80册第84页。拓片号：京2638。拓片高136厘米，宽73厘米。碑阴刻题名、捐款及公产房舍等，失拓。碑原在北京市西城区米市胡同。现藏北京石刻艺术博物馆。

新会邑馆记

咸丰三年（1853）

岭南去京师七千馀里，士之试京兆及与计偕者，赍粮就道，备历舟车跋涉之劳，几三阅月乃至。至则马瘏仆痡①，征尘未拂，又皇皇然惟舍馆是图。昔人称长安居，大不易。信矣。都中旧有广州馆，吾邑人北上者率寓焉②。但诸县颁斌③，常苦湫隘，若后至而资斧垂罄者，往往有变服赁舂之势。而吾邑公车颇众，尤以为虑。诸君聚首都门，兴言及此，每欲为本邑营一行窝，而功程浩大，倡义为难，亦徒抱少陵广厦之思而已。今咸丰改元之三年，余再赴春官试，抵都则见已建有新会邑馆，俨然轮奂宏构也。知为今观察陈君伟南焯之所特建，费至数千馀云。嗟乎，世之履丰席厚，鼎食钟鸣，其甲第园林之壮丽，大抵期于自奉已耳，问有荫及竭人如邴成子之割宅，范文正公之置义庄者，岂易得哉，岂易得哉！今伟南观察独慨然为此豪举，使吾邑蹑屩担簦④之士，尽歌适馆于数千里之外，而宾至如归。非古之仁人君子，其能如是乎！观察喜吟咏，敦气谊，以工部郎中供职京邸，一时贤士夫乐与互唱酬数晨夕，目为北道主人。其谋建斯馆也，卜地鸠工，经营累月，于今春落成。时观察已束装南返，公车诸子，未获同堂把酒，为前席一谢高谊，且叙乡里故旧之欢也，相与南望而低徊者久之。吾闻观察生平，好行其德，更仆难数。尝虑粤中古籍未备，因购二十二史善本校刊流布，以惠儒林，费累万而不惜。又倡首捐万金谋修邑学，后以形家言未果。此皆其荦荦大者，趋义若渴，固不仅郑庄之一驿也。而此举特先睹成效，后之北游者，赋夏屋而观光上国，岂不快哉！佥曰，此盛德事，不可不表彰以示后。因谋勒石，同人属余为文以记之，略述其缘起如此。

咸丰三年孟夏李星辉撰

赐进士及第翰林院编修武英殿协修顺德李文田书

校记：

① "至则马瘏仆痡"：《档案史料》《集成》脱"至"。
② "吾邑人"：《档案史料》《集成》脱"吾"。
③ "颁斌"：《档案史料》《集成》作"颁试"，误。
④ "蹙屦担簦"：《档案史料》《集成》作"蹙履担簦"。

《拓本汇编》第82册第61页。拓片编号：京2625。文分刻二石，拓片均高33厘米，宽83厘米。碑在北京市西城区粉房琉璃街。

重修顺德邑馆碑记

咸丰九年（1859）

  我邑馆创始于嘉庆甲戌，重修于道光丁酉，至咸丰丁巳越二十馀年矣。青云堂等处渐多废圮，且旧所规划或尚议其于形家未合。番禺梁君同新时官通政司，故精形家言，余因请为厘定之。邑人翕然称善，竞捐金一千九百有奇。余董其事，鸠工庀材，始丁巳三月，凡八阅月而后成。里人咸以为余力，顾余则何力哉。方落成之次年，邑人梁君思问以南元连捷进士，李君文田以第三人及第，皆梁君规划时所豫决也。然而神矣，吾邑人文素称蔚起，及兹其庸有艾乎。因落成而为之记，并勒诸捐金者于左方。

咸丰九年己未九月朔日

光禄寺署正邑人郑子卿撰

翰林院编修邑人李文田书

《拓本汇编》第82册第158页。拓片编号：京2628。分刻二石，合拓一纸。漫漶难辨。现据《北京会馆档案史料》(第1383页，档号J2—7—130。)所刊碑文对校录出，捐金题名略。

顺德邑馆碑记

咸丰十年（1860）

我邑馆建自嘉庆甲戌之春，实温筼坡少司马，龙莘田宫庶，黄在庵侍御，何分峰庶常，温少彭、梁青崖两中翰，罗中麓光禄之力也。初为朱竹垞先生旧宅，易数主而归我邑。筼坡有《签建小引》，中麓有《议捐弁言》，均载邑簿简端，惟碑文尚阙，盖将四十年矣。道光丁未，郑纠云光禄值馆事，惧前人之美湮没弗彰，尝邮书至滇促余为文纪之，余以不文固辞。咸丰元年，余因保举至京，与罗椒生通使，罗鸣庵、龙兰簃、黄郝存三太史集纠云寓斋，谈及前事，诸君咸以入都晚，未获与董事诸先达游，不知其详，旧簿又遭毁，无可考，不敢下笔，且咎余之不早为文也，相与叹息，谓一碑之成，若有数存焉。比余出都，行抵河南，旅次阻雨，偶于书中检获纠云前寄《小引》《弁言》，挑灯细阅，凡建置年月，捐题颠末，居停来历，栋宇价值，无不具备，不禁狂喜。窃谓诸先达之灵阴为呵护，绵绵延延以迄于今，俾余有所据以立言，将以昭来兹而勖后进也。余又曷敢辞。且夫人文之兴，在人事不在地运，而地运亦因人益彰焉。我邑自宋、明以来，论科名，则大魁天下，名冠礼闱者不一而足，其馀领乡解，捷南宫，未可更仆数矣。论仕宦，则位跻台辅，职居卿贰者，代有其人。其馀登馆阁、官台省，敭历中外，更指不胜屈矣，斯岂独地运之灵欤？大抵皆克自振拔，应运而起者也。况我国家，菁莪造士，凡属同人，罔不争自奋兴，讲求实学，以备栋梁之选。今又得名贤胜地，广厦崇轩，以为计偕停骖，藏修息游之所，将济济翼翼，出而黼黻皇猷，著为丰功伟烈，垂诸不朽，岂但科名仕宦之盛，夸耀一时已哉。而当贵盛之后，一念前人创造之劳，则诸先达亦可以不朽矣。或谓馆中规模屡改，殆非旧贯，而要之不离其初。忆余自嘉庆己卯入都，其时门为艮门，今仍其旧，门以内，古藤一架，老屋三间，即竹垞先生著书处，颜曰古藤书屋。循屋而南，画栏绵亘，夹道花竹。微折而西，有堂翼然，广数十筵，为同人公讌之所，颜曰青云堂，以邑之青云阁、青云路而名也。堂西别有藤一架，下为吟藤馆，馆南西厢五楹，得月早且多，颜曰伫月轩。轩外叠石作山，山下有池，池上有亭，与堂相对，颜曰倚石亭。由亭南行，过月门，穿花径，若别有一天者，巍然南向，厅事五间，中供文昌、关帝二神，同人岁时所恪事，额曰人伦魁首。左右厢广称厅，中为垂华门，门之南倒座五间，与神龛遥拱，颜曰心镜斋，取至人心镜之意。青云堂后有屋四十间，槐柳交荫，旧为何蕤音侍御丹台书屋，颜曰丹台遗址。各楱木余皆逮见，今或存或泯，故详志之，以备参考。若夫倡惠士林，情谊淳笃，已见筼坡《小引》；考据精详，谋虑周远，已见中麓《弁言》，兹不复赘。仍函促纠云诸君分泐于石，以彰前人之美，以勖后进于无穷，是则余所惓惓于怀，奋笔妄作，不敢再辞者也。

咸丰元年辛亥四月浴佛前二日云南分巡迤东兵备道邑人潘楷撰于公安舟次邮寄镌石

咸丰十年庚申九月重阳后六日在籍户部左侍郎督办广东团练邑人罗

惇衍补书

《拓本汇编》第 82 册第 181 页。拓片编号：京 2623。拓片高 195 厘米，宽 70 厘米。碑在北京市西城区，具体坐落未详。

京师番禺会馆碑记

同治三年（1864）

天文聚而珠联璧合，耀奎璧之光①；地脉聚而芝草醴泉，发山川之秀；人事聚而通都大邑②，异山海之奇。会馆者，人文之所聚也③。京师为首善之区，直省会馆无虑数百处④，即岭南郡邑亦各有专馆，惟吾番禺屡经集议未成⑤，邑馆尚阙。道光辛卯，余由驾部转秋曹⑥，曾宅于⑦宣南坊之上斜街⑧，为赵象盦中翰旧居，颇有园亭木石之趣。象盦以莳鞠名都下⑨，余亦艺鞠其间，每当花时，谦赏甚盛⑩。洎戊戌南归后⑪，奉襄海疆事宜，未遑北辙，因捐此宅⑫为公车聚会之所。年来鞠谦遂南移于海山仙馆。抚今追昔，倏阅二十馀年⑬，憩斯馆者，或蕊榜蜚声⑭，或木天摛藻，或膺六曹妙选⑮，或推百里高才，莫不并辔联镳，腾蛟起凤。人文所聚，大启声华，皆由山川灵淑所钟，上应奎璧文明之象，他日勋业，炳炳麟麟，是固诸公之所自期⑯，亦即阖邑人所忻慰而兴起者欤。

同治二年岁在癸亥秋九日⑰里人潘仕成谨记⑱男桂敬立

校记：

① "耀奎壁之光"：《集成》作"奎璧"。
② "通都大邑"：《集成》脱"都"。
③ "人文之所聚也"：《档案史料》"人"后脱"文"。《集成》"文"误为"这"。
④ "数百处"：《档案史料》《集成》均作"数百家"。
⑤ "屡经集议"：《集成》"屡经"后衍"以"。
⑥ "转秋曹"：《档案史料》《集成》均脱"转"。
⑦ "曾宅于"：《档案史料》作"赁宅于"。《集成》作"凭宅于"。
⑧ "宣南坊之上斜街"：《集成》作"宅南坊二斜街"。
⑨ "以蒋鞠名都下"：《档案史料》《集成》均误为"以艺鞠名都下"。
⑩ "谦赏甚盛"：《集成》作"谦甚盛"，脱"赏"。
⑪ "洎戊戌南归后"：《集成》作"泊"，误。
⑫ "因捐此宅"：《档案史料》作"自捐此宅"，《集成》"宅"误为"长"。
⑬ "倏阅二十馀年"：《档案史料》《集成》均作"倏已阅二十馀年"。
⑭ "蕊榜蜚声"：《集成》作"蕊样蜚声"，误。
⑮ "六曹妙选"：《集成》作"六刺妙选"，误。
⑯ "是固诸公之所自期"：《档案史料》《集成》"期"后均衍"及"。《集成》"是固"后衍"者"。
⑰ "秋九日"：《档案史料》《集成》均作"初九日"。
⑱ "潘仕成"：《集成》错为"潘仁成"。

《拓本汇编》第83册第31页。拓片编号：京2645。拓片高96厘米，宽46厘米。隶书。碑在北京市西城区上斜街。现藏北京石刻艺术博物馆。

重修广东旧义园醵金题名

同治五年（1866）

户部尚书罗惇衍助银伍拾两

刑部郎中邓华熙　奉天府丞王映斗　户部郎中麦宣扬各贰拾两

翰林院侍讲许其光　吏部郎中陈元楷　户部郎中蔡宗□

户部主事区公辅　户部主事吴寿昌　刑部主事钟孟鸿

工部员外郎吕铭恩　江西候补道黎台棠　福建知府梁元桂

兵部提塘陈德祥　举人黄国华　黄梓濡新安人

天成福记顺德　友荣号南海　李在超顺德人

黄德基顺德人　宝顺仁记顺德　李溥周顺德人

冯□□顺德人　周冠芳南海人　恒昌荣记顺德

安荣号南海　□泰号南海　同顺号南海

和丰昌记顺德　广顺兴记各拾两

何□良顺德人　容昌显新会人　王镜斯三水人

余广享南海人　麦景良南海人　胡廷琮顺德人

卢士郁顺德人　谭维镛南海人　李琼芳顺德人

周柏铭顺德人　韩庆澜番禺人　胡泽霑各伍两

陈群英顺德人　卢荣光新会人　唐德懋各肆两

胡德澍顺德人　蒋以礼香山人　余维藩顺德人

王乃聪各叁两　以上在京捐款

户部员外郎周吉兆　候选知府宋缙　南海崔应雄各五十两

顺德陈德光肆拾两

省城生和泰号　广东广信义号　省城裕泰和号

澄海蔡成记　澄海王章合号　饶平吴振泰号

澄海李万顺号　省城都安号　香山曹应□

海阳郑昌记各贰拾两

永顺祥卢品士　省城广兴昌号　澄海王照利号

澄海杜和顺号　澄海林和丰号　澄海林蕃盛号

澄海杜振裕号　澄海芮光裕号　澄海饶振丰号

澄海王和裕号　澄海万兴利船　澄海邱恩隆船

番禺黎礼南　新会李云舫　南海卢志扬

香山叶显昭　香山蔡应□　澄海王炳超

广利万号各拾两

澄海郑□盛号　澄海彭熙合号　澄海高万利船

澄海谦益号　省城岐安堂　广东生记各陆两

广东广裕隆号　潮阳郑德盛号　三水岑鸿亮

三水苏惠钊　广东广利生号　澄海金万顺船

顺德黄台行　省城时泰号　广东粤□□号

南海潘任邦　澄海鲁华号　香山钟瑞镛

澄海高□盛船　澄海刘达记　香山梁宝鉴

香山余大玑　澄海刘裕昌船　香山陈维藩

南海黄子然　广东振记　澄海蔡和顺船

高邑陈衍基　周昌绪　周伟鸣

澄海裕德□号　广同利号各伍两

广东宜丰裕号　佛山荣发昌号　澄海金永源船

香山杨学源　潮阳郑义森号　澄海金祥茂船

澄海金捷发船　鲍天任各肆两

广东顺利成记　香山卢文英各叁两

崔俊良　何世勋　李永恩

崔　超　陈友轩　林步庭

梁以怀　梁钟英　梁銮坡

崔嘉会　周兆生以上南海人

□含章　凌世彦　潘淮道

黄天雄以上番禺人

徐成名　钟其俊　鲍煜堂

梁炳文　吕麟光　程远芬

李斐然　郑集臣　黄寿如

梁丽生以上香山人

陈学源　区家彬　叶启泰

朱昌俊以上新会人

余英和　同泰号　天裕隆

张泉生各贰两　以上在天津及省城捐题

同治五年岁在丙寅仲冬谷旦泐石

按：广东旧义园为粤东会馆所属，地在北京广渠门内卧佛寺迤东。始建于明天启四年（1624），清康熙间曾修葺，乾嘉以后"屡废屡兴"，至同治二年（1862）秋，罗惇衍（时任户部尚书）等倡议复修，广为醵金，于同治三年动工，越冬工竣。此题名碑即此次修葺醵资之题名，于同治五年勒石立碑。隔年，即同治七年，邓华熙撰《重修广东旧义园记》，碑文已录入本书《别录》。

《拓本汇编》第83册第94页。拓片编号：京5654。高48厘米，宽83厘米。碑在北京市东城区广渠门内袁崇焕祠。

韶州新馆记

同治七年（1868）

　　韶郡①距京七千里有奇，士之北游者即次维艰。前曲江叶公倚蟾、乐昌王公亨炜诸先生，在大蒋家胡同契置会馆一座，百年间士欣得所。余等迭次公车，幸托兹馆。第地势稍洼，楹垣易圮。乙丑南旋后，时陆观察存斋，林观察绥卿，沈太守辅之敷教郡邑，士争濯磨。遇课暇，询及韶郡京馆一节，因议设新馆，首创捐赀，共得金七百馀两，汇京购地。余等仰遵至意，谨在东草厂上二条胡同，契置新馆一所。计正座厅房五间，左右旁房各三间，前垣、后院、中阶规模略备。爰加修葺，设正厅神龛，中祀奎宿星君、文昌帝君、关圣帝君，奉神灵也。左祀濂溪周元公，景名宦也②。右祀张文献公、余忠襄公，慕昔贤也。馀斋房为士子栖所，虽楹廊小可，而旅次便安。所愿继自今补葺之、恢廓之，以垂不朽，俾我同人争□来游，则文运之光，斯馆增辉矣。

曲江欧德华　　翁源王炽昌
　　　　　　　　　　　　　同泐
英德万自新　　曲江邓抡英

今将官绅捐款条列

南□□兵备道陆太公祖心源　捐银伍拾两正

南□□兵备道林太公祖□□　捐钱伍拾员正

陞用道韶州府沈太公祖□□　捐银伍拾两正

同知衔曲江县陶明府銮　捐银叁拾两正

曲江县绅士共捐银叁佰贰拾肆两肆钱□分

英德县绅士共捐银贰佰两正

翁源县绅士共捐银柒拾壹两零八分正

乳源县绅士共捐银贰拾两正

乐昌、仁化两县□□□续列

　　以上共捐银□□□□两□零伍钱正

一　除前在韶钱（下漫漶莫辨）

　　经费各项银（下漫漶莫辨）

　　银柒百肆拾两（下漫漶莫辨）

一　除支汇京水银柒拾（下漫漶莫辨）

　　平银贰两零六分正，实（下漫漶莫辨）

　　百陆拾贰两（下漫漶莫辨）

一　入捐生喜金银（下漫漶莫辨）

一　入长□市平银贰拾肆两伍钱正

一　入长□江水银玖两正

　以上共□银柒百贰拾玖两捌钱叁分正

一　支房价修整及挪房银陆百肆拾两正

一　支印契银贰拾叁两伍钱正

一　支见中花押银壹拾捌两式钱正

一　支桌凳□用银陆两八钱叁分正

一　支立契饭食并赏钱共银叁两贰钱式分

一　支访屋及立契、税契车银式两捌钱六分

一　支前赁添□土炕银叁两正

一　支神牌银肆两正

一　支安□经费银拾两正

一　立碑银捌两正

一　支留馆内奉神银陆两正

一　支裱糊各项银肆两壹钱陆分

　共用银柒佰贰拾玖两捌钱叁分清讫

再　题捐各公姓名，因经费不敷，容俟续刻，现拟回韶另捐，刷板定章

再　续立章程碑一方，曲江绅士筹捐银肆两正

再　前垣西房五间补记

同治七年四月吉日　立

校记：

①《档案史料》《集成》均作"韶州"，误。
②《档案史料》《集成》均作"濂溪周元公景，名宦也"。误。按：周濂溪，卒谥元公。"，"当断于"公"后。

《拓本汇编》第83册第137页。拓片编号：2641。高34厘米，宽95厘米。碑在北京市东城区草厂二条。

重修粤东旧馆碑记

光绪二十三年（1897）

诰授光禄大夫尚书衔户部左侍郎管理三库事务总理各国事务大臣赏戴花翎赐紫禁城骑马南海张荫桓撰

皖南汪嘉棠书石

正阳门东打磨厂粤东会馆，创于前明，故老相传金吾麦公舍宅为之。岁月云邈，鸱吻欲飞；櫼枪敛芒，薪木无恙。乾隆辛卯，南城御史何公曰佩一为倡修，距今百三十年，风雨其零，榛莽不翦，抚榱栋而虑深郑侨，欸纲纪而流连隋会。都中士夫，每逢高会，辄假别馆，非久计也。光绪八九年间，许筠丈尚书，杨蓉浦少司马乃谋建新馆于南横街，既洽其新孔嘉之乐，仍瘝有举莫废之思。而老馆西偏，久为黠者盗割，展转鬻诸前通永道英良，非重资莫赎。若竟从此隳弃，良可痛惜。适同邑罗西林武部熟精堪舆，相与毣视，诧兹地运，亟赞修治。同人佥以为可。属新馆亦有工作，遂为文募捐。先于癸巳之冬动土以待，迄无应者。只云南抚军黄植亭、江西粮道邓莲裳、署津海关道黄花农、福建候补道何碧旒、在籍候选道刘问刍，先后捐集七千六百馀金，得于丙申之春鸠工构材，少筠中翰殷勤督役，及秋而葳。伛涂眇准，各尽所长；竹头木屑，了无弃物。历大门至后圃，共四院。中为享堂，祀事惟谨。东西有廊，义取修洁。前为嘉会堂，雅擅明敞，簪裾讌集，四序皆宜。又前为大门，旁为厢房，西偏未还，西厢遂蹙。沿东墙为屋十三间，中留一衖。更东历一门为后圃，建亭于西南隅，映衬竹石，潇洒可喜。眕花儿车骑之喧，有诃林瓶钵之趣。迤东仍建屋三间，以备厨爨。综南北二十一丈五尺，东西六丈二尺。详为甄叙，以杜侵渔；璧返有期，再图西拓。西林寄语，自斯馆兴工后，戴少怀、丁伯厚大考开坊；许筠丈由仓场擢总宪，晋工部尚书；杨蓉浦以副宪擢兵部侍郎；黄植亭以桂藩开府滇池；邓小赤以苏藩开府皖江；何榆亭以郧阳总镇擢广东水师提督；邓锦亭以西宁总镇擢固原提督。此外，道府拜真，抑又济济。荫桓年甫六十，辄蒙赐朝马，渥膺异数。以邦国之光，证形家之言。清源流洁，固应饮水知归；库里英多，嘉为斯社所相。援今证古，未尽无征云。余维吾粤缨弁，近始萌颖；山高水长，正复无量。顾余孤根薄植，雨露偏承。无能乂康，世屯增重，乡里滋愧焉。已永怀悬绪自接之义，重绎绸缪牖户之悎；默计经始观成之难，克睹旧业重光之美。譬诸枯荄在野，得春嘘而自华；夜舟藏壑，能力趋而亦出。众志成城，岂虚语哉！捐集衔名，爰志于石。续有捐者，补刊靡遗，以彰盛懿。落成之日，京外仕宦，义当并书，匪炫俗观，期劝来者。太平丹穴，各具性真，绵力薄材，仍为世用云尔。

光绪二十三年岁在丁酉十一月壬子朔初九日甲午建

袁督师庙诗刻

民国六年闰二月（1917）

浩风无量劫，

所历知几合。

三十有二相，

现示随变化。

偶披垢腻衣，

来税人间驾。

说尽千万偈，

添灯明暗夜。

丁巳闰二月二日　康有为

《拓本汇编》第91册第151页。拓片编号：京5617。拓片高37厘米，宽98厘米。康有为撰并行书。原无题，题据《拓本汇编》。石在北京市东城区龙潭。

袁督师庙匾额

民国六年四月（1917）

丁巳夏四月

袁督师庙

乡后学康有为谨书

《拓本汇编》第 91 册第 159 页。拓片编号：京 5604。拓片高 56 厘米，宽 222 厘米。双勾正书横题，上下款正书竖刻。原无题，题据《拓本汇编》。石在北京市东城区龙潭。

袁督师庙联

民国六年五月（1917）

孔子二千四百六十八年丁巳夏五

其身世系中夏存亡，千秋享庙，死重泰山，当时乃蒙大难；

闻鼙鼓思东辽将帅，一夫当关，隐若敌国，何处更得先生。

乡后学南海康有为撰并书

《拓本汇编》第91册第168页。拓片编号：京5606。分刻二石，均高215厘米，宽45厘米。民国六年五月刻石。石在北京市东城区龙潭。题据《拓本汇编》。

袁督师庙碑记

民国六年八月（1917）

明袁督师庙碑记　醴泉宋伯鲁书

　　东莞张篁溪既□□□□□□袁督师遗集行世，又上书政府吁请合祀关岳庙中，以美忠魂，昭之万世。今年八月，复创建督师庙于左安门内广东新义园，以为旅京乡人岁时荐享之所。呜呼，古今之以忠死国者众矣，篁溪独惓惓于督师若此，此岂私其一乡之见哉！诚以督师之生死，为明清兴灭之所由关，而种族之见遂□为四千馀年世局之大变而不可收拾，此尤篁溪所痛心疾首者也。或谓督师之死，死于清人之间，温体仁、梁廷栋、满桂之私嫌固也。余独窃谓此不足以死督师，死督师者中官耳。杨太监之言入，而督师死。魏忠贤遗党高捷、袁宏勋、史䇲辈之疏入，而督师死。东江岁饷，毛文龙藉以贿中官者也，文龙死，而中官之赂绝矣。围城之后，遂乘机□起而浸润之，于是督师不得不死矣。嗟乎！中官之祸明二百七十年，几如一辙之覆，卒以此殒其国而亡其身。其可异者，当时之僇辱忠良，曾孟子所谓土芥犬马之不若，而明社一屋，怀忠抱节以死国难者，若□趋而鳞萃也。清无有明之一失，逮其末也，而婴城效死者百无一二焉，斯则可悲者矣。八月望日，庙既落成，篁溪属余为之记，余又益叹督师之死之系于国运者大也。丁巳八月，新城王树枏记。

袁督师遗诗

东莞张伯桢篁溪集　醴泉宋伯鲁芝田书

边中送别

五载离家别路悠，送君寒浸宝刀头。
欲知肺腑同生死，何用安危问去留。
策杖只因图雪耻，横戈原不为封侯。
故园亲侣如相问，愧我边尘尚未收。

山海关送季弟南还

公车犹记昔年情，万里丛戎塞上征。
牧圉此时犹捍御，驰驱何日慰昇平。
由来友爱钟吾辈，肯把须眉负此生。
去住安危俱莫问，燕然曾勒古人名。

弟兄于汝倍关情，此日临岐感慨生。
磊落丈夫谁好剑，牢骚男子亦能兵。
才堪逐电三驱捷，身上飞鹏一羽轻。
行矣乡邦重努力，莫耽疏懒堕时名。

偕诸将游海岛

战守逶迤不自由，偏因胜地重深愁。
荣华我已知庄梦，忠愤人将谓杞忧。

边□久开终是定，室戈方操几时休。
片云孤月应肠断，椿树凋零又一秋。

话别秦六郎

海鳄波鲸夜不啾，故人谈剑剡溪头。
言深夜半犹疑昼，酒冷凉生始觉秋。
水国芙蓉低睡月，江滨杨柳软维舟。
自怜作赋非王粲，戛玉鸣金有少游。

南还别陈翼所总戎

慷慨同仇日，间关百战时。
功高明主眷，心苦后人知。
□鹿还山便，麒麟绘阁宜。
去留都莫讶，秋草正离离。

度廋岭

客路过庾岭，乡关渐已违。
江山原不改，世事近来非。
瑟岂齐门惯，人宁狗监稀。
驱车从此去，莫作旧时归。

归庾岭　步前韵

功名劳十载，心迹渐依违。
忍说还山是，难言出塞非。
主恩天地重，臣遇古今稀。
数卷封章外，浑然□日归。

过诃林口占

四十年来过半身，望中只树隔红尘。

如今着足空王地，多了从前学杀人。

佘义士墓志铭（附录）

东莞张伯桢撰　醴泉宋伯鲁书

大明袁督师之仆曰佘义士，粤顺德马江人也。执役于督师，督师出必挈之行。崇祯三年八月十六日，朝廷非罪杀督师，暴骨原野，乡人惧祸不敢问。义士夜窃督师尸葬于北京广渠门内广东旧义园，终身守墓不去。死傍督师墓葬。中华民国五年，东莞张伯桢子锡遵死，伯桢以督师故瘗子忠魂之侧。佘淇涕泣曰：我佘氏世世守督师墓，今将三百年，家本粤乡，怆怀首丘，独九死不归者，承祖志也。伯桢曰：自古中朝大官范人形而立人国者，如蚁戢戢矣。一旦随风易向，彼其受气于未生之前，已纯然褚渊、冯道遗种也。君臣之义亡，以友道衡之，世无义士，天柱折，地维灭矣。乃奠幽宫，伐石燕山，铭辞石上。铭曰：

是惟大明义士坟，厥名不传传佘君。
藩溷之华胡纷纷，兹坟劲草千万春。

本庙坐庚向甲，兼卯酉地点。暨日课□□□李青。所□建筑经费均由伯桢所筹，并植果木，置祀田，以为荐享之用。特识数语，以告后人。伯桢敬识。丁巳五月吉日。

按：此石分刻袁督师庙碑记，袁督师遗诗，并附佘义士墓志铭。碑记为王树枏撰。遗诗为张伯桢所集，佘义士墓志铭及碑尾跋识均张伯桢撰。以上均为宋伯鲁书丹。此碑原无题，首行仅见"明袁"二字,袁下漫漶,似当为"明袁督师庙碑记"七字,首行末端为书丹者落款。现题据《拓本汇编》。

《拓本汇编》第91册第186页。拓片编号:京1194。拓片高44厘米,宽109厘米。碑在北京市东城区龙潭。

明袁督师庙记①

民国六年九月（1917）

嗟夫！明清之际，关于中国亦大矣，非止系一朝之兴亡也。观夫袁督师之雄才大略，武棱盖世，遂见忌于敌，以谗间死，虽曰天命，岂非人事哉！夫国非才不立，有国者临觞闻鼓②，莫不思才而用之③。然才愈奇，志愈大，人主未必竟其用④。即能倚畀信用，而内移于权奸女谒，外怵于敌国外患，左右谗慝之口交构而并作，卒自坏长城，而国亦殄灭。呜呼，古今殆同一揆，岂独袁督师！吾十二岁侍先祖连州公，读督师传，至其纬繣边事，登长城，察形势，奏思宗，期五年破敌而壮之⑤。连州公曰，是敌畏而用间杀之者也。后登长城，想公之雄风，门人东莞张伯桢为公表微⑥，刻公集，复筑公祠于京师，令后之爱中国者思将才⑦，庶公英灵武烈犹懔懔也。孔子二千四百六十八年丁巳九月，乡后学康有为撰并书。

校记：

《拓本汇编》第91册第181页刊有题为《袁公祠记》刻石。拓片编号：京3655。民国六年七月刻。此石与《明袁督师庙记》内容相同，文字小异，同为康有为撰，校如下，全文不录。

① 《袁公祠记》（以下简作《祠记》）首行无此题。
② 《祠记》作"闻鼙鼓"。
③ 《祠记》作"无不思人才而用之"。
④ 《祠记》作"未必能竟其用"。
⑤ 《祠记》作"奏对思宗，以五年破敌而壮之"。
⑥ 《祠记》作"表幽"。
⑦ 《祠记》作"令后人爱中国思将才"。

《拓本汇编》第91册第190页。拓片编号：京1200。拓片高40厘米，宽107厘米。石在北京市东城区龙潭。刻于孔子二千四百六十八年丁巳九月，即民国六年九月。

袁督师祠墓诗刻

民国六年十月（1917）

吾粤将才名世者，督师祠墓醉残红。
古来才大原难用，朝末功高鲜令终。
间入长城君自坏，谗多冤狱世无穷。
国亡勿谓无人在，长令伤心吊鬼雄。

杜邮赐剑杖凉风，马革投潮藏种弓。
冤写金陀莫须有，幽囚钟室将毋同。
摇落山河名将碧，萧条异代劫灰红。
记游山海关凭吊，立马长城一世雄。

丁巳冬十月题袁督师祠墓二章　南海康有为

《拓本汇编》第92册第3页。拓片编号：京5610。高36厘米，宽37厘米。石在北京市东城区龙潭。题据《拓本汇编》。

康有为袁督师庙联

民国六年（1917）

篁溪仁弟

抚躬衔道义；

接武在文章。

康有为

《拓本汇编》第92册第19页。拓片编号：京5605。高158厘米，宽32厘米。年代未详。拓片附于民国六年袁督师祠基诗刻后，似当刻于此时。石在北京市东城区龙潭。题为点校者所拟。

梁启超袁督师庙联

民国六年（1917）

门前学种先生柳；

日暮聊为梁父吟。

梁启超

《拓本汇编》第92册第20页。拓片编号：京5607。上下联分刻二石，拓片高131厘米，宽30厘米。石在北京市东城区龙潭。题为点校者所拟。

重修明督师袁崇焕祠墓碑

1952

　　明崇祯二年，满清兵大举入寇京师，蓟辽督师袁崇焕率大军驰救。方战，明帝朱由检遽缚袁下狱，寻磔杀之。满清欲图中原久矣，所畏惟袁。袁死，满清益肆。越十馀年甲申之变，吴三桂为之伥，遂入关为帝，享祚二百数十年。袁之死，系于明清之兴亡亦重矣。然其是非功罪，以门户水火，故初无正论。至乾隆帝，自承当时用间杀袁事，谓明实自坏其长城，于是是非功罪始定。比年神州解放，真理日昌，论明清间事者，佥以为督师不死，满清不能入主中原。三百年后奇冤大白，督师其亦可以瞑目矣。督师死时，家族几殄，遗骸莫收，其仆佘君潜瘗之于广渠门广东义园，载在志乘。其后，乡人复立祠于左安门内龙潭，祭吊不绝。今北京市方整饬城郊文物，百废具举，同人乃请之市人民政府崇饰祠与墓，以彰正义。此仅存之遗迹，将蔚为首都名胜，与文文山祠并垂不朽。督师为广东东莞人，而以广西藤县通籍，两粤人士感今怀古，用纪其事于石，以谂来者。佘君即葬督师墓旁，故地名佘家馆。今度与斯役者，广西李济深、江苏柳亚子、湖南章士钊、广东叶恭绰、蒋光鼐、蔡廷锴。又广东会馆财产委员会杨晶华、张次溪、沈太□咸任筹策奔走之劳，合并志焉。

李济深　撰

叶恭绰　书[①]

公元一九五二年八月　立石

陈云亭刻字

校记

[①]此两行落款原竖行刻于题左，现移于此。

按：此碑嵌于北京市东城区花市斜街袁崇焕祠享堂东墙。石高宽均84厘米。拓片高76厘米，宽67厘米，编号：京5656。国家图书馆藏。《拓本汇编》未收，据原碑刻石录出。

广西省

共 1 座

柳州会馆建置始末记

柳州会馆建置始末记

民国十三年（1924）

翟富文撰文　王树槐书丹

柳州会馆始于前清光绪丙戌岁，顺德左君宗蕃贯柳籍领乙酉科广西乡荐会试入都。清例：举人初会试，须得同乡京官具保结。左君以寄籍故，为同乡京官所靳。融县王君秉箓、马平秦君继昌相与居间说合，左君除认本省会馆经费若干外，并出资在宣武门外骡马市南贾家胡同，购宇舍为柳州阖属创立会馆，计前、中、后三座，屋各五椽，价银九百两。是岁，王君捷南宫，以知县外用。秦君故官部曹，会馆事遂悉委秦君。京官例得僦居本籍会馆，惟贡举之年，本籍应科人来，必先期让避。秦君主柳馆事，遂挈眷居馆中。己丑、庚寅、壬辰三科，柳籍公车来者寥寥，悉就便寓省馆，而柳馆事无复过问。后秦君病卒，其妻李氏携两孤留居如故。甲午会试，马平王君赞中，融县江君蕴琛、龙君应祥、罗君朝纶，象州胡君建恭计偕联袂至。造馆见李氏，李氏谓，馆舍朽坏，先夫竭力修葺，逋负累累，计需银贰百两。无以为偿，馆产且不保。于是镠辖久之，乃议划馆屋出赁，取赁金递偿李氏，至满数为止。试罢皆出都，柳馆事悉托省馆值年代理。戊戌会试，余与罗君朝纶，胡君建恭及罗之同县王君绍尧、刘君钟藩、雒容秦君树忠同来，因共访李氏。李氏谓岁入赁金不敷偿所逋负，非即得银百二十两不可。众病之，无以应。适江君自乙未入翰假归，至是以散馆来，乃代筹银如数付李氏，李氏始出馆。余与诸君下第归，就说柳属父老，各以本县学额为差，醵金汇偿江君。江君改知县赴滇，柳籍无京官，仍以馆事托省馆值年。科举废后，寓会馆者多宦游留学之士。民国肇造，余以马平覃君超膺选众议员，集会都下。国事方棘，会馆事未遑问也，无何罢去。丙辰夏秒，国会二次召集，余挈眷重来，从秦君树忠及马平王君绘和莫君家骧同寓柳馆，见馆舍墙屋土木皆百馀年前旧物，剥落倾圮，殆不可终日。在京同郡诸君集议重修，时马平陈公炳焜任广西省长，陈君凯任警察厅长，余与诸君联名函请捐助，旋得覆电允诺。在柳在邕，分途募集。陈公先捐桂币千元为倡，汇寄来京。众议鼎新改建，拟头门用正面五间式，其内两大楼南北对向，重甍飞阁之属，规画颇壮伟。议定，逾春遂经始。先建头门，甫落成而复辟变作，相将南旋。壬戌秋，法统恢复，再聚都门，三江陈君峻云适补参议员缺，相与议续前役，惟以前议工程为费过钜，乃改议中后两座俱用正面五间式，与头门相衔接，中座地基增□尺许，前庭、后庭左右各小屋一间，头门后檐横墙作正方屏门，左右各一小门，公推马平张君玉麟为监工，于癸亥季春三日经始，夏秒竣工。爰略记本馆成立始末并此次先后重修工程暨捐资实数，泐石馆壁，俾资考查焉。

陈炳焜　桂币一千元
唐培初　桂币二百元
刘□□　京币一百五十元

李春晖　桂币一百五十元

陈　凯　桂币一百五十元

覃　超　京币一百二十元

张应椿　桂币一百元

翟富文　京币六十元

陈峻云　京币六十元

高成忠　桂币五十元

王会中　京币五十元

王绎和　京币三十元

田钟祥　桂币三十元

张兆武　桂币廿四元

王铎京　币二十元

罗兆琛　桂币二十元

冯慧熙　京币二十元

唐熙年　桂币十五元

张玉麟　京币十元

黄榜标　京币十元

杨　弢　桂币十元

莫锡瑞　桂币十元

谭得贵　桂币十元

刘名世　桂币十元

李腾芳　桂币十元

王树槐　桂币十元

林景熙　桂币十元

蔡世华　京币七元

蔡幸□　京币六元

江文义　京币五元

陆善焜　京币三元

韦宝辉　京币二元

黄经明　京币二元

陈秉篆　京二元

江炳荣　京币二元

张　健　京币二元

　一　支头门工程银七百七十七元

　一　支中后两座工程银九百元

　一　支刻碑工料银叁拾元

　馀数繁细别有征信录印布

陆云卿　京币二元

林岳云　京币一元

王复和　京币五元

廖东钧　京币五元

　以上所捐皆即收，所捐另结算

中华民国十三年岁次甲子季春　谷旦

云南省

共 6 座

赵譔事迹记
滇会馆记
请谥赵譔奏稿碑
赐谥忠愍诗
赵譔祠堂记
经理会馆条规序

赵譔事迹记

乾隆三年（1738）

燕京愍忠寺，谢叠山殉节之地。□（吾）乡赵侍御葬寺西不数十武。噫！得死所矣。甲申之变，侍御巡中城，城既破，侍御率其民战白帽胡同。力尽，中贼刃而死，其仆某负尸葬于是。乡后学拟谥曰忠烈。文文山有言，孔曰成仁，孟曰取义，读圣贤书，所学何事？侍御殆不负所学者矣。塚前旧有碑，石材扁薄，久而中断，谢谕德昆弟率乡后学剧（醵）金置石署其名。塚前有祠，久而圮，乡后学约剧（醵）金修之，王检讨畴五亦捐金董其成，奉木主而祀之，题其楣曰景忠。甚矣，为人臣子，无问常变，胥不可失其为忠也。昔者，文山死于燕，乡后学迹其地为会馆，颜曰怀忠，天下之士，至今想见风节，几五百载不坠。吾乡祀侍御，虽不逮文山，而怀忠一也。公讳譔，字镇所，云南昆明石虎冈人，前明熹宗丁卯科举人。尝宰黔龙泉，白莲党通苗为乱，上元夜诱而击之，缘是卓异为侍御。事在《明史》及《滇志》，不悉纪。

乾隆三年夏五检讨石屏张汉书

《拓本汇编》第 69 册第 31 页。拓片编号：京 10058。高 31 厘米，宽 89 厘米。碑在北京市西城区法源寺前街，题据《拓本汇编》。

滇会馆记

乾隆五年（1740）

滇会馆今五易其地矣。时事盖数变焉。今馆置外城曰南坊，购之樊氏，计廿有一楹，直四百五十。乾隆庚申上元后馆成，予窃记其事。而吾必追溯始初，述所闻以告后进，以时事不宜变而变，且至屡变，不能不感愤于其心也。闻故明滇馆二，一在宣武门内之北，莫迹故地。一在正阳门外猪市口，国初，旗人欲夺之为巡捕营公署，以永昌王司农争而止。此滇馆之初一变也。嗣是司农鬻是馆，改置馆宣武门外之东，伊子都水司玘居以为己有。康熙癸丑吴逆叛，□□□□□滇人阻京无归，欲就馆，都水坚不许，致□□不胜□□人愤极，曰欲刃都水。昆明杨千总少竹，久在驯象所，力质都水，都水莫能遁去之。时赵少宰玉峰自容城令奏最入京师，居其馆有年。玉峰出抚浙，谓缮葺费七百馀两，都水偿如数，复据之。乙丑，会试者至，就居于都水，不听，以七百两为言，猪市口元直四千四百，乃云五千四百。购宣武馆廑一千九百，乃云二千九百。少竹复为质都水，不得已，出金一千三百两购馆长椿寺之北，复据宣武馆如故。后玉峰偿王直为己业，读书堂，金碧园，即其地也。玉峰尝言，宦成奉入公。比殁，以逋负明相国，伊夺去长椿寺一馆。当时，都水利其地辟，直且廉，故置于此地，左右无贴邻，居者不适。雍正庚戌地震，又倾圮其大半，存者稍缮葺，居益不足。乡先达颇有力者亦绝不谋置馆事。乾隆戊午，杨寿庭先生由苏抚入都为少宰，众请倡置馆，少宰慨然捐金二百一十两，众襄厥事，是以有今日日南之举也。嗟乎！会馆一传舍耳！创业难，守成亦不易，道亦有然。所望后之君子居是馆者，除公车不计直，需次及官京者薄出其直，为缮葺计，馆且可久而不变也，此滇人之厚幸也。捐金数目附书如左：

杨永斌　二百一十两

许希孔　二十两

罗凤彩　三十两

朱　瑛　二十两

魏　崝　十两

赵　城　一百二十两

高执中　房银四两

熊　煌　六两

王　泷　六两

张　汉　十两　房银四十八两

王纲振　十两

苏霖渤　十两

熊郢宣　六两

南应奎　六两

杨霖润　十两

姚梦麟　十两

周于智　六两

刘　□　六两

王建邦　四两

李根云　一百二十两

傅为訏　二十两

薛天培　十两

龚　渤　六两

蔡　琛　六两

沈　熹　房银八两

杨宪文　六两

张汉笔记

按：碑尾末行漫漶莫辨，碑文有"乾隆庚申上元后馆成"句，则此碑文当撰于乾隆五年。原无题，题据《拓本汇编》。

《拓本汇编》第69册第80页。拓片编号：京7091。拓片高34厘米，宽97厘米，碑在北京市西城区延旺庙街。

请谥赵譔奏稿碑

乾隆三十一（1766）

　　协理山东道事贵州道监察御史臣傅为訏谨奏，为乞奖遐陬忠节，补行谥典，以励风教事。臣窃以人臣报国之心，不辞险难；王者劝忠之典，首重易名。明季殉节诸臣，赠官赐谥者甚多，滇南僻壤，名节自励，蒙难不屈者，亦均得赠谥，载入史传。独有遗漏未获谥典者，臣案得赵譔，云南昆明人，天启丁卯科举人，性端方，有勇力，知贵州龙泉县事，值白莲教倡乱，苗蛮乘间窃发，譔率勇士剿平之。诱擒剧盗，安抚流民，功多可纪。卓异擢御史，屡进谠言。崇祯甲申，闯贼陷京师，譔率家人巷战，骂贼不屈被杀，事载史传、省志。臣幼时闻父老称说其忠义大节及平生轶事，辄悲慨感涕，想见其为人。及仕于朝，同乡同官考殉难遗迹，共申祭奠，追仰风烈。臣幸遭逢盛世，蒙皇恩简拔，自词垣特受言职，窃思生爵死谥，实奖善表忠之大典，而褒死者于前，所以劝生者于后也。今赵譔杀敌致果，致命遂志，与张巡之嚼舌穿龈，颜真卿之握拳透掌，英风义烈，仿佛相似，而身后之名未显。窃虑年深日久，湮没不彰。我皇上旌奖忠良，表扬幽侧，千载一时。伏恳敕下礼臣议覆，锡之彝典，俾遐荒士庶，知忠烈之报。异世馀荣，既慰忠魂，亦励臣节，其有裨风教，非浅鲜也。为此仰渎圣聪，臣不胜感激悚惶之至。臣谨奏。乾隆四年四月十一日奏。奉硃批：该部议奏。钦此。礼部遵旨议覆，应如该御史所请，遵照顺治十年例，将譔加恩赐谥，以彰忠节。其谥号字样交内阁撰拟进呈御览，恭请钦定。再遵照雍正元年恩诏定例，将譔设位于忠义孝弟祠内，每岁春秋致祭，以光祀典。俟命下之日，行令该抚转饬地方官钦遵办理可也。奉旨，依议。乾隆四年七月二十七日，内阁拟谥奏，本日奉旨，用忠愍字样。钦此。

乾隆三十一年七月既望勒石

赐谥忠愍诗

乾隆三十一年（1766）

人为天地心，斯理几曾绝。君能死社稷，臣能死忠节。惟明十六世，所任匪贤杰。刑人开九阍，万岁山头鹃泣血。绣我衣，豸我冠，有人血战城西关。城西关下骂贼死，黄泉仗剑报天子。有义者仆负公身，藁瘗叠山靖节里。吁嗟乎！公生矣。骨在黄泉神在天，英风烈于十九人。南渡君臣殊草草，易名于公何有焉。伊予荣附桑梓末，岁岁清明拜墓田。墓田之下悲风起，吹入寥天白云里。有臣如此死，不褒何以励俗植人纪？沐浴陈疏蓬莱宫，我皇追谥慰孤忠。百年幽郁一朝阐，碣石改书忠愍公。忠愍公，为鬼雄，张颜文谢之辈将毋同。八百沙虫岂不死，索金炙肉折胫身家空。招公毅魄返滇海，石虎关头故居在。公之子孙繁且硕，金碧得公有光彩。吁嗟乎！忠愍公，乾坤毁时无日月，青史之名乃可灭。

建水后学傅为詝稿

按：此诗刻立石年月未详。傅为詝曾于乾隆四年四月奏请赐谥，同年七月奉旨赐谥"忠愍"。乾隆三十一年七月《请谥赵谟奏稿碑》勒石。据此，此《赐谥忠愍诗》当作于乾隆四年之后，刻石至迟在乾隆三十一年。

据《拓本汇编》第90册第198页。拓片编号：京10048。拓片高37厘米，宽62厘米，石在北京市西城区法源寺，现藏北京石刻艺术博物馆。

赵譔祠堂记

乾隆三十八年（1773）

明侍御赵公譔死流寇之难，滇后学即公墓所祠而祀之，额曰景忠。乾隆四年，赐谥忠愍，张月槎先辈汉记公死事尤详且烈。呜乎休已。礼于辛未通籍，拜公祠下，盖设木主于观音堂之西偏。故太平令任君天相疑未称也，商撤长椿寺旧馆之材作祠堂后，于是，忠愍始有专祠。迄今二十馀年，而堂就圮矣。礼窃维先辈深意，假佛堂以祀先烈，俾淄流得焚修地，藉职扫除，而乡后进游京师者，虽去住无常，皆得以时展谒，志景行焉，则公之耿光大节，足以立懦廉顽者，愈益昭然耳目。而兹堂之不可废，与祠俱矣，乃谋葺而新之。是役也，糜金钱二百两有奇，盖取给于北馆赁租所馀云。

乾隆癸巳菊月　嵋峨周于礼记

按：文末所云"北馆"，指云南会馆北馆。

《拓本汇编》第73册第107页。拓片编号：京10062。高36厘米，宽94厘米。碑在北京市西城区法源寺前街。原无题。题据《拓本汇编》。

经理会馆条规序

道光九年（1829）

从来有治人无治法，法固不可恃者乎？然班□方圆，不废规矩；旷审声音，必资吕律。作事无法，犹驱车而无轭，泛舟而无楫，自古及今未见其有济也。是以古人举事，惟悬法以俟人，断不因无人而废法。会馆虽一乡之务，其资法以立一也。

吾乡风气淳古，荐绅先生咸有嘉惠后学之愿，自嘉庆己巳以迄戊寅，外任诸公捐廉寄都修葺各馆，亦既废修坠举矣。近外任大员接踵捐廉者益多且众，行承乏司馆务，因得以购屋赁息，卷金恤死，诸事次第举行，不于此时立法以维持之，何以使前人之美意历久不替乎？用是公集在京同乡酌议经理条规，勒诸贞珉，永昭法守。士大夫遭际盛时，获展抱负，方将以广厦万间大庇寒士，况谊切桑梓，尤用情之所宜先者哉。后之君子，其推此公心。谨守条约。毋假公以济私，毋徇人而废法。将法因人立，馆中诸务日臻美备，未始非吾乡之盛事也。谨序。

建水　廖敦行　撰

蒙自　尹佩苍　书

今将条规开列如左：

一　同乡会馆凡五区。校场胡同曰北馆，延旺庙街曰南馆，法源寺西曰景忠祠，内城江擦胡同曰传经堂，粉坊琉璃街曰理化馆。南、北二馆俱乡先辈公置。景忠祠系先辈题请创建，奉祀前明殉节侍御赵忠愍公，因以馀房寄寓乡人。传经堂系滇僧芥荟舍寺作馆，时谢省堂先生司馆事，续给其徒，直以为云、澂二郡私馆。理化馆则二郡同乡自置者也。其修葺各事，南、北、景忠三馆，用阖省公项，传经堂归云、澂，理化馆归理、化，各有责成焉。

一　会馆公产。北馆铺二间，月收大钱千二百。南馆铺六间，月收大钱二千五百，长春寺后旧屋及菜圃，月收大钱二千，月共为钱五千七百，除给南、北、景忠三馆看司工食月三千七百文外，南北二馆看司各增钱三百五十，景忠祠照旧，不增。月馀钱二千，岁仅积钱廿四千，不敷岁修。兹新置门楼胡同房一所，月租大钱六千，珠巢街房后屋三间，月租一千钱，门铺二间，月租一千八百，新旧合算，岁得大钱一万二十九千六百文，以为各馆岁修之用。司事者量入为出，自有赢馀。

一　新置珠巢街房一所，铁门房二所，因不遇会试之年，半皆闲旷，兹公议赁人收租，作为卷金、恤死暨会试、年租房等费。查珠巢街房，月租银二十两零八钱；铁门房月租银三十两，岁积银六百零九两六钱。除用外，馀仍存积以备各房坍塌修葺之用。

一　同乡经管会馆，向推科分最陈之人，此时产业渐多，馆事较繁，一人似难经理，且恐陈科者公馀无多，或不耐烦琐，经理究难得力，兹公同酌议，司事乏人，众同乡公举素有操守、通达事理者二人管理，凡馆中应行各事俱责成焉。

一　经理会馆，须置簿二本，一登入账，一登出账。入账内凡每年各同乡出有捐项及收各房铺租息，须按年月逐一登记，不可遗漏。出账簿每年修补房屋及卷金帮项等事，开销若干，亦逐一登记，遇每年由司事者定期知会同乡，公同算明，将出账比对入账，或赢或绌，载记出账簿内，不可分毫蒙混。入账簿内亦须注明除开销若干外，实存若干数目，用资核察。倘有冒开亏短等弊，着落赔偿，仍由同乡另请公正者经理。

一　乡谊莫重于恤死，况吾滇去京万里，遇此不测，尤觉艰难无措。兹公议京官帮银一百两，候选官帮银三十两，文武公车及朝考贡生帮银二十两，远年寄柜在京起发回籍者帮银十两，若□殁已经帮助者不许再帮。司事者须照议支给，不得因其人情有厚薄，境有贫富，意为增减，致启争竞之端。此外，如官亲经商跟官等人，虽系同乡，不得援以为例。

一　同乡在籍乡试，各邑俱有公项分送卷金，至来京会试，每苦鞭长莫及。兹公议，凡同乡来京乡试贡监生，会试举人，朝考贡生，每人送卷金二两。物虽不多，聊尽桑梓之谊云。

一　新置珠巢街，铁门等房，既经租出，公车至京，碍难令其移出，致租房者裹足。嗣后每遇会试之年，司事者须于正月内查明公车之多寡，预租有什物房屋数十间，用资寄寓，其期由二月初迄四月底，俾各同乡不致另觅寓所，庶见周致。

一　岁修各房，最宜及时。每年三四月间，雨泽未降，司事者即宜觅匠开单估计工料，及时兴修，不得迁延失时。仍存留估计清单，以凭核算，用杜冒开之弊。其义园各坟塚，亦须间年动工修理，以免坍塌暴露，亦恤死之道也。

一　公项有馀，凡属同乡，无论京官外官，概不许借用，司事亦不得私自挪用。盖公项原宜存积，以备随时办公，一经挪借，还者或不能不有愆期，司事者又碍情面，不便追索，且此例一开，众人效尤，久之必致误公。故同乡公议，凡有公馀，只宜存积，倘有徇情挪借，致令无着，即着落经手之人赔偿。至新置租赁各房，原以收息办公，亦视此例，不许租给同乡。

一 立法须有限制，庶可永行不敝，同乡公项，除各条开载支用外，其馀同乡间有罢官、镌级、丁艰等事，虽极艰窘，只可各自尽情，概不得挪用公项。缘出息有限，而事变无常。徇情迁就，久必误公。司事者倘妄行破例，许同乡官及公车等理论，着落赔偿。

一 各馆内存桌几什物，司事须按年检视，俾免遗失。倘有破损，即行修理添补，庶不致缺乏。

以上各条，俱系准情酌理，公同妥议，用以维持馆中诸善举，俾可永垂不刊。司事者务需认真遵行，毋得视为具文。倘任意妄为，有背条规，各同乡即应公同理论，另易妥人经理。至馆寓各条规，前已备列各馆木牌内，亦应查照，一并遵守。

道光九年六月中瀚之吉同乡公泐

《拓本汇编》第79册第150—151页。拓片编号：京10036。拓为二纸。均高35厘米，宽98厘米。碑在北京市西城区法源寺前街。

江西省

共 6 座

新置江西抚郡南馆碑记
抚郡南馆捐款题名
重修吉安义园记
重修庐陵会馆记
重修抚州新馆记
重修抚州新馆捐资题名

新置江西抚郡南馆碑记

乾隆四十七年（1782）

　　方伯查君俭堂，上世自明中叶由抚州临川紫石村迁北平，遂世为宛平人。本朝定鼎以来，惟俭堂之赠公一人仅存，即天行先生也，侨居津门。赠公以远处异地，岁时伏腊，数念及紫石村乡邻风俗之美，属子孙毋忘本源。于时，俭堂年方幼稚，独谨识之不忘。既俭堂积学应博学鸿词之荐，后官户部，与江右人士言桑梓好宴会往来，岁以为常。惟是宛平久居，兄弟子侄，仕宦婚娶，占籍有年，不得即还故乡，欲循江右旧例，置一会馆，则桑梓会晤，如在故乡也。前岁之四川廉使任，即以为言。嗣蒙圣恩，简任藩条，归途自中州与修武大令吴镜泉相遇，将欲置一抚州会馆于都中，以联六邑诸君子，并约镜泉共致力焉。今俭堂节缩岁馀，遂以千金与镜泉。镜泉即属其友人余上舍苍亭购置斯屋于宣武门外大吉巷，诸用费值银壹仟五百两有奇，则镜泉足以五百金襄此盛举也。其屋坐南面北，计二十七间，嗣后应春官试及需次于朝者，六邑人士皆宾至如归也。事成，余生来谒予，且告之故，求予作文纪其实。予题曰抚州南会馆，所以别于抚郡之北馆也，而作文以纪之。於戏！此方伯查公久而不忘井邑之义也，此镜泉吴君乐善而共成厥美也。而赠公天行先生教子知本，几五十载而得践斯言也。查氏、吴氏子孙，其永念之哉！抚州一郡六邑，冠盖戾止，其永□处以为乐□（哉）！是为记。

赐进士出身光禄大夫内廷供奉经筵讲官礼部尚书加三级同里新建曹秀先拜撰

    时

大清乾隆四十七年七月吉日立石

协力共襄厥成　　周光照
　　　　　　　　吴建中

   作所熊骧　敬书

   文萃斋　刘□石

抚郡南馆捐款题名

嘉庆七年（1802）

乾隆四十七年建置会馆

查礼临川捐银壹千两　吴居澳东乡捐银伍百两

乾隆五十年助修会馆

何景文乐安捐银壹百两

嘉庆六年重修会馆

陈凤翔崇仁捐银壹百两　曾金祥临川捐银伍拾两

宜黄会馆捐银拾两

吴嵩梁东乡捐银拾两　何际会乐安捐银拾两

何龙□乐安捐银拾两　陈承祖崇仁捐银拾两

游际盛乐安捐银肆两　朱光照崇仁捐银叁两

曾世珍乐安捐银贰两　刘元勋崇仁捐银贰两

黄元轩临川捐银贰两　彭景贤崇仁捐银贰两

黎中辅东乡捐银贰两　陈飞熊崇仁捐银贰两

黄文□临川捐银壹两　饶向荣东乡捐银贰两

乐宫谱_{临川}捐银贰两　李宗瀚_{临川}捐银贰拾两

陈伯适_{崇仁}捐银贰两　陈廷勋_{崇仁}捐银贰两

袁学瀛_{崇仁}捐银拾两　吴　洪_{临川}捐银贰两

陈金台_{临川}捐银贰两　杨树浤_{乐安}捐银贰两

魏来□_{东乡}捐银贰两

大清嘉庆七年二月吉日立石

《拓本汇编》第77册第112页。拓片编号：京10073－2。拓片高86厘米，宽29厘米。此捐款题名刻于乾隆四十七年七月《抚郡南馆碑》之碑阴。原无题，题据《拓本汇编》。碑在北京市西城区香炉营头条。正书。

重修吉安义园记

道光二十四年（1844）

吾郡义园旧有碑记，今漫漶不可辨。乾隆丙子，图其界址、房屋，勒诸木板。嘉庆甲子中，予官京师，稍稍培其塚，葺其垣墙，又历三十年，隙屋朽而隘，郡人拓为□楹，易西向为南向，黄莘农府丞记其事，时道光壬寅也。今年春三月，予抵都门，府丞为予言，义塚四百三十有奇，土陊落矣，垣墙缺且颓矣，门之楼亦剥蚀矣，爰相与鸠赀封之、甃之、补且缮之。东厢之屋、店房之墙，皆举而新之。詹事主簿萧子卫垣董其事，越五月成，属予为记。予惟吾郡去京四千馀里，游于斯地者，非商贾则仕宦也，不幸而客死，又不幸归葬无期，旅厝斯土，不得受子孙追养，良可哀矣。不有郡人以时护视，增其坏土，奠以酒浆，其异于暴露原野者几希，仁人君子所为隐心动色也。惟义园历年既久，创始失考。今可溯者，乾隆丙子耳。沿至嘉庆、道光中，踵修者二，亦綦勤矣。而今复有是役，地旷则易损，工久则恒脆，上雨旁风，日引月长，今日之告成事，其果堪垂诸久远否耶？过此以往，其可视为财所不任、责所不急之事而愁置之耶？愿相与勉之而已。因记之以谂后之君子。

道光二十有四年甲辰七月吉日前云南盐法道郡人王赠芳撰

  乐输芳名列后

  云南盐法道王赠芳伍拾两

  奉天府府丞兼学政黄赞汤叁拾两

  举人候选知府李嵘叁拾两

  举人钦加运同衔四川试用知县黄汉章叁拾两

  礼部主事周立瀛拾两

  刑部主事王廷柱陆两

  詹事府主簿萧维藩陆两

  湖南试用县丞陈抟先伍两

  四川试用府经历陈抟万伍两

  举人王信淑制钱陆千

  举人胡子席、胡宗元、孙志铭制钱肆千

《拓本汇编》第81册第83页。拓片编号：京5679。拓片高66厘米，宽67厘米。碑在北京市西城区广安门大街清泰寺。石右上角残。

重修庐陵会馆记

咸丰十年（1860）

庐陵会馆之在蒋家胡同者，创始于康熙初，中为人盗卖。吾宗知含山县讳文成者□□□□圮，时赞汤宦京师，与同里诸君子集资重修，载在前记。馆设门，故在小席儿胡同，实坎向□□□□□蒋家胡同为兑向则大利。夫会馆之建，所以居邑人之来都下者，不当轻改作，虽然相其□□□□□筑室，盖其慎也。会馆为一邑人文所系，形家言固有所本，其敢忽诸，赞汤习闻是语，屡谋所以改□□□□□独肩其事。咸丰八年，时在京为侍郎，拟半之而以其馀责邑人，逡巡未果。其明年春，奉命为东河总督。东河自粤西军兴后，国家经费绌，河饷常不继，河臣养廉亦银钞并给，减于前殆什之四，然私计苟加意撙节，得千金□□□□□省稿所入，竟捐千金，有不足，邑人官京师者□之，遂以集事。是役也，董其役者为刑部郎彭世昌，□□□□□材鸠工，劳勤将十月，规地势，更方向，一无所苟。而缺者补，敝者修，栋梁梁桷，塗墍□漆之事，莫不□□□□□天子三旬万寿，开恩榜，世昌成进士，而会馆适落成。然则术者之言,岂不验哉?前以屋圮修馆,赞汤实董理之,虽未□□□□□将毋所谓溉其根者必食其实耶!则尤愿邑之人之食旧德者,皆奋然起为一邑之事也。

咸丰十年庚申四月邑人黄赞汤撰　彭世昌书
今将重修县馆捐输衔名开列于后:
东河总督部堂黄赞汤捐纹银壹仟两
油田彭怡怡堂刑部郎中彭世芳、翰林院庶吉士彭世昌、户部主事彭世俊捐银肆佰两
湖塘罗人瑞堂内阁中书罗振云、大理寺寺丞罗振雯捐银捌拾两
藤桥刘明德堂刑部主事刘淦捐银伍拾两

《拓本汇编》第82册第176页。拓片编号:京7946。拓片碑身高90厘米,宽53厘米;首篆书横题"重修庐陵县会馆碑"。额高、宽均16厘米。隶书题"永垂不朽"。碑在北京市东城区鲜鱼口蒋家胡同。

重修抚州新馆记

光绪二十一年（1895）

宣武门东隅抚州新馆，在京大鸿胪黄树斋先生所建也。旧有南北二馆，北馆最先立，□已久，□籍无可考。南馆在大吉巷，至新馆立，而南馆亦废。郡人士之游京师者，咸惟新馆之是主。久之，甚有陊剥，比部刘春轩先生议修，□□□□道以去，后遂无议之者。岁庚寅，大雨弥月，墙则倾矣，椽则折矣，岌岌有不能终日之势。乃与华再云编修，饶□珊、张□堂、王韵□三比部，□谷孙仪部，陈筱石驾部，李博孙、许静山、吴剑秋三工部集议修之，而艰于费□□□至南馆址。或曰□□甚非计也。希铨曰，力难并举，事贵权宜。欲两全则两废，专一事则易成。且南馆久圮，□必若北馆之失其处而莫可效也，孰与以无用为有用而为计之得乎。金是，□□议售得五百馀两，不足，又函致郡人之外宦及素封尚义者集□成数。辛卯二月举事，六月落成，规制一切如旧，另有隙地，添置屋三椽，器具不足者购之，用一千五百馀两。尝有旧记曰，凡物之兴，岂不以其时哉。善乎其言也。当春轩先生议修时，希铨与焉。

先生非力不足举事者，卒辗转□馀年而不就，未及其时也。今希铨倡前议，而□诸君子咸乐相与有成，不数月而蒇事。希铨非必谓事之自我而成也，□夫前人创垂百馀年之□，及余身而隳之，则郡人士之不得其栖息者，必咎余之不□而是用亟亟也。亦□时□□□因而为之也。因知天下事剥复相乘，剥非□其□，则复之机不动，强致焉不能也，必剥之至于极，而后复机生焉。天理人事，随感而兴，即欲不为而有所不得也。语云：虽有知慧，不如乘势；虽有镃基，不如待时。时之为用大矣。□北馆不可复□，积千金购屋于永光寺中街，仍以南馆额之，爰书其始末勒于石。其捐助者列名在左。

光绪二十一年岁在乙未季春月　日郡人谢希铨撰并书

《拓本汇编》第87册第118页。拓片编号：京10071。拓片高86厘米，宽29厘米。阳刻碑记，阴刻此次重修捐金者姓名。碑在北京市西城区香炉营头条。

重修抚州新馆捐资题名

光绪二十一年（1895）

重修新馆捐助芳名列后：

  临川 张书助纹银叁百两 桂嵩庆助纹银壹百两

     桂中行助纹银壹百两 李鸣梧助纹银壹百两

     马汝良助纹银壹百两 廖立中助纹银壹百两

  金溪 金溪会馆助纹银壹百两

  崇仁 李其滋助纹银壹百两 袁恭宏助纹银贰拾两洋银贰拾两

     李友陶助洋银叁拾两 乐瑞生助纹银贰拾两

     陈藻华助洋银贰拾两 华伟助洋银贰拾两

     陈万炘助洋银贰拾两 谢增龄助洋银贰拾两

     袁家彦助洋银贰拾两 黄钟麟助洋银贰拾两

     黄位中助洋银贰拾两 谢希铨助洋银贰拾两

     黄中适助洋银贰拾两 黄国储助洋银贰拾两

     陈□杰助洋银贰拾两 陈□麟助纹银拾贰两

     陈祖荫助洋银拾两   陈□龙助纹银肆两

宜黄　程其珏助纹银壹百两

东乡　涂官俊助纹银贰百两

光绪二十一年乙未季春月　日立石

《拓本汇编》第87册第119页。《重修抚州新馆记》之碑阴。题为点校者拟。

江苏省

共 10 座

元宁新馆记
惜字会馆捐资题名碑
重修扬州会馆碑铭
重修西元宁会馆记
梁家园惜字会馆重建文昌殿
　碑记
改上江两邑会馆为江宁郡馆
　记
重修江阴会馆记
重修南通县馆记
徐州会馆捐款题名刻石
创修徐州会馆记

元宁新馆记

雍正六年（1728）

京师之有会馆，乃乡先生建立以便后进之贡成均、试京兆礼部、守选于吏部者。自明以来，虽小郡邑，选举者稍众，必争为之，而金陵无有。康熙二十二年，罗大理乃集众力建馆于正阳门之东，以为仕者、商者岁时聚会之所。然为屋不过数楹，公车谒选，无所容足。吾友宥函既成进士，旅宦于其间，志欲扩之而无其隙，将别建焉，怀之而未遂也。雍正五年冬告予曰：今遂矣，适乡人柯君玉齐有废宅一区在城西，予既募而得之矣。虽修治不易，然不可但已也。逾年，鸠工庀材，兴圮易败，躬自营度，门堂寝庑以及庖湢之所，无所不饬，凡五阅月而工役粗毕。又市宅后弃地，垣而合诸馆，以待继事者之恢拓焉。

夫金陵为东南大都会，数百年以来，乡先生之贵盛者不少矣。宥函起寒素，官文学清要为日甚近，而能就此。以斯知事之集，惟其志之确，不惟其力之强。又以见任事者果能设诚以为之倡，自有以感人心之同而成所务也。会宥函以老疾告归，自顾作始之艰，虑其久而隳，乃集众议，凡应举及守选者入居，皆量捐以资完葺。其不入居而力有馀者，好义愈甚则增修愈有所赖矣。公定条例以属馆人，而在京之士大夫共稽其出入。夫凡物之情，方其作始，多畏难惜力，而曰非吾一人任也。及安受其成，则又以谓吾直寄焉，而不复为之计久长。此凡事所以难成而易败也。凡会于斯者，皆吾侪之将任国事以为民依者也。果能以宥函之心为心，则岂独兹馆之不废哉？其当官守道，必有以异于比俗之人矣。爰为之记。

雍正六年秋八月既望桐城方苞书

《拓片汇编》第68册第58页。拓片编号：京7087。拓片高134厘米，宽68厘米。碑在北京市西城区，具体坐落未详。

惜字会馆捐资题名碑

乾隆五十五年（1790）

京师梁家园之有惜字会馆，□□乾隆甲午岁同人□□□□□□□□□□□买屋数楹，内建文昌帝君宝殿，中字炉外门□□□□□同人□馆事焉。此其创也。维乾隆己酉岁，同人戈昶等复倡捐资□□□□，将以更新楼宇，式廓规模焉。此其继也。□□事难成，公举□□□□□而勒之碑，垂之久远，并望后之同志诸君子。

计开：殿门三间。正殿三间。院内厢房一间，字炉一座。殿后正房三间，东西厢房四间，□□房五间，灰棚二间，西夹道一路。东空院一方。

董事	董　□五两	□□□五两	恽□□三十两	□□□两
	恽　鹏□两	董源太五两	黄锡桐五两	袁　筠□两
	胡　震五两	施　□五两	瞿云魁五十五两	戈昶五十两
	孙西畴□两	徐□洲□两	陆印昌□两	杨其恕十两

余　钰一两　邱本栟□两　袁悦孝五两　黄□书□两
孙　瑀五两　管象九□两　吴　阶□两　殷　奂□两
潘□□十两　潘　河十两

捐单　陈廷梁二十两　曹俊明十两　陈廷栋十两　程宏绪十两
郁希文十两　穆士濂五两　赵颖发十两　巢汝锡四两
赵　廉一两　□曾辑一两　瞿　照一两　李光云一两
刘一芬一两　许承志一两　管□□二两　程应绪二两
瞿梁桥一两　邹　□二两　吴　焕一两　林长华一两
□嘉言一两　瞿月森二两　瞿明诚四两　□岳林二两
汪□山五钱　李沣洲五钱　苗　锦十两　戈　源一两
□□□二两　□□□□两　康　澍二两五钱
李允恭　陈野航各二十两
王元章　□□畦　赵汝玉各十两
范希贡九两　胡□澜五两
卢兆麟　何廷琳　严东各四两
鸣清　宋起功　周勋各二两五钱
吴星耀一千二百　董之铭　张位台　古锡各一千
高启□　于和斋　邵麟绂　方体祖　杨大观
符天庚　孔广森　宋　铣　章　棠　张书勋
黄恒□　程文□　傅　光　叶　权　刘嘉颖
刘秉麟　张　镛　王□□　叶　集　刘永登各二两
王庆魁　李东来　潘世魁　张凤鸣　平　福
徐□琨　钱□□　孔继昂　□　保　杨世□
刘　溶　周之德　彭希韩　宋　□　郑维□
宋　铣　金玥堂　万卓谋　锡　纶　杨　枢
胡秉九　周鲁藩　范□夫　□□□　孟　□

张□□　丁绳祖　丁观陛　钱筱堂　庄于兴
陈□□　杨子□　沈金生　周□三　卜翘秀
赵　馨　汪本直　许兰□　李　铭　刘绳武
□□□　□世□　徐□□　吴文垣　张　琳
高朴生　席　铨　谢滋畹　宋思仁　陈敬六
□□□　陈　煜　恽　荬　□□炤　李芝英
张　万各一两
万　钟　潘大经　□□□　王正华　汪国柱
路一德　王　琨　过尊三　范廷骅　冯景峤
鲍　崐　苏文□　徐应龙　周端揆　吴□□
张廷弼　□　□　蒋　□　赵国相　刘逢源
熊之英　严　显　张　斌　王　林　吴　兰
袁志钧　周□年　恽承吾　陈　棠　陈　□
查　芸　秦耀廷　徐启南　□□□　王□绅
王□□　□□□　谢鸣玉　陈　瓒　朱厚基
李近渭　钱　□　庄□照　王昌明　黄法□
金赞成　杨春德　刘景云　张元庆　朱维鱼
孙应登　宋　麐　张宝林　□□基　彭希□
胡　晋　沈复斋　沈应五　王葆元　□文辉
吴继书　吕玉吾　周秉忠　周　潘　董□林
宋百□　马筠□　钱□□　倪时庆　俞□□
杨□宗　□宝昌　卜诒忠　顾以忠　张宸荫
□秉钧　盛悙崇　盛悙大　陈　昶　任导□
杨□植　许绍锦　高　镇　钱　□　陈廷□
杨兴□　高奕□　□□□　缪以灏　庞廷玉
许祖武　邵　翔　缪　彬　□安澜　陈□□
张　沅　席尤绅　吴　元　席维□　王英绂

□□业　□恒□　徐永□　汪□□
同人瞿云魁、戈昶等敬立　王明昉敬书

《拓本汇编》第75册第163页。拓片编号：京7117。拓片高165厘米，宽56厘米。碑在北京市西城区梁家园。拓片未见立碑年月，碑文记乾隆己酉捐资复修会馆之文昌殿。己酉为乾隆五十四年（1789）。《拓本汇编》作"清乾隆五十五年（1790）十二月刻"。拓片题名末尾"汪□□"后应有捐资数额，漫漶，未见。

重修扬州会馆碑铭

嘉庆四年（1799）

　　仪徵　　阮元撰

　　江都　　史致俨书

　　京师宣武门外扬州会馆，始建于乾隆初年，汪君从晋出白金四千，金君门诏益金而成之者也。其事详于旧碑。六十年来，颓坏日甚，虽屡有修葺，而莫能新之。和会堂、联星堂地势甚卑，邻水来浸，夏不能居。墙圮柱倾，公车罕至。嘉庆元年，郑君宗彝官吏部郎，请于其叔郑君鉴元，得白金四千。黄君楫、鲍君志道、张君绪增又各出白金一千，乃合赀重修之。和会堂、联星堂暨东、西厢，筑基增高三尺许，治其井匽，水有所归。第三、四两院以次修立，复建阁于联星堂之东，以祀神位焉。先是屡欲修而未成，今嘉庆四年己未乃集事。读旧碑，乃知创修者己未岁也，殆亦有数存其间乎。工既成，乃刊石纪名兼载图事，俾后之人知今义举之盛，必将有踵而行者，使旧基无废，新构益增也。勒以铭曰：

　　江淮合域，牛斗垂躔。灵秀陕区，人文出焉。

彧彧人文，济济甲第。魏阙联班，春明并骑。
斯馆肇修，己未之春。轮奂增美，桑梓同邻。
堂开和会，门接宣武。公车之来，于时处处。
岁深垣圮，莫芋莫宁。屋尘积草，庭潦生萍。
又六十年，岁周己未。惟我乡人，兴废举坠。
乃构其堂，乃高其基。庖湢井厩，具无不宜。
嘉树可誉，甘棠勿拜。藤垂紫绶，药翻金带。
礼神之阁，峙于其东。文昌下照，其光熊熊。
孟夏之月，星珠联瑞。鸠工庀材，适当其会。
惟我广陵，运会日昌。元甲天下，解领江乡。
作此铭词，以刊乐石。后有作者，永永无极。

《拓本汇编》第77册第52页。拓片编号：京7093。分拓两纸，均高35厘米，一宽112厘米，一宽67厘米，一刻碑铭，一刻题名（另见）。碑在北京市西城区菜市口西路北。

重修西元宁会馆记

嘉庆四年（1799）

　　元宁会馆有二。一在正阳门东之长巷三条胡同；一在宣武门外之南半截胡同。半截胡同之馆既立，于是谓在正阳门者为东馆。东馆屋不过数楹，岁时一聚会而已，仕宦及应乡会试者率于西馆是讬。是名虽有二，而实止一也。西馆建于雍正五年，吴宥函侍御尸其事。于时百为权舆，经费尤啬，修葺润色惟藉资于假馆者之乐输，名存实亡，岁久且圮。乾隆丙申，戴芑泉侍御谋众而□（新）之，既巡视古城，乃量土以培其基，而板筑之工，一属之金君逊六，奠倾为安，易湫以垲，实实焉，枚枚焉，庶几足以经远矣。顾旧址东向，营建之始，以中有神位，易之而南，于是入门者面西，稍北胁堂之左个以升，阴阳家咸谓非宜。馆东北隅地洼下，弊屋十徐椽，守者居奇。岁癸丑，购以重价，□□改作，事体大，未暇也。嘉庆戊午元日，守僧以爆竹祈利市，徐焰流烁，厅事及左右厢北庑毁焉。时官京师者郑君东亭、吴君衣园、孙君□渠、黄君□军、端木君星垣、陈君既庭及予凡七人，既大惧其遂泯废，又冀十馀年道谋而不溃于成者因此而一遂也。于月之五日，持纸□□力书之，合计得千金。端木君喜曰：此可矣。驰书四方，所得复倍。乃丐谭君正千为之规画，即向所购之东北隅建新门，东向。于故北殿址为重门，南向。馀则依其旧而鼎新焉。始启工于戊午五月，终七月。已复启工于己未三月，终五月。时日拘禁，分年间作，故计其时，几一馀程功，仅五月耳。高门有闳，周以回廊，躐级升堂，齐翼以肃。馆于是者，咸欣欣然以为胜于其旧。即交游之往来于是者，亦莫不欣欣然以为胜于其旧也。夫阴阳术数，深而难凭。然小小征验，时或有之，有不可诬者。太史公曰，四时、八节、十二度、二十四气，各有教令，顺之者昌，逆之者不死则亡，未必然也。然春生夏长，秋收冬藏，此天道之大经也，弗顺则无以为天下纲纪。谅哉斯言。凡事之顺乎人心者，行之罔弗利也。事之违乎人心者，行之罔弗乖也。以居室论，形势顺，斯居处安，安斯利矣。是岁，里人应礼部试者几五十人，而隽者五人，或登词馆，或观政六曹，或径绾墨绶以去。意者，斯馆之建，不为无助。至于创议之始，相与激发于立谈之间，未必其果有成。成矣，未必如是其速。而中外相应，踊跃趋事，不谋咸同，此非口舌笔札所能为功也。志以帅气，气以集事，吾乡人士，宜乎鹊起豹变，日兴而未有艾。《易》曰：天之所助者顺也，人之所助者信也，不其然乎。馆故有二碑，皆烬于火。望溪先生文有模本，故补勒于石。丙申重修，陈勤斋中丞为之记，追疏而不能备，则姑阙焉以俟异日。工既毕，乡之人以为不可无言也，以属予，于是书其事之本末，以告来者。是为记。

里人董教增撰　余姚邵瑛书

嘉庆四年　岁在己未季秋月　日立

按：重修记称西馆建于雍正五年（1726）。据方苞撰《元宁新馆记》，雍正五年，吴宥函购得城西之地（即正阳门西南半截胡同之地），"逾年鸠工庀材"兴建，"凡五阅月而工役粗毕"，故西馆实建成于雍正六年。方苞文亦书于是年八月可证。

《拓本汇编》第77册第58—59页。拓片编号：京7089。拓片高135厘米，宽68厘米。碑在北京市西城区牛街南半截胡同。

梁家园惜字会馆重建文昌殿碑记

同治十三年（1874）

梁家园惜字会馆，前人仿武进赵恭毅公法为之，乾嘉中屡有修举，岁久渐圮。咸丰丁巳，今观察裴君□森方为工部郎，偕秦员外赓彤、朱主事厚基，图举惜字会，求得其地，以属程指挥常宪募捐修葺，举会事焉。三君者，先后去京师，而程君久次，益鸠同志大其规模，拓旁地作学舍，延师以课贫无力者，稽其秀颖而董劝之，施粥施衣，及他善举以次推行，人以为便，园地故下，庚午多雨，文昌殿基没于水，乃醵资改建。复建前殿以奉至圣先师。增西厢三楹，为同人憩息之所。工既竣，将镌捐金者姓名于石，因记其颠末，使后有考焉。其终始是役，不懈益勤者，程君外，又有吴理问景松，例得并书。同治十三年，岁在甲戌秋七月，惜字会馆同人谨记。

计开　　大门外照壁一座。

　　　　大门一间绿屏门四扇，东西房二间。

　　　　至圣殿三间，西厢房二间。字纸炉一座，东平台一间。

　　　　　　　文昌殿三间，东西厢房六间，西耳房一间。

　　　　　　　东院前院，南房三间，北房三间，东房二间南小屋一间，北过屋一间。

　　　　　　　东院后院，北房二间半，东房二间。

　　　　　　　后院北房四间。

　　　　　　　　以上共房三十七间半。

捐资姓氏　　魏蓉甫捐银贰佰两

　　　　　　敦伦堂□捐银壹佰两

　　　　　　惜字捐项□银壹佰叁拾柒两陆钱贰分

　　　　　　□捐约房捐银伍拾壹两捌钱肆分

　　　　　　吴大澂募捐银伍拾两

　　　　　　鲍康捐银肆拾两

　　　　　　程常宪捐银贰拾伍两

　　　　　　江苏印结局捐银贰拾叁两贰钱捌分

　　　　　　棣芳堂袁捐银贰拾两

　　　　　　杨鸿吉、杨鸿□捐银拾贰两

　　　　　　沈恩嘉捐银壹两

　　　　　　汪文盛捐银贰两肆分

　　　　　　　以上收捐银陆百陆拾贰两柒钱捌分

　　　　　　棣萼堂袁　捐银拾陆两

　　　　　　汪在天　捐银拾陆两

　　　　　　方汝谐　蒋嘉泉　吴景松　吴景模　吴景桓

　　　　　　张荔园　王禄□　于志勋　张□泉　□燮元

　　　　　　徐炳烈　陇西李　崇厚堂张　各捐银拾两

　　　　　　四好堂罗　□南印结局　同善堂　各捐银捌两

　　　　　　王光杰　魏　纲　姚觐元　承　勋　各捐银陆两

唐恩灏　恩　福　□德堂吴　各捐银伍两

沈桂芬　林祖述　廷　彦　朱厚基　潘祖保

薛斯来　彭世芬　季邦桢　秦　焕　庞钟璐　各捐银肆两

鲍源深　陆□珲　季世□　钱□□　曹□辉

范鸿谟　杨绍和　胡隆洵　霍顺武　钟　珂

蔡嵩年　蔡逢年　培德堂蒋　徐用仪　各捐银肆两

孙家穆　王荆□　杜正□　沈秉□　沈秉恒

□□□　吴绍经　吴绍纬　□绍煜　吴绍堃

吴绍绶　有　泰　仁记号　郝学隆　沈芝田

胡兆修　钟怀珠　沈　鋐　仁昌号　胡国泰

孔筱云　黄元善　谦德堂曹　桑　彬　黄　椿

敬恕堂　顾维经　承恩堂蒋　各捐银贰两

　以上收捐银叁百柒拾柒两

德隆永张捐钱伍佰□拾陆千

惜字捐项捐钱壹佰伍拾千

岫云堂徐捐钱壹佰贰拾千

陶式黎捐钱肆拾千

傅云龙捐钱叁拾陆千

沈济邦捐钱贰拾伍千

廖寿丰劝捐钱拾伍千

吴云□捐钱拾贰千

蒋武琛捐钱陆千

　以上收捐钱玖佰柒拾千

施启宗　李□友　□凯元　陈瑞堂　雷穆荣

王泽民　各捐钱贰拾千

陆　□　袁□存　黄□□　邓承恂　史震德

郑□汉　徐　□　倪文蔚　汪兆麟　谭祖训

李□元　□□□　左　隽　曹春山　聚魁店

唐树楠　陈石麟　各捐钱拾千

李清豫　贾　润　恩□轩　梅　荄　单文楷

□瑞山　赵翊□　施　本　光裕堂　各捐钱肆千

　　以上收捐钱叁百贰拾陆千

支存款目　总共收捐银壹千零叁拾玖两柒钱捌分

德隆木厂支银伍百柒拾两

油漆彩画支银拾两

请监工先生□□□支银捌两九钱□分

以银兑钱支银肆百伍拾□两□钱伍分

　　以上银款全支无存

总共收捐钱壹千贰百□□千

又收银兑钱伍千肆百□拾□□

（以下漫漶甚，略）

《拓本汇编》第84册第69页。拓片编号：京7109。拓片高125厘米，宽65厘米。碑在北京市西城区梁家园。

改上江两邑会馆为江宁郡馆记

光绪三年（1877）

　　江宁府领七县，上元、江宁为附郭首邑，而句容、溧水、高淳、江浦、六合五县隶焉。康熙初年，乡先达官京师者，仿各省例，创建会馆，以为公车栖息之所，颜曰上江，示别也。考条约内载，非籍隶本县者不得居于是，句、溧等县之来京者，均僦屋于外。以予观之，前人立法所以从严者，必因屋少人众，自顾不暇，何暇及人。而句、溧等县之无会馆，当时非不议建也，亦必因人少费钜，故因循至今。今若仍守旧章，原无不可。惟以不同县之故，遂令其向隅，未免畛域太分，甚非所以敬恭桑梓也。一省之大，且曰同乡，况同府者乎？用是公同酌商，参改旧制，名曰江宁郡馆，凡属本郡之人有来京者，居会馆自兹始。他日人文蔚兴，日新月盛，或地不能容而恢廓之，是所望于后之君子矣。

光绪三年岁次丁丑五月

里人 夏家镐 敬立
林廷燮

《拓本汇编》第 84 册第 149 页。拓片编号：京 7085。分刻二石。拓片均高 34 厘米，宽 67 厘米。碑在北京市西城区牛街南半截胡同。

重修江阴会馆记

光绪三十一年（1905）

　　京师为四方大和会，职官以时朝觐，文学之士，游翔往来，至于选人计偕，莫不于是乎萃。故自一省一郡以至一邑，莫不设有会馆，匪独以供行李之困，抑将使旅居者不忘桑梓，相与缔合，以通情谊也。吾邑通籍京朝者，道咸以来日盛，顾皆卜宅而居。乡、会之士，无会馆以为栖止，类皆寄顿逆旅。同治间，先君任农曹，慨然有鉴于旅寄之苦，思有以安之。爰得屋十数楹于米市胡同，贷款购之，即今馆之南北两厢是也。事多草创，院宇湫隘，仅蔽行李。顾同人已皆称便，盖吾邑于是乎始有会馆矣。嗣是京内外同人间有伙助，得偿前贷，并加修葺。章宜甫州刺其封翁捐沙田百馀亩，又邑城乡各典认捐若干两，共岁得二百馀金。及先兄聘臣经理馆务，乃购得前屋数楹，规模因以略备。嗣又得屋后官地一方，以费绌弗能筑也。岁戊戌，乡人属侃经理，并以南中历年所积，拟购邻居以扩充之。言辞未就，会遭庚子之变。事平，馆幸无恙，侃所代存之款亦无恙，乃为筑东屋三楹。今年又得南中续款，以大门久嫌简陋，鸠工庀材，重为兴筑。南北两厢，益加整理，内外犁然，始各当其局矣。方今科举既停，士皆奋志学堂。京师为学海归虚，吾邑人士，方振奋凌励于学界之中，将来贡入大学，公车不绝，宜有以为憩息之地，且为乡人之在都者以时会集之所。爰不惮改作，以成斯役，并叙其缘末如此。后之君子，能时加补葺，抑恢廓而光大之，是尤侃之所深望也。是为记。

光绪三十一年岁次乙巳陈名侃撰

陈宗彝书

《拓本汇编》第89册第83页。拓片编号：京8432。拓片高34厘米，宽92厘米。碑在北京市西城区米市胡同。

重修南通县馆记

民国六年（1917）

吾通于京师设置会馆，始于清道光之世，文物盛昌，递有增拓。厥后修于光绪中叶，晴谷顾先生所称乡人匄集丰赀，重葺馆屋是也。岁序迁易，敝漏殆半。今年夏秋间，霪雨激荡，势益不支。旅京同人，顾而愁然，筹修之议，询谋佥同，谬以余年事稍长，率相诿諈。余谊不获辞，相与斟酌缓急，相度便宜，走书乡先生，商集岁费暨助款，得银币五百圆，约当所需三分之二少半。不逮之数，则此间二三君子与余足成之。凡折盖正屋六间，厢屋二间。添盖庖屋二间。又以故有庖屋介居中庭，殊多障蔽，移置于最后隙地，别筑界墙于其址，以存南北两院之旧。其自厅事而降，迄于门垣，工事略备。顾以昔时所缮治者，宋、桷、轩、楹、阶、闼之属，率支离破碎，杂缀而成。今以资用较啬之故，诸所损蚀，亦第去其泰甚，悉为改易，馀则仍其敝而补苴焉。辟诸人之身然，筋骸之既病，但与泽其肌肤，其为治也亦仅矣。余才分疏拙，诚不宜轻有所更张，枨以耳目所接，良用怵惧，贸然遂董斯役，卒亦多所迁就，不能一一以求完善，更十数年风雨之漂摇，人事之杂遝，逆知夫敝漏之状亦犹之今日也。于时，吾乡钜人长德，起而更新之，其视今日之迁就补苴，当必有不慊于心者。爰书其概略，并撮举款目列于左方，以俟考览焉。民国六年十二月冯善征记。

  本县额支丙、丁、戊三年馆费三百圆

  张謇一百圆

  张謇一百圆

  冯善征一百四十圆

  陈彦彬三十圆

  季天复五十圆

  周俊五十圆

  公益木厂包修工料价六百七十五圆

  裱糊顶棚隔壁三十九圆　置备器具五十二圆

  本县寄款费四圆五角

《拓本汇编》第92册第14页。拓片编号：京8532。拓片高33厘米，宽66厘米。碑在北京市西城区宣武门外大街。

徐州会馆捐款题名刻石

民国十五年（1926）

民国十五年夏修葺徐州会馆捐款衔名列后
　　　　陈少康先生捐洋叁百元
　　　　李培之先生捐洋贰百元
　　　　史耕岩先生捐洋贰拾元
　　　　史赞廷先生捐洋贰拾元
　　　　张起陆先生捐洋伍拾元
　　　　张星五先生捐洋壹百伍拾元
　　　　王翰廷先生捐洋贰百元
　　　　张轶群先生经手捐洋伍百元
　　　　陆仙槎　董右岑先生捐洋贰百元
　　　　王和容先生捐洋拾元
　　　　王履卿先生捐洋伍拾元
　　　　刘粹之先生捐洋贰百肆拾元
　　　　　按收款之先后为次序

以上共收捐款现洋壹仟玖百肆拾元

共支土木油漆工程及添置家具等，现洋贰仟壹百壹拾陆元贰角

收支相抵，净短现洋壹百柒拾陆元贰角，由会馆公款内垫补。

《拓本汇编》第95册第46页。拓片编号：京7081。拓片高30厘米，宽67厘米。原无题，题据《拓本汇编》。石原在北京市西城区米市胡同。现藏北京石刻艺术博物馆。

创修徐州会馆记

民国二十年（1931）

吾徐在旧都本无会馆，故在未建馆以前，凡同乡来京应试及朝觐者，多临时僦屋以居，每苦不便。清光绪十五年间，萧县段公少沧，供职枢府，有鉴于此，遂慨然倡义，创修徐州会馆。宿迁黄先生伯雨，佐段公擘画经营，订定馆章，用期垂久。是时，徐州兵备道段喆得段公函，欣然赞助，八县官绅亦踊跃拨捐。未期年，集金七千馀两，因购米市胡同市房卅楹，从事建修，馆遂以成。是役也，微段公不为功，矧又自捐钜金以藏其事乎。馆成之后，段公复倡义在后厅中间立乡贤祠，祀刘子政，请南通张修撰季直书传经堂额，自撰联配之，取刘向传经之意也。甲辰春，余游旧都，下榻馆中，时去建馆仅十有五年，举凡馆中一切建筑设备，及建馆前后经过情状，均为余闻见所及。唯前辈先生于辛勤建馆不遗馀力，而勒石叙述建馆规画，淡然置之。戊午，余与段公同应国会选，遂会商以乡贤万年少、阎古古两先生从祀传经堂，顾于创建会馆、勒石记事，仍复迟迟。余曩年曾受段公之托董理馆事，因悉藏契箧中，尚存有旧捐册,深虑年久湮没,特将建馆渊源及八县拨款姓氏补行勒石。按:捐款数目下,每有馀尾若干,此系当时汇兑款项,恐成色分量跌欠,以是捐款者多按百分之四附汇耗银故也。特附述之。睢宁王玉树记,铜山苏倬书。

《拓本汇编》第 96 册第 128 页。拓片编号:京 7065。拓片高 41 厘米,宽 136 厘米。碑记文左有捐款题名,漫漶莫辨,略不录。尾刻"中华民国二十年七月吉立"。碑原在北京市西城区米市胡同。现藏北京石刻艺术博物馆。

安徽省

共 11 座

重建宣城义塚碑记
歙县义阡禁示碑
重修会馆记
重修歙县会馆捐输题名
会馆岁输经费记
歙县义园禁示碑
庐州会馆记
重修庐郡会馆碑记
新建安徽会馆记
庐州会馆记
京师凤阳会馆记

重建宣城义塚碑记

乾隆三年（1738）

吾宣义塚，在崇文门外之兴隆街，属东城重（崇）南坊四铺，乡人宾州牧□君□□所捐置也。时在万历戊子，主政吴君伯与为之记。□□□□□□□□雍正七年，刘君佩珩既迁族人之□□□者□□遂倡议□理□□□□□□之宁海令以去，事遂寝。厥后刘君以□来京，病卒，遂葬义塚。仓卒未立以石，今竟不能辨其孰为刘君塚，哀哉！吾既重刘君义，且恐吴碑仆而并义塚失之，故急为经理修□□岸，埋石柱为界，复立新碑，纪其四至丈尺并图形于碑座。是役也，刘君佩珩为之倡，而编修杨廷栋、侍御刘方蔼、进士骆天俊、举人□诚、通判施梦兰、知县施念曾、千总耿豫林、武定漕运王勤运等，皆有所助，谨□□□告来者，犹冀同乡好义君子踵事而增修保护之，庶□□□□□为吾宣□，而刘君义魄亦将有所凭依，所厚幸也。

计开：长十五丈□尺　前广五丈弱　中广七丈　后广六丈□尺

东距安化寺一百二十丈　西距米市口八十八丈　南北俱至□

时

大清乾隆三年岁次戊午中元

赐进士出身中议大夫顺天府府丞宛陵梅毂成循斋再记

按：吕志元《京师铁门宣城馆碑记》云："崇文门外南小市口之南，有宣城义园一所，其南有梅毂成碑记一通，备载义园地段丈尺概略，盖梅时为顺天府尹也。"据此，知义园为宣城会馆所属公产。梅氏时任府丞，吕记误记。

《拓本汇编》第69册第33页。拓片编号：京3124。拓片通高130，宽54，额篆题"宣城义冢"。碑在北京市东城区西草市东街。

歙县义阡禁示碑

乾隆五十年（1785）

　　吾歙有石榴庄义阡也，创自有明许相国文穆公，俾同乡井旅榇不能归者，窀穸于此，迄今二百馀年，守之罔废。旧置地肆拾馀亩，后又益地拾馀亩。塚旁馀地可耕种，命守者佃之，有屋，命守者居之。乾隆十四年，乡人复葺室宇，修石界，请于府尹，爰立禁碑，于是乎祭祀有时，樵采无患矣。予自通籍以来，襄理其事。未尝不叹前人之用意深厚，立法周详，桑梓敬恭之谊，泽及枯骨，尤可风也。今年夏，乡人以其地隘，谋拓之，共捐赀伍佰肆拾馀金，增置地叁拾肆亩，东至吴坟，西至北头下坡周家地，上坡徐家地，南北各至道立界。当益申严禁，禁如前约。夫善作者期善成，善始者贵善终，有共举之勿替，引之于以存睦姻任恤之泽，而表仁人君子之用心，讵不伟欤！余兼摄府尹事，例得示禁，而更喜吾乡人之乐善不倦也。是为记。

经筵讲官户部尚书兼顺天府尹事加十级安徽歙县　　曹文埴　撰

时

大清乾隆五十年岁次乙巳小春月　　谷旦

　本邑同乡公立

　师山郑文缃书

　北溪吴绍鈝镌

《拓本汇编》第75册第41页。拓片编号：京2991—1。拓片碑身高110厘米，宽60厘米。额高20厘米，宽22厘米。正书题"府尹禁碑"。碑在北京市丰台区双庙村。原无题，现题据《拓本汇编》。

重修会馆记

嘉庆十九年（1814）

吾歙会馆，自吴光禄南溪倡其议，黄观察昆华以其邸寓输于公，徐、许诸公拓南院，葺兰心轩，而规模大备。岁久渐颓圮，重以嘉庆辛酉夏之霖潦而甃甓不可复支。先是，大司农曹文敏公暨家封君肯园先生谋于两淮诸君，共输白金三万两，将辇之而北，俾重建。不幸两公相继逝，事以不果。甲子元夕，余饮同年程梓庭比部所，酒酣，谈会馆事，相向累歔，梓庭曰：今重建之谋已矣，盍踵其旧而新之。余曰：幸甚，然计费不下六七千金，两淮未可猝图，余与君姑起而集腋乎？梓庭慨然诺之，且覆杯为约。诘旦，遂偕谒今相国曹俪笙先生。先生瞿然曰：此先文敏公未竟之志也，敢不亟图，立输二百金以倡，且设馔集茶行诸君子议劝输，而宦京师诸公各踊跃从事。其年秋，先葺内外厅事及东西厢。明年，仕京外者邮赀亦渐至，又续修兰心轩前后宇舍。然南院犹未遑及也。积三载聚沙之力，更赖家赠侍御席芬先生独输二千一百金，乃得完旧观偿宿愿焉。乌乎！可谓难矣。余创议后，典豫试，寻视学其地，不获为梓庭分劳，而梓庭独肩繁钜，凡庀（庇）材督工，置什物，皆与茶行诸君子殚极心力，无豪发之憾。至于慎筦出纳，增益规制，尽美善以垂久远，则梓庭一人终始之力，此吾乡人所共睹，非余阿好之词也。书而镌之石，以著吾乡人之好义与梓庭之急公以为来者劝，其乐输姓氏则胪而载之左方。梓庭名祖洛，与余同己未进士，官刑部郎中，茶行倡输而兼督葺者，吴君德文、方君德昭、王君渭田、张君景尧、吴君玫廷、方君汉青、张君翠芳也。

嘉庆甲戌孟陬内阁学士里人鲍桂星撰

庶吉士里人程恩泽书

《拓本汇编》第78册第125页。拓片编号：京10083。拓片高42厘米，宽92厘米。碑在北京市西城区宣武门外大街。

重修歙县会馆捐输题名

嘉庆十九年（1814）

捐输姓氏以银到先后为次

在京绅士　　曹振镛　元银　贰百两

　　　　　　程祖洛　元银　壹百两

　　　　　　叶世沣　纹银　贰百两

　　　　　　吴大冀　纹银　贰百两

　　　　　　程元吉　纹银　捌拾两

　　　　　　程世淳　纹银　伍拾两

　　　　　　郑文明　元银　伍拾两

　　　　　　郑　槐　元银　伍拾两

　　　　　　吴承鸿　元银　伍拾两

　　　　　　吴　椿　元银　叁拾两

　　　　　　潘世恩　元银　贰拾两

　　　　　　金应城　元银　贰拾两

	赵慎畛	元银	拾两
	程国仁	元银	拾两
	方　振	纹银	拾两
	汪必昌	纹银	陆两
	金延恩	元银	陆两
	汪应镛	元银	肆两
	郑光黻	元银	肆两
	吴　枌	元银	肆两
	胡鸣玉	元银	肆两
	洪福田	元银	叁百两
	宋道勋	元银	贰百两
	江士相	元银	贰百两
	鲍勋茂	元银	壹百两
	许立藩	元银	伍百两
	鲍士贞	元银	贰百两
	江　兰	纹银	贰百两
	洪　莹	元银	肆拾两
	鲍桂星	元银	壹百两
京外诸公	鲍漱芳	元银	贰仟壹百两
	程振甲	元银	伍百两
	方大川	元银	叁拾两
	王立煜	元银	伍拾两
	王家景	元银	叁拾两
	何学诗	元银	叁拾两
	张匡麒	元银	叁拾两
	方　溥	元银	贰拾两
	吴绍沅	纹银	拾贰两

	江复初	元银	拾两
	毕　昉	纹银	拾两
	曹　蓬	纹银	壹百两
	吴鸿诏	纹银	伍拾两
	项瀛槐	元银	伍拾两
	金应琦	纹银	叁百两
	项应莲	纹银	伍百两
茶商	吴惇成	纹银	壹百伍拾两
	方广信	纹银	壹百两
	王涌信	纹银	柒拾两
	张中和	纹银	壹百两
	吴信成	纹银	壹百两
	方协成	纹银	叁拾两
	张德大	纹银	拾两
	吴君让	纹银	伍拾两
	王君六	纹银	贰拾两
	方胜达	纹银	拾两
	方含中	纹银	拾两
	蒋鲁书	纹银	伍拾两
	吴尹宾	纹银	拾两
	方景渊	纹银	拾伍两
	方献卿	纹银	拾两
	王耀青	纹银	贰拾伍两

《拓本汇编》第78册第126页。《重修会馆记》碑阴。拓片高、宽均与碑记同。原无题，题为点校者所拟。

会馆岁输经费记

嘉庆十九年（1814）

吾歙会馆之重葺也，余记之详矣。以工巨，殚众力竭，蓄积成之，而岁时经费遂无出。会两淮诸君子有公助扬州会馆之举，岁凡三千金，其议自侍郎阮芸台夫子发之，余乃与同人谋曰，歙于淮亦梓乡也，盍援扬例以请乎？皆曰：诺。爰合辞寓书于诸君子，而家侍御树堂先生赞尤力。诸君子为请于都转德公，德公请于鹾政阿公，公批其牍曰：自辛未年始，准于辛工项下岁支三千金助歙馆，经费如扬例。于是，岁修年例一切费皆裕如，而京宦与乡会试之贫者并沾润焉，於虖！可谓盛举也已。斯举也，阮师发之，都转、鹾政成之，好义而乐输，则两淮诸君子也。昔家封君肯园先生倡重建之议，欲共输三万金葺之而北，诸君子翕然从之。不幸封君没，事以不果。余与程比部梓庭谋重葺，费不足，赖家赠侍御席芬先生捐二千一百金续成之。今未十年，而诸君子复玉成斯举，扬与歙地异而惠均，于以洽比乡闾，作新轮奂，播德流惠，垂诸无穷，岂不与家封君父子后先辉美哉！爰不辞而续记之，以为来者告云。

嘉庆十九年甲戌孟陬内阁学士兼礼部侍郎里人鲍桂星撰

翰林院庶吉士武英殿协修里人程恩泽书

捐输姓氏					
	江广达	尉跻美	张广德	鲍有恒	黄漾泰	王履泰
	汪肇泰	吴开大	黄双茂	罗牲泰	洪恒裕	程震泰
	邹同裕	余承瑞	曹恒和	巴恒大		
	方汝砺	纹银拾两	方孝明	纹银拾两		
	方振扬	纹银拾两	胡汉儒	纹银贰拾伍两		
	冯灿远	纹银拾两	汪抚安	纹银拾两		
	方仰西	纹银贰拾两	王览亭	纹银贰拾伍两		
	王辅臣	纹银拾两	永茂号	纹银拾两		
	王茂熙	纹银拾两	王泽远	纹银拾伍两		
	许廷珍	纹银拾两	王槐庭	纹银拾两		
	方仲仁	纹银拾两	世美号	纹银贰拾两		
	方佑衡	纹银拾两	王金佩	纹银拾两		
	张冠亭	纹银拾两	胡慎堂	纹银拾两		
	吴士修	纹银拾两	吴佩芳	纹银拾两		
	吴玉辉	纹银捌两	王德明	纹银捌两		
	吴鹤亭	纹银伍两	王景佳	纹银伍两		
	谢秉和	纹银伍两	蒋西容	纹银伍两		
	张兴武	纹银伍两	汪圣谟	纹银伍两		
	方佩玉	纹银伍两	方汉宗	纹银伍两		
	洪配周	纹银伍两	方鼎元	纹银伍两		
	方玉田	纹银伍两	王成远	纹银伍两		
	吴辅长	纹银伍两	吴浚功	纹银伍两		
	张汉三	纹银伍两	程殿辉	纹银伍两		
	源隆号	纹银伍两	王佑卿	纹银伍两		

	方又迁	纹银伍两	吴道钧	纹银伍两
	吴耀魁	纹银伍两	张振文	纹银伍两
	张德纯	纹银伍两	王汝配	纹银伍两
	方介亭	纹银伍两	程伆瞻	纹银伍两
	谢仰韩	纹银伍两	吴涧中	纹银伍两
	吴大谟	纹银伍两	许眷西	纹银伍两
	洪华彩	纹银伍两	汪景旸	纹银贰拾两
	方肇煌	纹银拾伍两		
姜店	锦春号	纹银拾两	锦新号	纹银拾两

《拓本汇编》第78册第127、128页。拓片编号：京10079。拓片阳、阴均高42厘米，宽92厘米。石原在北京市西城区宣武门外大街。现藏北京石刻艺术博物馆。碑阳刻岁输经费记并捐输姓名16人，未记金额。碑阴自方汝砺起，刻捐输姓氏并数额。原竖行上下两栏排列，现依序横列。

歙县义园禁示碑

道光十六年（1836）

钦命巡视南城察院为严禁事：照得安徽歙县义园，坐落永定门外石榴庄地方。据该县绅士编修徐宝善等呈称：义园坟旁馀地，向与看坟人李文德、李永祥、李孟龄耕种。前因李文德、李永祥、李孟龄私将所种地亩转典与人，当即禁止不许耕种。迄今三年，李文德、李永祥、李孟龄咸各改过自新。复经饬令于已葬地内，坟旁空隙不准锄挖，未葬地内，除随时下葬外，酌定离坟八尺方许耕种。窃恐伊等日久玩生，复蹈前辙；或附近居民巧生觊觎，私相租典，致害坟茔，均未可定。呈请颁示严禁。等因，前来。为此示：仰该甲捕人等，不时查察，如该看守人再有串通居民，将所种义园馀地私相租典及耕种、锄挖逼近坟塚等情，立即锁拿，送坊解城、严行究治，决不姑宽，毋违。特示遵，右仰知悉。

道光十六年八月初八日　告示

《拓本汇编》第 80 册第 104 页。拓片编号：京 2993。拓片碑身高 112 厘米，宽 63 厘米；额高 20 厘米，宽 22 厘米。正书竖题"禁碑"。碑在北京市丰台区永定门外双庙村。原无题，题据《拓本汇编》。

庐州会馆记

咸丰三年（1853）

道光戊戌春，里人谋剧（醵）金置馆，嗣于西柳树井道南，得房三十六间，葺之，壬寅落成。咸丰壬子冬，粤匪窜楚，里人在京者聚于馆，寓书回里，遵旨实行团练，今皖、池、滁、凤被贼而庐州安堵，以团练故，抑有是馆而气谊敦也。前己酉与凤属绅士公立义园十二亩于崇效寺东偏，并志之。铭曰：蓟北新馆，淮南古谊。拱翼神京，永垂千祀。

癸丑孟秋　合肥李文玕　撰

舒城孙观　书丹

《拓本汇编》第82册第71页。拓片编号：京7157。拓片高27厘米，宽55厘米。碑在北京市西城区珠市口西大街路南。现藏北京石刻艺术博物馆。

重修庐郡会馆碑记

同治六年（1867）

　　吾郡会馆，建自道光间，李玉泉先生实倡其事。廿馀年来，经费子缺，屋室日以倾圮，殆不可支。秉璋以辛酉假归，道豫章，遇李筱泉、少荃、孙省斋诸先生，具以故告，咸慨然为兴复之计，寓书吴春帆太守议酿金，嘱秉璋董其事。壬戌抵都，邀万海门来京监修，并于门东购官地一区，街道衙门给有执照，鸠工庀材，一律缮葺。阅五月，工竣，与同人落成之，而纪其原讫如此。登斯堂者，念造始之难，与兴复之非偶，当以爱其人者及其室，相与长保于不废也。

同治元年壬戌秋月　庐江刘秉璋记并书

《拓本汇编》第83册第22页。拓片编号：京7135。高32厘米，宽53厘米。碑原在北京市西城区珠市口西大街。现藏北京石刻艺术博物馆。

新建安徽会馆记

同治十年（1871）

合肥李鸿章撰

休宁黄钰书

京邑四方之极，英俊鳞萃，绂冕所兴，士之试京兆礼部者，各郡县类有行馆为之栖止，而中朝士大夫休沐盍簪，又必择爽垲，建馆宇，相与燕饮为乐①，若直隶、关中、湖广、江右、全浙之属，难以偻数。而吾皖顾阙然未有兴作，鸿章少侍京邸，侧闻长老绪论，谋成之而未果②。今上御极之七年，西捻荡平，畿甸无事。鸿章述职入觐，暇与乡人士吏部侍郎胡公、工部侍郎鲍公等咨诹及之，佥谓兹举不可久阙。会淮军凯撤，其将领大半皖产，闻之③愿醵万金为倡，不足，四川总督吴公④泊鸿章兄弟各解赀相助，又邮书告皖人⑤之宦于四方者，咸踊跃趋事，乃属内阁侍读江君等董其成。于是度地正阳、宣武之间，地名孙公园⑥，退谷别业旧址在焉。地势衍旷，水木明瑟，池馆为宜，以价得李氏故宅，廓而新之，披制蠲疏，夷涂设切，柔庙柱础，土石瓴甋之类，铢积充牣，筮日鸠工，捄陾筑登，斫虔堊墁，规制一新。西正室⑦奉祠闵、朱二子，岁时展祀。前则杰阁飞甍，嶕峣耸擢，为征歌张宴之所。又前曰文聚堂，闳伟壮丽。东偏若思敬堂、藤间吟屋，宽闲深靓，可以觞宾。其后曰龙光燕誉者，则以待外吏之朝觐、税驾者也。迤北有园，广数亩，叠⑧石为山，捎沟为池，花竹扶疏，嘉树延荫，亭馆廊榭，位置帖妥。凡馆之中，屋数百楹，庖湢悉备。经始于八年二月，落成于十年八月，共糜白金二万八千有奇。夫粤捻之祸烈矣，十馀年中，兵燹所经，公私埽地赤立，赖天子神圣，拨乱反之正。被兵各省，善后更新，自圣贤祠庙，官司廨署，以至私家舍宇，山林游观之地，百废具兴。土木之工，日滋月盛。小民乐事劝功，若忘其劳且费。盖否极而泰，百物皆储精吐英，以焕成中兴之景象。即吾馆旷二百数十年未有作者，一旦⑨亦乘事会⑩，以观厥成，非偶然也。皖一州虽蕞尔，其民风往往尚气谊，重然诺，故能以乡兵越境剿贼，万众一心，效命恐后，鸿章得用之以就尺寸之功。兹者散军归里，犹能并力助成善举，非笃念乡谊而能然与？彼身在行间慕义且如此，况吾党挂名朝籍⑪相勖勉以道德者乎？诸君子敬慕桑梓⑫复亲炙圣世维新之化，必将沂⑬闵、朱之遗风，砥节砺行以润色鸿业、策名无穷，固不独侈游谯之盛观，悦亲故⑭之情话而已。工既竣，适鸿章承乏畿辅，咸来告曰，愿有记，遂述其缘起，刻石识之⑮，俾来者有考焉。

同治十年岁次辛未十一月谷旦⑯

按：此碑据王灿炽先生《北京安徽会馆志稿》云："在安徽会馆东院藤间吟屋檐前。"王先生曾多次调查访寻，均未得见。《志稿》从《京城安徽会馆存册》卷首所刊据之录入。《北京会馆资料集成》上，收有此文，注出处亦据《京城安徽会馆存册》。然将此石刻碑文与上述两文对校，均有多处相异，现据该碑拓片点校录出，凡与上二文相异则出注，供参考。

校记：

① 《志稿》作"燕亨"，《集成》作"燕飨"。
② "未果"：《志稿》《集成》均作"不果"。
③ "闻之"：《志稿》《集成》均无。
④ "总督吴公"：《集成》误为"捻督"。
⑤ 《志稿》脱"人"。
⑥ 《志稿》《集成》作后孙公园。
⑦ "西正室"：《志稿》《集成》作"中正室"。
⑧ 《志稿》误作"迭"。
⑨ "一旦"：《志稿》《集成》均无。
⑩ "事会"：《志稿》《集成》作"时会"。
⑪ 《志稿》《集成》作"况吾党之系名朝籍"。
⑫ "桑梓"：《集成》误为"桑枏"。
⑬ "泝"：《集成》误作"诉"。
⑭ "亲故"：《志稿》《集成》均作"亲戚"。
⑮ "识之"：《志稿》《集成》作"志之"。
⑯ 《志稿》《集成》均作同治十一年孟春月吉旦。又：《志稿》同治前有"龙飞"。

《拓本汇编》第84册第17页。拓片编号：京3190。拓片高204厘米，宽73厘米。碑在北京市西城区，具体所在不详。

庐州会馆记

光绪二年（1876）

道光庚子、辛丑间，先光禄公在京师，始为馆以居吾郡人，月程其艺能，以上下其薪刍，郡人赖之。及被诏归治义师，郡中士大夫辄追随兵间，感励振迅，武克文驯，鸿章因藉群力，薄收绩效，翳先公之遗。然自是吾郡士大夫驰驱疆场二十馀年，京师之馆，寖废不理。同治九年，鸿章移官畿辅。僚吏之在官者，将帅之在军者，吾郡人为多，于是合谋同辞，于内城傍试院构屋，以栖春秋入闱之士。已又相与即故馆作而新之，规制既增益矣。鸿章惧其久且替也，乃以金三千，别市屋若干区，僦人以居，资其屋食，以权岁入之息，犹先公志也。夫天下之事，莫难于创。已创矣，无以拓之，不足以嗣而守也。已创矣，又从而拓之矣，嗣而守者非其人，无以知始创者之勤，则犹不足以久焉。先公之创是馆也，其故籍犹有存者，其文曰，某年月日李某典衣被若干，得若干缗钱以助。其勤盖如此。光绪二年秋九月合肥李鸿章记。

《拓本汇编》第 84 册第 133 页。拓片编号：京 7133。拓片高 153 厘米，宽 90 厘米，额高 23 厘米，宽 31 厘米。额三行篆题"庐州会馆碑记"。碑在北京市西城区珠市口西大街。

京师凤阳会馆记

民国十三年（1934）

京师于全国近东北，距各直省道里多辽远。往时省人士与计偕者，留滞燕赵近地，请附顺天闱应秋试者，与夫诸以公事来有所勾当者，恒络绎至。至则僦居散处，而言语、市井、风尚不熟习，又多苦扞格。故旅居者每协营馆舍，以各绥其乡人，俾无羁客感。而乡之长老士夫，亦得以岁时聚会，从容揖让，谈讌于其堂，隐然存乡饮酒礼意，此会馆之在京师所以衡宇相望也。凤阳皖北境，直京师南二千里，自明以来为府治，所属凤阳、怀远、定远、寿、凤台、宿、灵璧，凡七邑，观光上都者夥矣。嘉庆六年，寿州孙坦斋先生讳克俊官秋曹，始鸠资度地，于正阳门外中西坊今西河沿排子胡同道南，建屋若干楹，为凤阳会馆。及公殁，乡人龛而祀之馆，以报其功，礼也。洎道光二十九年，同治三年，重修者两次，故栋宇至今完整。馆中庶务，例择郡之官京朝久而老成更事者掌之。初以阄定，岁一更以为常，谓之直年。稽于籍可晓者，自嘉庆十四年迄咸丰元年，皆如是。厥后事势不齐，辄小变其例。中间寿州孙相国文正公再掌馆，历二十馀年最久，盖乡人倚信，续续推之，不肯释也。同治、光绪间，文正与定远何地山先生讳廷谦、先族祖芰塘公讳汝绍，迭直其事，睹馆用之有常，惧来者之不易，相与策久远，计殖息，先后置市屋数廛而节用其租入。屋产别有记。当时之为会馆谋者，如此其周也。岁庚子五月，京师有警，文正所居被兵，馆之簿籍丧焉，仅有存者。辛亥以还，都人轻转徙，司馆者多不常厥居，或谓旧章弗善也，则刊而去之。方诸昔日，盖稍稍殊矣。然比年闻他会馆颇有困于财力，不能支拄保有，而吾馆宴然无改。七邑之士子，负笈远求学，或因他职事来者，望门投止如曩时。其前哲之祀事，圮漏之葺塞，守视之饔飧，仍各有所取给，则有恒产之故也，可不谓厚幸欤？岁癸亥，凤阳黄君硕甫董馆事，严立规制，慎司出纳，其言曰，往者创之，来者弗守，谓之何？吾馆之建，今百二十有四年矣，阙焉无记，后将安考？咨于众，属下走为辞，走不文，然敬念乡先正与吾宗诸老之遗泽在是，又昔所托庇焉者，谊曷敢辞。谨述为记。

定远　方燕年撰

铜山　张伯英书

中华民国十有三年岁在甲子二月　谷旦

奉天

共 2 座

北平奉天会馆碑记
奉天会馆题名

北平奉天会馆碑记

民国二十六年（1937）

自元以来，北平数为□□毂方舆薮人文，款关之学如市，而集雅失张，淹候为苦。明嘉、隆间，初有会馆，至天、崇而极盛，郡邑往往分帜。清制，非试馆无得近内垣，故会馆多处城外，接闾联廛，或至县设数馆，馆衔数巷，于以敬恭桑梓，覆帱风华，甚盛事也。吾乡地广丁稀，胜国之初，丰沛豪门，固以縻烦选谒，其移殖之士，往往笃力田之风，高隐雾之志，若李铁君、石东村诸先生，皆幽栖高蹈，不应公车。盖非弦歌独后，其气习然矣。乾隆乙巳年始有省馆，在西珠市口，迄今二百馀年，簪缨浸盛。

改元以还，海内为一，乡人士不私其有，公馆事于吉、黑二省，于是吉林宋铁梅先生大榜东三省会馆于楣，昭其义也。然地隘无足以广容。吉林宿有专馆，乡人亦浸议更张。二年癸丑春，前大元帅张公雨亭以师旅入告，陈介卿先生方司虢禁营，置酒为劳，相与述前型，思来者，辄慨然欲任其难。嗣国会期集，乡彦萃止，缙绅弦索之士弥增，岁时往还，苦无以举会同之礼，而乡邦多故，旅食诸君子方欲塞垤纾急，弭患于未来，叩阙呼庭，尤感集事之靡托。乙卯秋，张公与冯师长阁臣再莅都门，遂定募置之议。丙辰岁首，乡人大集于陈君戟门，选乡望作始，具疏启册据如制。介卿先生与绅耆十三人者实为首事，以鲍霆九先生综出纳，责议甫定，张公即以三万金倡，桴鼓交应，声势渐张。复辟役终，张公以定难丰功，来都策国是，风云际会，东人冠盖满京，相与治具那园，颂成功而张乡宴，高歌雅乐，意气甚豪。介卿先生飞觥搦战，已酣醉，犹刺刺语馆事不能休。张公引满言曰，某叨父老力，得济忠于国，身世休戚，与父老共，愿葳馆事以永，今日之欢，其费某独任，有宿言不敢以复烦父老。词未竟，四座嵩呼，尊爵交集于公前，匊匐豪饮，忘于宾主之仪。介卿先生跌踢曳归，至一醉七日。既而共与议曰，公无私蓄而肩百用，夙昔不吝，其贤劳，惠已厚矣。置馆百年事，忍以累于一人。于是唱导呼和，飞声传响，南讫湘澧，北暨龙沙。旌旗所经，声徽所届，自方帅联城，下洎百里之寄，十夫之选，列版挂籍者，无不赴义输诚，未期年而醵足十万。呜呼，盛矣。增将军瑞堂者，遗惠在东，于张公有故，其旧刑部街邸第，堂皇甲一方，周垣缭绕，可二十亩强，知东人诹馆之交相义也，让值十之四，以六万金为成。厅堂室寮，罘罳庖湢之属无不备。横三第综二百五十楹，以八年己未夏六月一日行开馆礼，期而至者千馀人。自是而籍有稽，业有息，困有归，宴飨有集，而会同有所托矣。乡宿任觐枫先生隐日下最久，且七十矣，谓垂老得与盛事，不敢以齿让于仁，为规画建除塗垩之宜，起歌馆华台于东偏，采焕雕镂，有加于旧，督役作虽风雪无间，越庚申秋九月而工竣。盖自始议至斯，历时八载。初感钓丝绞水之叹，继有迴流停缆之虞，赖二三耆德坚持不堕，更变乱无所挫，卒以期岁之力，成不世之功。经始之难，作成之勇，可不思哉。

庚申抵今，又十有六年，人事沧桑，至靡可究诘，子余流走无长物，独馀此馆以系心目之思。悲夫！今年春，主事者欲刊石纪事，相諈诿以文，且曰往者馆寄于乡，今乡寄于馆矣。余心诺而未以应也。或曰奉天改辽宁而失宁，北京改北平而失平，名弗祥欤？人事之不臧欤？未可知也。今以失宁之民，寄失平之地，茫茫未知其所极，子乡人也，义无以迟勒石之庸。余惟举废由人而兴衰有势，方东人之盛也，力半天下，远近为之奔走，□□有于斯馆。今肩喙相承，丧其百有，以流离于四方，馆虽存，宁足以资覆荫；馆寄于乡，乡果寄于馆乎？若夫时地流转，先后同揆，孰名祥名，孰位□位，执是以为休咎，抑所谓刻舟以求剑也。虽然，物有恒则事有定，性不□者金石，而常存者宇宙，则夫踵前休，发嗣响，因于斯，著于斯，以观兴于斯，虽馆无其会，会无其人，千百年后犹有所以永世者在，余厕乡人后，其何敢以不文辞。是役也，张公雨亭最为功首，终始肩荷而未已者，盖介卿先生独任其劳，增将军之啬己丰人，任先生之忘年尚义，并足以矜式来兹。其绅耆十三人者，与诸董事暨尝戮力于馆事者，皆别有刊记，故弗详云。

辽阳吴瓯撰文　铁岭张济新书丹

中华民国二十六年岁次丁丑春三月谷旦

北平琉璃厂李月庭勒石

《拓本汇编》第98册第107页。拓片编号：京3167。碑原在北京市西城区复兴门内大街，今已毁。拓片阳、阴及附碑共六纸，高166厘米至180厘米不等，宽166厘米至184厘米不等。碑阴题名，见后。附碑略。

奉天会馆题名

民国二十六年（1937）

首推筹备员十三人

  鲍贵卿　杨乃赓　韩麟春　曾有严　王荫堂
  富　元　张炳炎　绍　英　张秀奎　安海澜
  吴景濂　应善以　陈瀛洲

续推筹备员

  刘恩格　赵连琪　魏福锡　王乃斌　秦　华

倡捐人

  孟恩远　鲍贵卿　孙烈臣　张景惠　杨宇霆
  袁金铠

赴三省催捐人

  安海澜　陈嘉乐　王家瑞

建馆募捐发起人

  曾有严　陈瀛洲　秦　华　关海清　王永江
  袁金凯　绍　英　冯德麟　孙烈臣　刘恩格

王乃斌　曾有翼　赵连琪　马泮春　邴克庄
陈兴亚　王大中　恩　泽　苏毓芳　张秀奎
刘兴甲　张炳炎　翁恩裕　杨书升　陈克正
于国翰　孙孝宗　王之栋　魏福锡　李芳春
教德兴　林震青　姚受唐　曾宪文　熙　洽
高　崇　安海澜　董宝麟　陈国栋　陈嘉乐
高清和　杨宇霆　关文□　石　雯　王　坦
张奉先　萧德润　吉　兴　吉尔杭阿　刘世卿
王培元　鲍竹荪　丁　超　高钟清　王家瑞
陈　量　王　柏　董　曦　郭松龄　周志中
于　珍　李铭书　应善以　佟葆宸　籍汉□
傅纯璞　刘昭复　庞晋先　王恩深　马延年
王之相　程海峰　黄紫扬　张文惠　程　平
袁廷弼　马孔扬　陈树棠　赵大镇　刘文祥
薛文海　杨鸿基　□□裕　李□□　赵鸿翔
张□唐　王家鼐　戴□□　王致□　王宝贤
赵宝泰　刘景裕　范乃武　王　恺　杨晋源
那文裕　王家驹　关荣□　彭永祥　刘恩荣
徐广仁　王梦龄　于克容　左承先　常守箴
陈广德　李济东　戴趾麟　高文祚　李丙辰
衡　平　杨乃赓

第一次职员题名

　　正会长　张作霖

　　副会长　孙烈臣

名誉正会长

　　毓　朗　载　涛　色王瑞鲁部　世　续　鲍贵卿

名誉副会长

载　润　绍　英　冯德麟　三　多　张景惠

张作相　袁金铠　王永江　孙百斛　王乃斌

刘恩格　秦　华

董事部

董事部长　陈兴亚

文牍股董事　杨乃赓　邴克庄　王家瑞　杨晋源

庶务股董事　张秀奎　杨书升　张炳炎　王井柏

会计股董事　安海澜　魏福锡　赵连琪　陈国栋

事务员　孙象乾　那文裕

评议部

评议部长　曾有严

评议员　陈瀛洲　孙孝宗　高　崇　张奉先

陈克正　教德兴　陈嘉乐　吉　兴　□聿彭

林震青　高钟清

捐款题名

张作霖捐大洋六万壹千元　捐铜元壹百万枚　代捐铜元七十六万枚

鲍贵卿捐吉大洋壹万元

孙烈臣捐现大洋伍千元

张焕相捐吉大洋叁千元

胡润泽捐吉大洋壹千元

奉天省长公署代捐铜元九十八万三千五百四十二枚

旅黑龙江诸同乡共捐现大洋叁千元

本溪县署捐奉小洋贰百叁拾捌元玖角

黑山县署捐奉小洋玖拾壹元叁角

开原县署捐奉小洋五十六元五角

于冲漢　袁金铠　孙百斛　谈国桓　白永贞

李维桢　郎恩格　高乃涛　刘忠恕　李明奎

丁鉴修	宋玉奎	王承烈	陈谋治	张海珊
权 英	王翼先	袁澍棠	马仲援	孙振□
李镇东	马肃纲	孙□芳	和成麟	张德馨
赵明典	陶景琦	王佐臣	马越檀	张广绂
续 良	袁贵麟	关保寰	王启昆	黄廷桂
杨绍□	张殿安	金永恩	宋玉函	齐 贤
王 □	延 禄	唐桂林	刘玉书	才鸿倬
丰 三	郭庆麟	王崇福	杨向荣	田玉书
张仲梁	李希莲	钟 麟	永 济	赵文进
恩 三	白名显	叶义铭	哈传薪	金尚永
白明泰	孙云鸿	姚荣全	李希昶	李正嘉
徐惠卿	魏鸿胪	孙乃庚	徐德恩	白谦杰
王 琦				

以上奉天省长公署职员共捐奉大洋五百壹拾三元九角六分七厘

李友兰	白永贞	秦玉璞	王宝善	王如山
袁金铠	赵乃普	臧景祺	杨绍程	刘会津
王国藩	鹿 鸣	范先炬	王赞卿	李景唐
石之璋	佟朝春	冯景□	薛永来	张成□
徐 珍	王郁之	谭书绅	白景祥	康季封
厉维城	王承谟	黄德中	裴凤藻	林成秀
李世培	陈德懿	荣 凯	董春芳	杜作霖
李树滋	徐晋贤	王煜斌	崇振平	阎士信
陈 枢	高国柱	韩桂清	孟庆璋	王伯勋
王兰香	马恒昌	刘树棠	廖龙云	谭桂荣
张元俊	李瀚青	郝良臣	姜庆元	刘长第
吴廷奎	孙鸿谦	陈峻德	崔广琳	杨生华
曲允中	李惠人	陈王符	解忠良	金毓绂

刘家骏　孔传一　李藻芳　冬树梅　项文治
王绍先　徐之中　郭　震　李长春　侯永穌
德　全　田荵忱　刘肇宏　潘瑞符　薛殿青
滕俊升　张玉泉

　　以上奉天省议会职员共捐奉大洋七百四十六元一角

王景云　刘光黼　刘云涛　程安一　孙韵韶
王衡文　金恩祺　赵恩黼　穆文勃

　　以上奉天东边镇守使署及农业试验场被服厂等职员共捐奉大洋
四十八元八角

王奎斗　王星原　刘裕珍　魏仁昌　朱　锐
吴常绪　周作新　李宝义　晋　权　俞成桂
朱德华　王述尧　宋先瑞　曲锡桢　郑广古
张　震　田广恩　马熙卿　张元杰　郭声宣
马振海　崔作霖　张钟旭　杨承寿　丁良臣
黄朝武　张德卿　邵之禄　王翰章　高铁山
李成泰　于凤桐　杜凤翥　杨庆贤　黄文蔚
薄鸿陞　梁桂材　李正华

　　以上奉天电话局职员共捐奉大洋壹百贰拾壹元

刘尚清　彭　贤　张志良　金锡庆　李迎阳
刘昭焕　宋崧龄　马蕃冀　关广富　何治安
高藻翔　刘增祉　贾树屏　石之璋　杜先书
林曾慈

　　以上奉天东三省官银号职员共捐奉大洋九十八元五角

段芝清　孙翰儒　王炳章　金廷璧　刘焕文
张恩绪　裴焕辰　罗德林　关汝砺　李渤双
张绥成　周松庭　马昂霄　谈绥彩　张荫林
魏传衡　卜蕴珊　许庆新　佟福泽　项　昶

杨守训　许大年　李广润　那崇光　陶英奎
夏景炎　王佐臣　陈　炳　吴古愚

　　以上奉天烟酒公卖局职员共捐奉大洋壹百五十三元六角

郑宗侨　吴书勋　王凤□　李向林　张文华
温淑韫　张静贞　连淑兰　刘毓麟　乃　青

　　以上奉天女工传习所职员共捐奉大洋三十四元

孙祖昌　王朝模　崔王璿　马鸿慈　孙祖培
陶秉章　徐树楷　陈声锵　周家麟　梁国瑞
严友汉　连延明　孙鸿龄　丁桂森　郭云麟
潘锡兰　张世平　袁镇藩

　　以上奉天电灯厂职员共捐奉大洋八十九元

魁　昌　金毓崧　卢景贵　王廷桢　朱善修
高文毅　曲克宏　王锡侯　张世昌　于□汉
王遇春　陈光枢　白连三　阎家恩　康绍成
崔英年　白陞阶　那达三　阎庆彬　常恩绪
张凤韶　王之兰　王贵德　曲大钧　吴尚友
张湘洲　常　荣　李毓麟　苏乃恒　杨德裕
钟景栻　贾葆桂　苏正谊　李春祺　铁广魁
秦家瑆　王锦文　江维泉　窦汝恩　金立孚
刘伯东　刘品一

　　以上奉天本溪煤铁公司职员共捐奉大洋贰百壹拾元

吴恩培　边汉杰　窦宗俦　英　恕　黄凤阁
汪荣勋　梅香林　陈德善　李文溥　屈春麟
麟　征

　　以上奉天林务局职员共捐奉大洋四十九元

陈品一　徐郁文　王思□　黄若石　李春阳
姚煜文　赵钟诚　陈尚奎　王化纯　张　超

张宝山　陈宝贤　许承樾　李毓华

　　以上奉天安奉路警察局职员共捐奉大洋四十一元五角

刘□□　李善普　郑国书　马宝山　陈奉璋

陶景潜　孙源江　郝锡光　常锡泰　高国筠

李万言　王翰文　常守陈　孟松乔　伊文贞

景　昌　贾国纯　陈文藻　潘宜骏　金常锐

张富□　袁思九　张云山　孟文献　张殿文

佟玉祥　李凤山　傅　权　张文敏　贾长江

刘兆祥　董　和　陆继贤　陈锡九　恒　启

刘　玉　骆鹏翎　王　山　关福臣　王俊峰

杨　祥　葆　祺　张汉成　李春芳　秦郁光

裴振国　胡效德　锡　昆　王云青　李富春

聂辅臣　桂自荣　王庆山　祁沛霖　薛明三

赵　为　耿熙钧　康　绪　杨毓盛　高柏林

许承□　丁继中　王有台　姚舜襄　朱永春

傅魁武　文　俊　汤武涉　李东华　张英溥

申祥武　田英斌　李春仁　田国权　张　翙

德仲三　王　杼　黄其昌　徐泽溥　韩　钧

袁金□　连　增　刘际昌　金贡九　戴天□

王振铎　孙廷弼　李荫祖　马鸿润　伊　纯

惠蕴贤　祁德骏　吴庆贞　张　陟　王振卿

　　以上奉天警务处职员共捐奉大洋三百八十二元三角

于子山　高庆云　吕春毓　佟盛贞　李春□

赵长生　王庭芳　郭永春　郎秉忱　王明远

袁维振　关朝钧　王栋臣　娄汉廷

　　以上奉天辽河水上警察局职员共捐奉大洋六十三元四角

王乃斌　袁澍棠　富维清　王绪昌　王士杰

王春芳	孙荃芳	王葆璋	李向流	郎鸿韬
魏渤海	张鸿志	李文华	王宪文	尹书贤
何玉有	佟常凯	关成凯	魏连元	赵东霖
张裕焕	薄鸿陞	王明□	何羡三	颜之材
董华珍	李钟芝	周　彬	李荣生	李雨春
刘润之	周际昌	韩世昌	吕继纯	关隽臣
常思寿	王松龄			

以上奉天清乡总局职员共捐奉大洋贰百贰拾陆元捌角

曾有□	文纯锡	赵□□	李遇棠	郭永泰
刘守荣	贵　筠	胡恩纶	慕开典	戴联芳
马声元	程自福	刘崇和	那英荃	王赓尧
崔明珍	蔡向乾	陶黉兆	李朝荫	田钟华
任安郡	牟维新	王　□	周述彭	徐文铎
王世儒	张恺龄	刘业汉	谭金铎	张凤岐
张承烈	郭永纯	陈永祚	王受之	陶魁贤
吴永涛	刘瑞煌	翁荣春	乔镇□	王衍芳
姚克沂	王仪孔	董德兴	乔树东	吴桂山
郑汉臣	赵文陞	姚文坛	刘尔昌	赵明良
杨巨芳	黄瞻前	郭桂森	赵文会	洪士英
赵鹤书	李遇时	郭汾沂	孙振□	

以上山海关监督公署职员共捐现大洋贰百五十七元六角奉小洋六十八元一角二分

张作□	□　洽	吴文田	白赓都	王玉琳
陶伟铎	马绍融	李光祖	王大中	宋常延
常尧臣	汲绍宗	乔赓云	宋绍棠	邱钟岳
刘继荀	郝玉铭	俞德荫	霍绍元	钱维新
王桂臣	王镜波	王振廷	谢恩荣	刘　□

宋汝贤　洪维国　冯荫树　陶　靖　王宗承
杜承恩　丁鉴修　姜庆宗　张志良

　　以上东三省巡阅使署职员共捐奉大洋六百九十七元

秦　华　乔赓云　白赓都　梁□□　张□□
刘文清　王□□　俞恩桂　母长祥　韩保春
姜毓亭　景　福　陶治平　富葆康　郝玉铭
□国藩　霍绍光　金恩祺　高尚志　关书伦
刘郁文　陈恒九　张国华　殷彭寿　杜文□
张志良　马崇恩　冯□□　□　廉　爱由勒武珪
任朝武　常　胜　赵玉良　赵长魁

　　以上奉天督军公署职员共捐奉大洋柒百壹拾壹元

陶治平　马云桥　□　瑞　张凤岐　□　康
赵文惠　申宝霖　金恩奎　胡绍彭　潘会五
刘保勇　刘万清

　　以上奉天军械厂职员共捐奉大洋壹百零五元

吴嘉宾　孟宪臣　何长海　陈恺三　刘鸿章
孟昭泰　岳　峻　霍学龄　关明启　赵玉顺
戴玉金　雷湛霖　张海山　文　凯　董国华
杨凤翔　张德山　恩　增　王鸿基　傅程九
周凤岐　褚魁文　邰汝□　吴会廷　赵得禄

　　以上奉天右路巡防队官佐共捐奉大洋壹百四十壹元五角八分

王铁铮　张维翰　施□□　□□魁　常玉林

　　以上奉天宪兵营官长共捐奉大洋贰拾玖元零陆分贰厘陆毫

《拓本汇编》第98册第108页。《北平奉天会馆碑记》碑阴。原无题，题为点校者所加。

河南省

共 5 座

重修中州东馆碑记
重修中州东馆乐输题名
重修开封会馆记
重建嵩云草堂记
创建北京正阳县会馆记

重修中州东馆碑记

乾隆五十六年（1791）

京师会馆之设，未知所自始，考汉唐迄宋，不见载籍。余数经过汴梁、洛阳及关中，皆汉、唐、宋建都之所，亦未闻有①会馆建而圮、圮而复者，则宋以前无会馆可知矣。今之京师为金之中都，元之大都，明世永乐自金陵迁于此。金、元之名胜寺庙，其兴替多见之碑记。即无碑记，亦有能指其处而道之者，独会馆亦无言之之人。然则会馆之最久者，自由明季始耳。虽其名无所昉，第以此为计偕入都者息肩之所，俾寒士远至如归，而一省一州一邑之人，咸会于中，是亦广厦覆庇，共敦梓谊之意②，斯可尚矣。

今一省有一省之馆，一郡有一郡之馆，亦有一县一馆，数县合一馆，甚至一省数馆，而一郡一县亦有数馆者，可见太平之世，人士之辐辏，而皆得适馆焉。吾乡在明季有二馆，一在太仆寺街北，一在东江米巷南，岁久不复存。国朝顺治十四年，都谏张谯明、许傅岩倡义，合乡之筮仕中外者，买宣武门外银湾曲梁司农公③别业，创建中州会馆，少宗伯河阳薛行笃④撰文纪其事。康熙十八年，都谏王君子厚又倡议合同乡而重修之，睢州汤文正公作记刊石。嗣则岁久倾圮，仅存门面数楹，乡人名之曰旧馆，此其一也。其建于乾隆三年，在菜市口南绳匠胡同内，名曰中州新馆。首事则仓场少司农新安吕松坪⑤，少宰上蔡程冠文，少银台商邱陈勉夫。其名新馆者，以对旧馆而言也。往岁丁丑、戊寅间，有袁名齐敞者，睢州进士；周名廷佐者，济源明经，均谒选在都，以吾乡之公车来者，旧馆既无可住，新馆亦不足以容，因与余及汝阳宗侄绍南商之，并谋于居官京外之籍隶中州者，买骡马市大街北，海宁陈太史扬对⑥故居，改建此馆，因新馆在西，故署名东馆以别之。嗣余由部曹历官秦、晋、吴、会间，后由江苏臬使奉命入佐秋卿，丙申、丁酉之岁，见馆宇日就颓坏，时蒋霁园官御史，主馆事，相与谋曰：此馆建立二十年，且原买本系旧房，中间虽时有修葺，不过补其坍缺隙漏而已，终未能一律更新，是应亟为重修。因先谋之官京师者，吴香亭时官奉常，首解百金，馀皆从厚欹肋，并致书于吾乡之官外省者，亦各踊跃捐输，遂通前后拆卸而重修之。每一楹俱用板壁隔断，各安门窗，俾一人可住一间，而欲住二三间⑦者亦无碍，皆兵部主政张霖苍督作之力。是举也，拆用旧料者十之四，更换新料者十之六，而添补尤多，计费二千九百馀金。自此，不惟贡举入都者有所安身，而凡来应试者皆可托足，若非乡、会科之年，即守部谒选者，亦得假寓其间矣。

伏思读书之士，恭逢右文之时，云集风从，共来辇下，既栖息之得所，当磨厉以自须。惟愿至是馆者，独居则敬以修身，如临师保。群处则文以会友，毋即慆淫。务爱众而亲仁，勿党同以伐异。《经》云：维桑与梓，必恭敬止。登斯堂而从事斯语，庶可仰副作人之雅化而无负当代之旁求焉。至于岁时伏腊，合祀乡之先贤以志景行，薛宗伯则推胜国李文达、刘文靖之相业，顾礼卿、轩惟行两都宪之清直，马端肃、许襄敏之事功，何文定、崔文敏之文章气节。而汤文正公又益以理学名臣，若唐之韩昌黎，宋之二程子，元之许文正、姚文献，明之曹正夫、尤季美、孟叔龙、鲁郑卿、吕叔简、吕忠节、贺景瞻、刘文烈诸公。是皆河岳之间气为师表于后世者，诚能学其所学，而行其所行，不隳先哲之遗教，勉进职业，以报朝廷之知遇，不徒在息旅肩而敦梓谊，是又仕与未仕者，皆当努力而共勉之。馆成数年，碑记未就。因余粗悉此馆之原委，属记其事。余不敢以不文辞，因述其颠末而为之记。其乐输姓氏银数皆列之碑阴焉。

钦赐荫生诰授光禄大夫太子少保刑部尚书光山胡季堂撰并书

乾隆五十六年岁次辛亥十一月壬申朔建立

校记：

① "亦未闻有"：《培荫轩文集》（下简为《文集》）作"亦未闻传有"。
② "意"：碑刻拓片模糊难辨，据《文集》补入。
③ "曲梁司农公别业"：《文集》作"曲梁唐僖公别业"。
④ "河阳薛行笃"：《文集》作"河阳薛君"。
⑤ "吕松坪"：《文集》"吕"后空白。
⑥ "对"：碑刻拓片漫漶，据《文集》补入。
⑦ "二三间者"：《文集》作"二间、三间者"。

《拓本汇编》第75册185页。拓片编号：京7079。通高197厘米，宽80厘米。额篆题："重修中州东馆碑记"。碑尾左下一行小字："刑部律例馆供事袁治镳"。碑在北京市西城区骡马市大街。此碑记又见胡季堂《培荫轩文集》卷一。（《续修四库全书》第1447册，第343—345页。）

重修中州东馆乐输题名

乾隆五十六年（1791）

太子少保刑部尚书胡季堂捐银壹百两

翰林院检讨前兵部右侍郎吴玉纶捐银壹百两

大理寺卿蒋曰纶捐银五十两

顺天府府尹莫瞻菉捐银八两

贵州巡抚陈淮捐银贰百两

两淮盐运仓圣裔捐银贰百两

翰林院侍读前侍讲学士彭冠捐银三十两

翰林院侍读前侍讲学士陈崇本捐银五十两

翰林院编修仓圣脉捐银八十两

翰林院编修吴鼎雯捐银十二两

翰林院编修祝孝承捐银八两

翰林院编修吴恒捐银六两

兵科给事中李炤捐银壹百两

掌江南道监察御史李□捐银十二两

掌江西道监察御史高三□（畏）捐银三十二两

掌陕西道监察御史前湖南学政□（许）云栋捐银壹百两

监察御史曹坦捐银五十两

吏部郎中蒋予蒲捐银十二两

吏部主事胡钰捐银八两

吏部主事周理捐银六两

户部主事赵三元捐银六两

礼部郎中卫谋捐银五十两

礼部郎中李奕畴捐银六两

兵部员外郎张宏猷捐银十二两

兵部主事王中圩捐银十二两

刑部郎中阎曾履捐银十二两

刑部主事李坚捐银十二两

刑部主事吴同和捐银四十两

刑部主事徐森捐银六两

刑部主事郑敏行捐银六两

工部主事戴书绅捐银十两

内阁中书王中地捐银十二两

太常寺博士仓思震捐银八两

顺天府通判刘壮捐银六两

西城正指挥赵遵律捐银四两

直隶广平府知府张长庚捐银壹百两

　子牙河通判颜天荣捐银二十四两

　延庆州知州纪闻歌捐银五十两

　冀州知州申允恭捐银贰百两

　蔚州知州张天相捐银壹百两

　开州知州常懋敬捐银五十两

昌黎县知县刘崧岳捐银四十两

元城县知县王体泰捐银五十两

怀安县知县徐青捐银四十两

平谷县知县朱克□捐银二十两

井陉县知县毛哲捐银十两

广平县知县张敷华捐银八两

蠡县知县曹琊□捐银十二两

江苏淞江府同知柳在夏捐银十六两

扬州府同知曹芝田捐银三十两

盐城县知县康杰捐银壹百两

溧水县知县杨鼎捐银十六两

宝应县知县吕燕昭捐银壹百两

试用知县高伯阳捐银八两

淞江府府知事王周召捐银二两

安徽含山县知县乔维□（镛）捐银五十八两

青阳县知县□（周）中□捐银四十两

建平县知县周作润捐银三十四两

英山县知县晁月令捐银四两

太和县知县杜开元捐银七两

试用知县张士元捐银二两

江西九江府同知李洗心捐银壹百两

兴国县知县卫时敏捐银五十两

铅山县知县沈士玉捐银三十两

安远县知县马龙旂捐银二两

试用知县杨文峰捐银二两

试用知县宋广□捐银二两

试用从九品刘锡彤捐银二两

浙江海防同知刘雁题捐银壹百八两

　　奉化县知县李溥捐银六十两

　　定海县知县王廷勋捐银四十两

　　金华县彭载□捐银十二两

　　会稽县知县孙存礼捐银十四两

　　天台县知县李廷兰捐银十二两

　　松阳县知县韩清乾捐银四两

　　新昌县知县任泽和捐银八两

　　试用知县李宗建捐银十三两

福建福宁府知府甄时济捐银壹百二十两

　　兴泉永道胡世铨捐银壹百两

　　安襄郧道田凤仪捐银七十二两

　　南靖县知县张玺捐银十二两

　　长乐县知县宋宜诚捐银十二两

　　闽清县知县王文瑜捐银八两

　　政和县知县蒋周南捐银六两

　　试用知县王谏捐银二两

　　试用知县郭廷魁捐银八两

湖北□县知县常□捐银二两

　　建始县知县赵源生捐银六两

　　嘉鱼县知县贺祥捐银六两

　　黄安县知县王承铨捐银四两

　　汉川县知县董世臣捐银六两

湖南慈利县知县刘锡丹捐银三十两

　　衡阳县知县许凝道捐银四十两

　　益阳县知县吴作睿捐银六两

　　黔阳县知县姚文起捐银八两

辰溪县知县杨义言捐银四两

试用知县卫际可捐银二两

试用知县陈步蟾捐银四两

山东肥城县知县杨续时捐银八两

利津县知县陈灿然捐银八两

朝城县知县程良傅捐银八两

泗水县知县滕元震捐银二两

博山县知县武亿捐银八两

黄县知县傅试万捐银八两

候补知县王宜表捐银八两

盐大使侯典捐银二两

山西潞安府同知陈万吉捐银五十两

解州知州胡龙光捐银十六两

介休县知县吕公滋捐银壹百两

怀仁县知县祝□枫捐银三十两

灵石县知县蒋荣昌捐银八两

怀仁县知县王简捐银四两

洪桐（洞）县知县张西铭捐银八两

芮城县知县孟传辉捐银八两

直隶州州判姬永泰捐银四两

试用知县孙多捐银二两

陕西潼商道吴延瑞捐银三十两

宜君县知县李印川捐银十二两

永寿县知县孔广□捐银十二两

四川按察使司闻嘉言捐银五十两

试用知县卫筠□捐银二两

试用知县许天泰捐银二两

高廉道卫□捐银壹百两

儋州知州彭映辰捐银八两

海康县知县孔传胪捐银二两

翁源县知县王辛捐银五十两

吴川县知县周嘉会捐银二两

试用知县李敬敏捐银二十两

试用知县许永捐银二两

试用知县□曾步捐银二两

广西怀集县知县赵价捐银八两

阳朔县知县陈之翘捐银八两

云南广通县知县张志学捐银二两

试用知县戴书丹捐银一两

贵州都匀府同知凌浩捐银五十两

镇远县知县张达览捐银四两

拔贡生候选州判胡瑛捐银二两

候选州判马昶捐银二两

候选训导郭浶捐银二两

候选知县周于丰捐银二两

浙江乐清县知县祝雯彬捐银四两

陕西咸阳县知县吕燕谋捐银四两

浙江严州府知府张愈聚捐银贰十两

候铨□县戴锡纶捐银贰两

浙江台州府知府陈万吉捐银二十两

翰林院庶吉士祝曾捐银四两

兵部七品京官□□□捐银四两并书

《拓本汇编》第75册第186页。《重修中州东馆碑记》之碑阴刻石。

重修开封会馆记

光绪十年（1884）

吾郡为中州首区，人文蹱起，骎骎焉日见其盛。而都门会馆则日形其□□也。□□时张□□□先达念同乡京官无燕议所，又谒选暨赴春秋闱者，下车皇皇，问馆舍旅□□为艰虞，乃倡议酬金买贾家胡同南头顾姓民宅为开封会馆。就中地势卑下，房屋参差，且大门平平，不壮观瞻。虽经□□樵诸先达于道光初年鸠金修葺，而内外规模悉仍旧贯，固未之□易也。□□□□职时，屡闻形势家言，谓此馆卑下者宜隆起也，参差者宜整齐也，平平者尤宜矗矗而高耸也。于是□门□□□□明心。窃匙之，谋诸同人，佥以为然。顾需费不赀，议辄止。迩年以来，风雨飘摇，渐形□□，同人复议兴修。予曰，补苴罅漏，暂安一时耳，何如改弦更张，以兆人文，则世世之福也。吾侪盍起为之，于是□□内外官各踊跃捐廉，欲成斯举。正拟□吉兴工，而馆值张子骏侍御旋里，予亦奉命备兵于闽，前议几寝。无何，侍御复入都，遂独任斯役。庀才鸠工，折衷形势家言而审其句方，培其基址，等其次第，高其闬闳，轩轩然大观矣。馀务未竣，侍御竟以病告归，□□□□□□□，美轮美奂，大起宏规，吾郡之人运文运，有不蒸蒸益日上乎哉。所□诸同人言念此□，守彼条规，更望后之君子，因时补修，垂诸久远，是则同郡之光，抑亦私□之幸也。是役经始于壬午二月，落成于癸未正月，计縻费贰千叁百陆拾两，爰志其颠末，并以题捐者姓名附列焉。

光绪十年夏日郡人福建兴泉永兵备道前广西（下漫漶不可辨）

冬日己亥恩科举人（下漫漶不可辨）

《拓本汇编》第85册第159页刊拓片。拓片编号：京7063。拓片碑身高100厘米，宽57厘米。额高17厘米，宽12厘米。隶书题"永垂不朽"。此拓片漫漶难识，碑记作者姓名已无可辨识。据《拓本汇编》之说明，为孙□昂所撰。碑在北京市西城区宣武门外贾家胡同。

重建嵩云草堂记

民国五年（1916）

中州之有乡祠也古矣，重修于康熙十八年，汤文正公为之记。其南有嵩云草堂者，崇墉雕甍，地广于祠可数倍，盖光绪初豫人官京师之所建也。其时袁文诚公督饷务，首斥钜金为之倡，事乃举，毛文达公记之。迄于今，垂数十馀年矣。前清末造，设法政学堂以课豫之子弟，民国初元仍其旧，而规模之狭隘者、学科之窳败者，益振兴而光大之，骎骎乎有菁莪丰芑之盛焉。去年秋，忽不戒于火，图书房舍，悉为煨烬。曾不俄顷，而向之盛者，已如尘沙积劫，不可复睹。茂草莫翦，像设不陈，馨欬如闻，弦诵斯寂，同人等咸忧之。乃寛尤引以为大戚。夫河南居中夏之中，地形四达。九州之有河南，犹一身之有腹心也。嵩山为五岳之一，拔地摩天，崭岩耸秀，阙塞万安，辕辕猴氏，首尾盘屈，若拱若拊，绵亘数百里，世所传嵩阳三十六峰者，天地造物之奇极焉。斯堂之存也，所以标腹心之重，山河之异，而使人增桑梓之恭也。百馀年来，风流弘长，乡之先喆，靡不有事于此，后起者不能踵事而增饰之，奈之何，及吾身而亲见其燼也，邦人何以观焉？于是张公镇芳、曾公述棨，慨然以兴复为己任，奔走相度，擘画钩稽，鸠工庀材，计日程役。凡费钱数万缗，历时阅数月，而堂庑廊舍焕然重峙。既落成，乃宽言曰：昔袁文诚、毛文达居鼎盛之时，当休明之运，或雍容殿阁，或扬历军戎，风规羽仪，肃穆映望，芒寒色正，如斗杓之在天，一言造端，则举世风靡，其有所缔建，宜乎卓绝而宏远也。今者神州陆沉，邦国殄瘁，昌黎所谓公私扫地赤立，新旧不相保持，是不特文章资地，与前贤相悬绝，迹其遭际与世运之升降，亦奚可同日语也？而二公者，不自暇逸，俛勉规画，卒溃于成，乃宽得相与以终始其事，使前贤之遗风馀烈不泯没于□禩，其用心之苦，成就之劳，为何如哉！后之登斯堂者亦可以观感而兴起矣夫。丙辰九月正阳袁乃宽记。

《拓本汇编》第91册第130页。拓片编号：京10085。拓片高34厘米，宽69厘米。碑在北京市西城区上斜街。

创建北京正阳县会馆记

民国十六年（1927）

　　正阳居豫南中心，风俗淳朴，民康物阜。近来交通便利，风气渐开，负笈北来，踵迹相接。袁秉成绍明公念济济多士，停居无所，爰于民国八年提议创置正阳县馆于京师，饬邑人赵君宪章董其事，募捐购房，迄民国十年三月始告成。其地址位于宣外教场五条。原有破烂房拾肆间，复经大加修葺，所有房价及重修工料，置办家具，勒石等事，共用银洋贰仟肆百柒拾肆圆捌角。兹将收支数目开列如次：

计开　　收捐项下
　　　　袁绍明捐洋壹仟贰百元
　　　　袁文彦捐洋叁百元
　　　　陈守谦捐洋叁百贰拾元
　　　　熊文朗捐洋叁百元
　　　　张培荣捐洋叁百元

刘鸿钧捐洋壹百元

赵宪章捐洋壹百元

黎密捐洋玖拾肆元

叶培莹、叶培露捐洋叁拾元

袁其昌捐洋贰拾元

阮士林捐洋贰拾元

李豫杰捐洋贰拾元

皮祥麟捐洋拾元

刘国仁捐洋拾元

张丙午捐洋拾元

张荣光捐洋拾元

  以上共收捐洋贰仟伍百贰拾肆圆①

支出项下

一支房价洋壹仟玖百伍拾元

一支税契凭单中费洋玖拾捌元五角

一支修葺工料洋贰百捌拾元

一支家具洋壹百贰拾肆元叁角

一支勒石工料洋贰拾贰元

  以上共支洋贰仟肆百柒拾肆元捌角

  除支下馀洋肆拾玖元贰角

附管理规则六条

一同乡公举正副董事各一人，三年一任。

一董事负保管契据账项家具之责及管理全权。

一住馆以本邑人为限，但初住时必须经董事许可。

一住馆人须遵守馆章，不准贴挂医卜星相营业招牌。

一住馆人不准携带眷属，并不准将家具出借馆外。

一住馆须每人每月纳租费洋五角，以备养馆之用。但初住时先交一月租费，嗣后按月计收。

提议发起人　袁绍明

　　　　　　叶培露
创建经手人　赵宪章
　　　　　　阮士林

民国十六年□阳月　谷旦

校记

①按：收捐总数未计陈守谦所捐320元，其姓名、捐款数额应为后刻，故未计入。

《拓本汇编》第95册第118页。拓片编号：京10052。拓片高40厘米，宽116厘米。石在北京市西城区教场五条。

陕西省

共 8 座

三原新馆碑记
华州会馆唱和诗
重修朝邑会馆碑记
重修朝邑会馆碑记
朝邑会馆捐款题名记
朝邑会馆记
三原南馆记
创建商山会馆记

三原新馆碑记

康熙四十六年（1707）

事有创有因，创者前人之所难，而因者今人之所不可废，要自为所当为，亦勉其所能为者而已。三原旧有会馆在虎坊桥北，乃前户部尚书温恭毅公所置也。历久不废修葺，邑咸赖之。原固关中文风丕盛之地，恭逢圣天子雅化作人，累洽重熙，士气蒸蒸日上，每届宾兴令典，登贤书者多至十馀人或四五人。而公车北上，行李骈辏，往往人浮于地，出而僦居者有之。夫前人创之，而后人不思所以因之，非此邦士夫之责欤？余等和衷共议，爰出俸赀千金，副置新馆九楹于宣武门外将军教场头条胡同。藐兹数椽，僻处隘巷，他日诸君子翩然至止，来者如归，不至有旅况僦居之苦。以视旧馆，地不相属而心相接矣。若夫增华式廓，则地基固多空隙，请以俟诸异日焉。至基址丈尺，及屋宇檩次，皆不可不书，统泐石以备稽考。是为记。

乾隆四十六年五月邑人□□济、□□演志

《拓本汇编》第74册第95页。拓片编号：京10050。拓片高64厘米，宽33厘米。额高15厘米，宽10厘米，正书"碑记"二字。

华州会馆唱和诗

康熙四十八年（1709）

华州馆

建馆京畿止华民，永同万户卫枫宸。
祠栖大帝钦忠汉，亭萃英豪可显秦。
门外天街熙穰盛，碑间史传创垂真。
咸□□□□□，□绍前□□□。

康熙己丑郡人刘肃书

华州会馆

建馆都城自昔贤，碑镌姓字□绵绵。
门迎御道连□□，□拱神君镇万年。
□□□□朝日近，还着郡士到云边。
鸡栖愧我终无补，愿赋数言和大篇。

《拓本汇编》第66册第135页。拓片编号：京10081。拓片高34厘米，宽75厘米，石在北京市西城区南柳巷。第二首《华州会馆》为陈恪和诗。末句下有单行小字注，漫漶莫辨。落款"陈恪"二字尚可见。题据《拓本汇编》。刻石时间未详，《拓本汇编》作康熙四十八年。

重修朝邑会馆碑记

嘉庆七年（1802）

朝邑会馆创自含朴党公，□于完我郭公，前碑载之详矣。乾隆六十年，闫公庭绍世□□□□□□□士杰，李渔亭天育，不靳重值，购买房舍，规模弥觉宏敞。嘉庆辛酉夏，霖雨四十馀日□□□□□□共捐囊赀，鸠工重修，于壬戌七月中旬告成。新修上房六间，厢房四间，共计费用六百七十□□□□先相承，永得所□。是为记。襄事人仝立。

襄事人　王命邵　侣均正　李作梓　翟用仪
　　　　雷焕章　谢述孔　李元春　何□□
督工人　李天信　王□栋　陈绍周　李天彪
嘉庆七年岁次壬戌七月吉日　立

《拓本汇编》第77册第116页。拓片编号：京7169。拓片连额通高115厘米，宽45厘米。正书。额正书"皇清"。碑在北京市西城区前孙公园胡同，正文后刻捐款题名百馀人。大多漫漶难辨，略。

重修朝邑会馆碑记

嘉庆八年（1803）

　　朝邑会馆，由来尚矣。嘉庆辛酉岁，雨连旬，房屋半圮，邑诸公捐赀修葺，复建上房廊舍数间，规模遂宏敞焉。癸亥春，□侯谢公玉原抵都，视馆中房宇建修各勒贞珉，因叹前人始谋之善且多，诸君子之能代兴也。惟正厅一所，向供关圣帝君，渐就倾落，目睹恻然，谢公出白金三百馀两以重修之，增祀文昌、奎星二尊神，而襄事者赖陈公绍周、周公来祐力焉。又建亭于前院，后添厢房二间，重修二门，庶公车戾止，弥称爽垲云。

候选州吏目邑人王栋撰并书

嘉庆八年岁次癸亥孟秋　吉旦

《拓本汇编》第77册第116页。拓片编号：京7169。拓片连额通高115厘米，宽45厘米。正书。额正书"皇清"。碑在北京市西城区前孙公园胡同，正文后刻捐款题名百馀人。大多漫漶难辨，略。

朝邑会馆捐款题名记

嘉庆十六年（1811）

　　乾隆五十五年，因本馆前院西厢三间倾圮，当时在京师者公议捐资重修，刘公名甡，捐纹银柒拾两，雷公名大烈，捐纹银柒拾两，萧公名纯，捐纹银柒拾两，俱交侍卫李公名作枢经理。五十九年，前院东厢三间倾圮，李公名天育，捐纹银肆拾两，刘公名重庆，捐纹银壹百两，并渠各典铺共捐银壹百柒拾两，交闫公名绍世、周公名士杰经理，其馀捐资姓名，缘乎人俱已作古，难以悉记，谨据所知者公同勒石，以垂久远云。

嘉庆十六年三月吉日公勒

朝邑会馆记

道光三十年（1850）

道光己酉春，□公省轩以其子□□□□敬□书来，谋修京师□□□□捐金为□□□合□□□□□初第□□□园□□约□□□□邑□少轩主其事，既□□□□丹初又致书宦外诸□又□所捐□，又自邑延□君□□□理之，□基址□木石庀□瓦□匠作，经始于是年八月，三阅月而工成，公车□咸称□□略□旧而局势焕然。又馀千二百金，省轩图营息为会试者公用，事定，将□碑，丹初复来书，欲余为文，余方修邑志不暇，久乃应之。夫会馆以妥公车，然非徒妥其人也，学之三年，试之一时，毕生之志见于此，即终身之业兆于此。《易》曰，观国之光，利用宾于王。光何以观，王何以宾，此儒生之荣，非儒生所可易言也。京师华□地，亦首善地，繄古人物无一不出其中，视人之志□如□，余于邑立文会，意在讲□学，不囿于学。学术不误，斯事□不□本□始终一以贯之，此□所□见□□同人质者，今老矣，未□复兴有造有德之列。然昔立文会，今修会馆，幸皆得附□敢□同人曰，昔冯□墟既贵，□与□南□等筑书院，日讲学，□仕不废，学正为政之本也，况□方□仕者哉，自吾邑走京师二千馀里，□纡青而拖紫大不□临□才，□自有馆，一如在家，□借□停□，人又非湫隘嚣尘不可以居，何幸如之，而忍弗自励乎。学以静为主，绝奔竞、屏繁华、养心律身，莫此为先，而各得安栖，弋科名真如拾芥矣。更敢告曰，现宦京者不一人，即如京者东道也，而皆有其所当勉。馆在臧家桥，地邻孙公园，园有富平馆，孙少宰襄毅故宅也，园即以襄毅名。地因人传，斯并传而不朽。余每过，私心景仰，以为是亦吾邑韩恭简一辈人。今仕此者与试此者，不均当心企耶？企而至，是为吾馆光，即吾邑光也。然则丹初仕，遽倡修馆，亦可谓知所先务矣。忆修馆在余始试礼部时，去今五十馀年，衰朽之身犹存，诚出望外，而以己所未能者，望之后进英流，亦不可谓非公心也，其捐助姓名与出入缗数，并斋舍房间，具得书后以告来者。

道光庚戌十二月　八十又三老人时斋李元春撰　丹初阎敬铭书

三原南馆记

光绪六年（1880）

吾邑赴礼闱试于京师，始前明恭毅温公，继国朝平乐太守□□李公，暨刑部副郎源□胡公，在虎坊桥北为之馆，在宣武门右为西馆，历三百馀年所矣。每届至多十馀人，宜无不容，然岁不□，主不常，经风雨之飘摇，□□然所建□朽□倾圮，二馆□不逮一馆用，李勋臣太守悼焉。勋臣者，即平乐太守公之曾孙也，又以其□□□□公官□□时所寓宅复建为南馆，并载入邑乘，二区基址悉详碑记，彼温公、李公、胡公，名臣矣，□吏□斤斤焉。加意于馆，其志固有在也。创之继之，欲寄此志，而蒙此庇者不志其志以使□□□□□视馆已无以对前人，甚或侵蚀盘踞知馆之利而不知以馆利士□□则其得志所设施将愈不可问。一馆之忧□其□焉者也。上栋下宇，前人之志固载于馆□□□□□而目之不得诿为不□不明□而□□而乐志之以垂久远，抑果何人，则吾辈与有责焉，后之踵事者将无负前人之意也。则□□昔官京曹者，为刑部郎中胡砺锋，员外郎史致沄，官直省者为兴化知府梁□先，潮州通判王松龄，灌县知县□□□，兴文知县常侗，竹山知县周士桢，需次谒选者为前广南知府□（宝）凤林，会试至者为□□□□□□□□张集庆，张维城，王长

（以下碑右刻会馆房间数，漫漶模糊甚，略）

大清光绪六年四月初□日立

《拓本汇编》第85册第9页。拓片编号：京7936。拓片连额通高136厘米，宽48厘米，额正书"昭兹来许"。碑在北京市西城区骡马市大街潘家胡同。

创建商山会馆记

民国十六年（1927）

京师为海内人文仕宦所萃，各直省及郡邑多建会馆以托行李，联梓谊，其来旧矣。即以吾秦论，为省馆二：曰关中、曰关中南。郡馆七：曰汉中、曰延安、曰榆林；若凤翔、若兴安各有二。兴安近鬻其一。州县馆十有九：曰华、曰富平、曰大荔、曰郃阳；若咸长、若朝邑、若蒲城、若韩城，各有二；若三原、若渭南各有三。渭南则一毁一鬻，今仅有一矣。若泾阳则典偿夙负矣。一会馆之微，其兴废靡常若此，讵不在人哉。吾商于旧制为直隶州，辖雒南、镇安、山阳、商南四邑，地非甚僻瘠，第以无久宦京朝及贤牧令相与主持筹措其间，故自北京建都五百余年，会馆尚阙如。凡计偕入都，率寓省馆，否则赁舍居，于寒畯殊不便。光绪甲午，合属公车上春官者九，至稍后，两省馆无容足地，时晏海澄院丞久官农曹，余亦厕词垣五载，相与咨嗟太息，愧弗若人。爰公函致告州直牧保山李少白先生，乞筹三千金为建设赀。先生贤有司也，以经始故，亦未敢多请。余于先生居弟子列，特上一笺，陈乞如前。五阅月，复书偕三千金至。盖先生首输五百金以为绅民倡，遂得六千金，而留其半建两省试馆于贡院之东西，并亲为篆额，亦何嘉惠商人士周至若此，伊可感也。值中日战起，院丞参戎幕出关，都下汹汹，因不暇及买宅事。明年院丞还，余又乞假归觐，迄丁酉入都，乃购得老屋一区于宣南老墙根炭礶库之右，直罄所筹之数，而以修葺之役畀余。秋九月，始克鸠工，迫寒冬，费又绌，仅改作前七楹，馀略事补苴，兼备器用，已耗六七百金，而设法弥其不足。劳无可言，独以拙直，视公犹己不少假，几与售主构讼，工头又被唆使肆刁难，送城坊惩创乃已。及今回忆，殊滋惭悔①。次年春闱陈筱坞大令寓此获寯，是为有商山馆之始。嗣礼闱借汴，旋停科举，公车不复至。甲辰、院丞及余先后忧去，比院丞服阕，来寓其间，复以已赀二千数百金改作中后各六楹，前院东西各四楹，馆前隙地增厩室五。宣统庚戌，余至都，又增后院平房四，遂改前观。辛亥，武昌变起，都中秩序乱，凡会馆基余②多为乡人攫去，甚且鬻而分其直，吁可慨已。而商山馆如故，固由无积金，抑非属人士念前徽，重公益不至此。保山先生即世在丁酉八月，惜不及见此馆之成。今院丞云亡又将十稔，余亦衰落，大惧昔贤勇义之盛美弗彰，缕述缘起，勒诸贞珉，庶来者有考焉。抑又闻之，有功德于民则祀，保山先生遗爱在商，固已家家尸祝③，政绩今列清史循吏传，无俟赘述。惟筹建会馆一端，其大庇旅京人士者，功亦不可没。前已建龛设主馆前院，于每岁六月十九先生诞日集而致祭。兹复采众议，以院丞并祀，盖前劳不可忘，兼为后起劝也。虑始难，图终亦不易。自丁酉迄今，瞬历卅载，馆事悉付余经理，及时修缮，先后筹垫，亦逾千金，幸未倾圮。今老矣，无能为役，有举莫废，是所望后来诸君子。时襄同立石者杨诗□、马□、晏树昌、刘佩瑢、阮大振④、刘汉文、阎应奎、强玉杰、王维乾、陈柏顺，皆商人，例得备书。丁卯秋九月，山阳吴怀清撰并书。年六十有七。

大兴陈云亭双钩刻石

校记：

① "惭"：《集成》作"渐"，误。
② "余"：原刻如此。
③ "尸祝"：《集成》作"尸视"，误。
④ "阮大振"：《集成》作"阮太振"。

《拓本汇编》第95册第116页。拓片编号：京10069。拓片高43厘米，宽119厘米。碑在北京市西城区老墙根街。

浙江省

共 12 座

重修全浙会馆记
重修全浙会馆捐资题名
重修全浙会馆碑记
重修全浙会馆捐助题名
山阴会稽两邑会馆记
浙江会馆捐款题名
宁绍乡祠岁修碑记
睎贤阁记
修禊堂记
杭州会馆记
改建嘉兴六邑馆碑记
重修上虞会馆记略

重修全浙会馆记

雍正十二年（1734）

　　全浙之有会馆也，给事赵公寄园暨其孙鹤皋之所创起也。数十年间，一毁于火，再毁于震，向之修甍画栋，忽变而为废址荒墟矣。语云：莫为之后，虽盛弗传。其洵然欤。予以非士制抚浙之十一郡。辛亥冬，会以事来都入觐，过其地，辄为感慨歔欷者久之。而少詹圣湖姚公，孝廉荆山潘君，方有更新之志，来请于予。予遂与二公黾勉同心，经营擘画，首捐金以为倡，并驰书告浙之僚属及缙绅先生，相与共成斯举。不数月间，乐输之金云集，爰命梓人，鸠工庀材，率作兴事，并嘱住僧静山，使董其成云。计馆之始基，自门而堂，而楼，为区凡四。今尽复其旧制，更以馀资买旁舍空地以拓其基，置佣房二十馀，以繁其息。而守是馆者固不可以露处也，为辟禅室数间，令僧静山风雨晦明，焚香备供于其中。噫！其亦可云完且美也已。

　　盖是馆之修，始于雍正辛亥，越二年而告厥成功，规模之盛，甲于京邑，其所由来，岂偶然哉。方赵公之始为创造也，仕非显宦，产仅中人，乃不惜倾囷倒囊，为旅人谋一栖托之所，斯亦奇矣。而再传后，因强梁者欲攘为己物，嗣孙鹤皋慨然念先业之就湮，遂徒步走长安，叩大吏之门而讼之，为大吏者不能白，旋复捐金三千以收复焉。此其心岂复有爱于慷慨之美名乎？直将以维古道，劝方来也。夫事莫难于谋始，而易于图终，然非此邦人士果有魁伟绝特，毅然以起衰为任者，则又视非己事而袖手旁观者，比比然矣。今少詹姚公，孝廉潘君，能仿昔贤之旧制而尽复之，抑不独尽复之而已，且相与拓而大之。噫！此足以见浙之多贤君子，而是馆之设，固将历千百年而莫之废也。遂援笔而为之记。

雍正十二年岁次甲寅正月朔日

太子少保兵部尚书兼都察院右副都御史总督直隶等处地方紫荆密云等关隘提督军务兼理粮饷加十级纪录九次又军功纪录一次彭城李卫撰

中书舍人周景柱书

江南旌德刘弘智镌

《拓本汇编》第68册第133页。拓片编号：京3516。拓片阳、阴均高162厘米，宽82厘米。碑原在北京市西城区下斜街。现藏北京石刻艺术博物馆。

重修全浙会馆捐资题名

雍正十二年（1734）

捐助各姓氏

　　　　总督李卫伍佰两　　署督李灿五十两

　　　　署抚王国栋五十两　　署布政使张元怀□十两

　　　　署按察使刘章二十五两　　盐道王钧八十两

　　　　粮道朱伦瀚二十五两　　驿道江承玠二十五两

　　　　杭州府知府□□□一十□两　　嘉兴府知府阎□□一十六两

　　　　处州府知府唐绍祖一十六两　　宁绍分司汪德馨一十二两

　　　　嘉松分司宝善一十二两　　嘉兴县知县汤友信八两

　　　　秀水县知县董□□八两　　署嘉善县知县戈鸣岐一十二两

　　　　平湖县知县□以恭二十六两　　署石门县知县刘汉儒八两

　　　　海盐县知县王仕正一十二两　　署德清县知县钱学洙一十二两

　　　　陈元龙二百两　　钱以垲五十两

　　　　俞兆晟五十两　　赵殿最四□两

　　　　姚三辰三十两　　俞兆岳五十两

吴应棻□十两　陆绍琦五两

吴关杰二两　俞鸿图四十两

钱陈群五两　沈树本沈荣仁共四两

何玉梁一十二两　范长发二两

高　怡一两　姚世荣□十两

高衡十□两　金南锳十二两

吴鸣□二两　吴允干□□两

许　镇二两　吴　穀四两

杨弘俊五十两　包　括三十两

范廷谋五十两　费用中四十两

沈李楷五十两　徐志□□□两

黄兴仁三十两　汪亮来二十两

胡绍芬二十二两　钱元昌二十两

胡泰二十两　毛德琦二十两

石杰二十两　章□基三十两

高遐年□十两　谈九叙四十两

万承勋二十两　张廷霖三十两

费谦流六两　胡彦昇一两

徐志岩一两　张时雍一两

丁世隆二十两　朱师濂五十两

王德楷二十两　朱□□三十两

吴之煊一十两　袁□□二十两

吴日暻二十两　赵用熙二十两

徐良模六两　胡廷琦一十两

朱奎扬一十二两　汪□□一十两

王　煾二十两　章有□□两

费豫游一十两　庄　锟三两（五两）

陈　韶二十两　杨　瑄一十两

龚　鉴四两　蔡延龄二十两

张嘉论一十二两　沈光曾二十两

□宇二十两　陈一东二十两

邹廷模三十两　沈维垣二十两

钱朝模一十两　蔡廷翰一两

金　科一十两　乐尚古一十两

徐必昌四两　倪　岱四两

蔡书绅一十两　戚□言□两

朱一蜚三两　□正维二两

谈起行一两　戴元枚一两

曹显庚一两　蒋文明一两

沈昌寅沈昌宇共四两　王应彩二两

程钟彦四两四钱　□□光一两曹

源邦□两　闵廷枢五两

沈孟坚一两　陆汝钦一两

袁　安一两　嵇岳延一两

徐志幽二两　谢　延二两

胡国良一两　程本毓二两

庄　嘉五两　戴一鸿一两

吴先范一两　曹坤柄一两

吴大炜二两　曹仁存一两

汪曾祚五两　孙学行一两

费向若一两

□□□　蔡□□

□景逸　郑廷飓

蔡嵩年　姚本道

周学山　曹载宁

吴永权　庄□□

共四两零四分

乾隆七年八月捐助后沿墙垣姓氏开后：

金牲一两　童士绅二两　严彭年一两　金廉五钱

徐玮一两　袁德达三钱　汪鼎金一两　仇然五钱

陈□一两　刘嘉宾一两　韩光德二两　郑□文一两

朱炎二两　沈作朋八两　章宝传二钱　住持静山十两

缪瑧五钱

《拓本汇编》第68册第134页。拓片编号：京3516。《重修全浙会馆记》之碑阴，刻重修时捐款人题名。乾隆七年捐助后沿墙垣题名，当为后所加刻。题为点校者所拟。

重修全浙会馆碑记

雍正十二年（1734）

《周礼》地官遗人掌野鄙之委，积以待羁旅，凡国野之道，十里有庐，庐有饮食。三十里有宿，宿有路室，室有委。五十里有市，市有候馆，馆有积。成周为远人计者，至详且密焉。秦汉以后，周制变更，国费繁多，势难复古。于是创会馆之制以妥远人。又明志其某省某郡某县，使各因邦国之远适者，各得所归。是会馆之设，得《周礼》之意而变通之者也。

全浙会馆创于给事寄园赵君，君非豪于资者，而竭囊橐，殚心志，历岁月而始溃于成，有门、有基、有堂、有楼，厢庑庖湢之属咸具，焕然壮京国观矣。给事归，豪强者攘而有之，嗣孙鹤皋走□□讼大吏，终不能白。复捐金三千赎归，而前人创造得以不湮，可谓能述祖德者也。后不戒于火，复值地震，□之巍峨巨丽，几欲荡为废墟。过其地者每触目而愀怆矣。少詹圣湖姚公，孝廉荆山潘君，志在兴复而□□宫保右玠李公适当入觐，众以事请，公慨然亦以修废举坠为事，捐资首倡，并告僚属及两浙缙绅之在朝在籍者，人并乐输，金钱汇萃，鸠工饬材，尽力襄事。既复旧观，更饶馀赀，置买隙地扩充基址，复造佣房，繁□生息。又辟禅室数楹，俾寺僧焚修常守。是馆始于雍正辛亥，越二年癸丑，乃克奏功。董厥任者，惟浙僧静山能始终之云。

夫全浙之有会馆，欲使浙东西之来邦畿者，无栖托失所之虞，诚盛心也。然一见夺于豪强，旋受毁于火灾，后倾颓于震动，岂事之有利民生者，转多摧挫废坏之患耶！然有给事君创建于前，即有宫保、少詹、孝廉诸人修复于后。理有必然，事无中断。从此继而续之，虽历十百世而常新可也。然则是举也，以安旅人、恤羁客也；以庇乡国，念桑梓也；以承前德，重经始也；以示后人，望绍述也。而总以变通《周礼》遗人，得先王周被远人之意，一事而众善备焉，不可以不书，于是乎书。

赐进士及第诰授光禄大夫予告太子太傅文渊阁大学士兼礼部尚书海宁陈元龙撰

赐进士出身日讲官起居注翰林院侍读学士许玉猷书

雍正十二年岁次甲寅正月　　　日立

江南旌德刘弘智镌

《拓本汇编》第68册第135页。拓片编号：京3518。拓片高135厘米，宽85厘米。碑原在北京市西城区下斜街。现藏北京石刻艺术博物馆。

重修全浙会馆捐助题名

雍正十二年（1734）

捐助各姓氏

潘兆新一百两　　汪绍煜三十两　　汪兆鲸二十两　　汪绳煐六两

汪廷英二十两　　余用楫八两　　　黄　法八两　　　胡秉济六两

詹锡□二两　　　詹锡□二两　　　沈　学□□两　　张汉年四两

吴毓芝一两　　　张民敬二两　　　胡绍宁一两　　　戴振廉一两

诸晋锡二两　　　蒋闰奇一两　　　朱　揿一两　　　□上□二十两

嵇　坊一两　　　孙□□一两五钱　□　音一两　　　阮□□一两

蔡承业一两　　　戴振安一两　　　徐万里一两　　　胡□辅一两

徐开厚一两　　　陈□启一两　　　钱能□一两　　　沈□生一两

徐绍年一两　　　蔡时馨一两　　　姚玉裕一两　　　沈作揖一两

陈兴祚四两　　　徐　玮一两　　　王　挺一两　　　仲作楫一两

许曰聪一两　　　姚　□一两　　　葛　寅一两　　　王　崐一两

程春牲四两　　　陶又侃一两　　　汪一皋一两　　　胡　骧四两

沈　城六两　　　于　兴一两　　　葛　灏一两　　　蔡应龙二两

倪应槐三两　蔡见龙一两　於宗贤二两　戴　宾四两

蒋　铨三两　顾书柱二两　林　镛二两　陆元根二两

屈天成三两　屈大成二两　程本纶一两　陆凤□一两

张永年一两　陶日昇一两　方□/方□一两　陆秉礼一两

陆基年一两　陆　城一两　沈左江二两

郑廷元二两　沈　粹二两五钱　郑廷标二两五钱　汪士俊五钱

曹理畅一两　程尚□一两　程尚赟十两　程尚宾二两

尤树鼎二两　沈　正一两　濮梁一两六钱　归　麟一两

钟　梁二两　陈德星二两　李廷闻一两　孟士英一两

濮元孝三两　汪肇彩三两　杨　灯一两　程元隆三两

费日昌二两　钟光烈二两　曹　焕二两　宋永龄二两

周　□一两　曹宏培一两　黄兆安一两　沈廷瓒一两

潘学山一两　曹光宗一两　沈维坤一两　钟　□一两

孙观坦一两　曹廷栋/曹廷枢一两　陈启昂四两　周麟锡一两　柴永敬二两

沈承点二两　□□等七人共十二两

陈　科二钱　吕守仁一两　薛　曹一两　蒋世昌三钱

胡赞元一两　姚世琮一两　严慎成二两　陈维□一两

王□□/王□璧四两　严　昕一两　钱兆澧一两　汪　树一两

朱奕轹五钱　朱履陛一两　朱履忠一两　朱谦钊一两

周吉士五钱　诸晋修一两　郑　隆四两　杨廷嘉三两

吴□□一两　钱□□六钱　费□昌/陈□方六钱　王宗荣三两　姚德谦一两

金□英　张廷□　□□□　□□□

□□□　张□昌　沈九奎　杨士□

共九钱

□□　王明标　□□□　□□光

□□□　□孝　□□□　□□

王明德　田□□　沈□佑　□□□

高永正　赵廷佐　张以明　李□修　以上共五两二钱

陈道传一两　王士骅四两　汪锡球四两　潘文桂四两

汪嘉树二两　程廷槐一两　姚　冕一两　程廷枚一两

万方舟一两　沈正发一两　朱嘉度一两　梅　伯一两

吴廷佐一两　潘奇镇一两　童鸣玉一两　王　瑚一两

魏锡汝一两　朱　华一两　朱步青一两　郎廷邦一两

王　麟一两　陈锦湄一两　张坦一两六钱　浦圣明一两

唐鸣鹤一两　沈世□一两　姚廷章一两　钱能□三两

□□□三两　周　翊一两　王绍曾一两　程浩生一两

徐维藩一两　叶　楷一两　许麟振一两　吴梓里一两

孙曰柽一两　姚正庸一两　顾□明一两　□大昕一两

徐维城等二十四人共十二两五钱　　吴　英六钱　朱履中四钱

　　　　　　　　　　　　　　　　王锡□　　　朱履□

钱志栋六钱　江　彦六钱　陈在昌　陈葆元八钱　董培二钱

吴　振　　江　甫　　江　潮　李永德

严　超六钱　□□□六钱　林□祖二钱　蒋　荣三钱

张莅贤　　□□□　　　　　　　　陈□封

朱秉乾二钱　□　开二钱　沈国琦一两　骆永熹一两

朱□□　　□　龙

李明远二钱　林自申一两　谢　霖　徐　乾　钟□□　钱学□六两

姚洽辰　　　　　　　黄□□　陈□□　□□□

□□□十两四钱　宋　昕二钱　孙廷谔一两　马□锡一两

□□□　　　　蒋桂林　　　　　　　　　金昌铭

戴天贵一两　李之芳一两　童完真一两　徐以□一两
　　　　　　　　　　　　赵允文　　　钱□□

□□□一两　王元□　　李□□三钱　□□□
□□□　　　狄树栋一两　　　　　　□□□

施永清一两　潘邵文六钱　郎士锫六钱　黄兆发四钱
　　　　　　　　　　　　郎士埻

吴　□六钱　张　环六钱
张　华　　　张　标

高邦发　张星澄　施　进　陈　元　李志鲁二两
孙　□　钱　□　吴　焕　王文□　王世芳

严□□六钱　□□□六分
徐观□　　　□□□

□承□六钱　毕长锳四钱　朱　□四钱　杨□□四钱
　　　　　　　　　　　　　　　　　　徐光祖

吴际三一钱　袁晋一两
俞　□

吕麟玉等六十五人共十两二钱五分　（……）　高大□一两
黄廷佩二两　黄　楷二两　黄治安二两　黄　源二两
朱之兰二两　朱之华二两　黄治实二两　黄治河二两
程宏琰二两　黄　标一两　程德□一两　□永祥一两
朱同兴二两　黄义隆二两　胡义和二两　何□茂一两
朱弘元等五两　余永芳一两六钱　黄正兴一两六钱
汪文茂一两六钱　吴玉□一两六钱　□□春一两六钱　金隆裕一两
沈万隆　汪□隆四两　吴鼎昇二两　汪德昌　王□永　梁□源共六两
江为□　王广生　金长裕　程□生　方永正　王隆昌
（……）五十两　方立泰一两　胡有隆一两　汪义茂一两

□□□　□□□　□　□　　　　潘大仁　□□□　张少□
　　　　　　　　　　　二两　　　　　　　　　　　　共三两一钱
□□□　杜有厚　□□□　　　　王□□　□松亭　潘元□

《拓片汇编》第 68 册第 136 页,《重修全浙会馆碑记》碑阴题名。原无题,题为点校者所拟。

山阴会稽两邑会馆记

道光六年（1826）

古者征举至都国中，有馆舍以处之，厥后名存实更。诸馆皆系于学，其入馆也有常数。明时乡贡士及庠士之优者，皆令居太学学舍，不能尽容，多馆于其乡在朝者之邸第，未闻立馆以萃试士者，自举人不隶太学，而乡贡额加广，于是朝官各辟一馆，以止居其乡人，始有省馆。既而扩以郡分，以邑筑室，几遍都市。是不徒夸科目之盛，竞闾里之荣，特虑就试之士，离群废学，有以聚而振之也。吾越之有会馆，最初曰稽山，仅醵祭为社耳。拓而为绍郡乡祠，乃始可以馆士。建馆初以醵祭为重，作歌吹台于前庭，士多厌喧而避处他所，馆日以敝。近年以来，吾越乡科汇征，每数十人，而山阴、会稽得其半，两邑公车赴都下者百馀乘，彷徨失所止，见他省人牵车归其馆如赴家然，辄慨然以为嗟。致光由滇入内台，闻而愧之。思有所兴作，而寻以疾归，不能遂。道光六年春，同里官京师者数君子，奋然有创建两邑馆之议，内寮外寀，倾奉输禄以为率。故老时俊，咸乐出资趋事以集厥成，未一年而得五千金，购百楹之室以为馆。门墙崇闳，榱橡坚缴，庖湢孔洁，庭除不嚣，其绸缪也至矣。诸君子尤以结始立法，必期久而无弊，故亟去歌吹之事，而于堂中奉祀两邑儒□，使后进有所景仰，颜其堂曰仰蕺，斋舍皆有名，居者俨若讲院，可以论道课艺，辅德资仁，而燕游之习，匪僻之干，自不能入，所以养国器于将仕之时，用意不益深厚矣乎。馆成，诸君子书抵敷文讲舍，属致光记其事。致光窃惟古者士冠之始，见乡大夫、乡先生以学为人之道。盖乡大夫、乡先生责在扶植后进，在乡在国，皆不容诿。诸君子之立馆以庇乡也，诚古之道也。都门会馆不下数百区，或仅供栖息而已，或祀司中司命以祈科目，皆不足法，惟闻徽歙馆祠紫阳，衡永馆祠濂溪，合国故祭社之义。今新馆之堂所奉者皆邑大儒，邑子信宿于斯，视畴昔业于蕺山而学证人之学者，无以异也。畴者过阳明子之祠，与阳和、彭山、石簣诸公之故里，而低徊于致良知之遗绪者，无以异也。将思处何以淑一身，出何以淑天下，生诸乡贤之后，若何而能不失其典型，必有感发振兴而不能已者。斯馆之庇士也宏，而厉士也远且大，岂复作寻常旅舍观哉。致光既愧未效尺寸之勤，又苦衰老不能至京师，与英贤盘桓其中，共相讲席，深幸诸君子能以古道率邑人，而首善之地有此群萃之区，得以示乡方而兴道义，联声气而广切磋，所赖不独在乡国也。喜详记之以谂诸后，愿后之人修明不息，毋忘经始之心，毋戾经始之法，庶几吾邑永有赖焉。

道光丙戌岁冬十一月史致光渔村撰

邑馆在宣南坊南班捷胡同，隶宛平。凡为屋七十九间。厮十七间，今以居司馆人。丙戌成契，至己丑始定居。门旧在丑，后移艮。前厅面东曰仰蕺堂。其对轩为涣文萃福之轩。春秋享祀，奉阁中栗主至堂，于轩中饮福也。堂立开国以来甲乙科制科各题名匾。

至崇班清秩亦须留名,尚有待也。堂之后,昔树楝而折,改植槐,曰补树书屋。又西而面南为睎贤阁,其下为青云栊,是为南院。堂左小斋为怀旭,以向东,且取刘子海天旭日研之意,蕺山曾以名斋也。侧有一枝巢,昔有樲棘,后伐之,而作大砖炉,以收焚字纸。斋后有古藤花,时可吟赏。内别一院曰藤花别馆,藤间初惟瘦竹三两竿,馆初启,稷辰始居于此,久之竹日茂,增栏楯卫之,名绿竹舫,以拟蕺山之绿竹亭。其北有堂曰嘉荫,大椿护其后焉。是为北院。馀皆群房耳。自辛丑至丙午,增置别馆于烂面胡同水月庵左,建正气阁,祠两邑忠义,其屋十九间。又置长巷上四条胡同内西向屋十二间,香炉营头条胡同南向屋十三间,又承租上斜街官房为北馆,值千金,皆为馆产云。稷辰附记。

按:碑文撰于道光六年(1826)丙戌。文后有宗稷辰撰《附记》。《附记》中记会馆建成后,"自辛丑至丙午,增置别馆于烂面胡同水月庵左"。则《附记》当撰于丙午,即道光二十六年,或二十六年之后。据此,此碑似当为道光二十六年,或二十六年后所刻。

《拓本汇编》第79册第102页。拓片编号:京7077。拓片高31厘米,宽97厘米。碑在北京市西城区半截胡同绍兴会馆。又见《北京会馆档案史料》(第1322页),拓片多处漫漶莫辨,均据《档案史料》对校补入。

浙江会馆捐款题名

道光九年（1829）

各同乡捐金衔名开后

广东巡抚程含章壹仟壹百伍拾两

甘肃藩司严烺贰百两

湖北藩司周锡章壹仟壹百贰拾两

山东臬司李文耕壹仟壹百柒拾两

两淮运司杨本昌贰百两

陕西粮道尹佩珩伍百两

福建盐道窦欲峻肆百两

浙江提督王雄壹百两

陕西汉中守杨名□贰百叁拾两

贵州贵阳守刘荣黼壹百两

广东肇庆守杨时行壹百两

陕西兴安守龚定国壹百两

顺天南路同知杨奎□壹百两

广东潮州府通判郭际清壹百两

广东澄海令尹佩绅贰百两

河南滑令胡天培贰百贰拾两

广东香山令冯晋恩贰百伍两

浙江东阳令陈履和壹百贰拾伍两

广东揭阳令张孝诗壹百贰拾两

江西新城令李□福壹百两

浙江海盐令杨同翰壹百两

山西安邑令周师壹百贰拾两

江西永丰令毕光荣壹百两

浙江江山令杨绍霆壹百两

浙江各同乡公项肆百两

同捐寄都

直隶无极令金伟壹百两

浙江萧山令李□壹百两

湖南桃源令谭□□捌拾两

安徽舒城令杨澍陆拾两

福建宁洋令张千恭伍拾两

湖北广济令张维翰伍拾两

浙江鄞令孔龙章伍拾两

湖北巴东令赵栻肆拾两

江西玉山令陆矗鸿叁拾两

江西孝丰令范仕义叁拾两

广西全州牧李钟璧贰拾伍两

广西来宾令倪思璋贰拾肆两

四川崇庆牧袁绳武贰拾两

安徽全椒令杨国棠贰拾两

山西大谷令甘岳贰拾两

直隶衡水令陈振□贰拾两

陕西宜川令赵延俊贰拾两

湖南常宁令赵□拾两

四川候补令陈嘉谟拾两

湖南候补令李之禄拾两

直隶候补令李东发拾两

以上衔名均□原捐册□，□□□□其银数间有与原册不符，□□□□已载入册而□尚未捐者，□□□□以□画一。

道光九年秋九月中澣之吉敬泐

按：此碑原无题，《拓本汇编》作《浙江会馆捐款题名》，但捐款人首列之程含章为云南景东人，其他如严烺为云南宣良人，李文耕为云南昆明人，胡天培为云南广通人，陈履和为云南石屏人，杨绍霆为云南太和人，等等。据此，则此碑似应为云南会馆捐款之题名。碑刻石于道光九年，查是年云南会馆曾有一次修葺，是否即是此次修会馆之捐款题名。现暂依《拓本汇编》置于浙江省。又：《集成》下册第1295页，收此拓片，其下注此碑刻于"雍正十二年正月"，与碑刻所记不合，误。

《拓本汇编》第79册第155页。拓片编号：京10044。拓片高32厘米，宽98厘米。碑在北京市西城区法源寺前街。

宁绍乡祠岁修碑记

道光十二年（1832）

　　盖开国以民为本，民以食为天，自来圣帝明王皆必本固而后邦宁，此漕运飞挽，上充天府之储，所由重也。前明嘉靖年间，大学士袁公讳炜者，浙江慈邑人也。于正阳门内兵部洼建立张相公庙，虽系宁绍乡祠，其所供奉诸神，以祈垂祐漕运，实为护国裕民，非假以寿世及自求多福也。盛朝康熙年间，于大司马成龙公实窥深意而重修焉。故题曰宁漕关帝庙。道光初年，乡友师洛程公，偕数乡友虔诣瞻谒，仰见庙貌几颓，并供奉诸神法像俱不整肃，乃相约偏语宁绍同乡及各银号，捐资修葺，于三年仲冬工竣，焕然一新。并将一时同善姓名另悬匾额，且招崇文门外上四巷卧云庵住持僧普旺兼摄。奈本庙房租仅敷香火，而岁修之资设措无从。九年冬，师洛公复与慈邑王公名□（显）者计□□□万隆银号麟书张公，同和银号宏高秦公，转劝同行公助银三百两，嘱德明妥觅生息之区，以为岁修永远之计。德明既义不可辞，因议将此项三百金，□归行馆正乙祠，作为公项存于值年之家，议定子金。即于十一年四月间，由同泰银号值年起，按年交代，于应行岁修之时，眼同住持将□估计动工，如此上川下流，矢行弗替，并请寿诸珉石，永远不朽，同善诸公皆以为然，用溯其原委而为之记。

大清道光十二年岁次壬辰四月　谷旦
　　　慈溪　朱廷锦　恭撰
　　　会稽　钱德明　敬立
　　　山阴　金禹泉　敬书

《拓本汇编》第80册第25页。拓片编号：京100。拓片高119厘米，宽58厘米。额高18厘米，宽17厘米，篆题"万古流芳"。碑在北京市西城区绒线胡同张相公庙。

睎贤阁①记

道光二十七年（1847）

一乡一国之善士来京师，可以友天下之善士矣。而欲求师表，则必远追夫古人，古人而求之天下，将泛滥而无所极。约而寻之乡国间，而其遗风令问，往往系人心目，则其兴起也速，而景仰也亲。邑邸中之祠固故②，安得谓非急务哉？岁己丑初，辟山阴、会稽之馆，既以尊贤为先，名其前堂曰"仰蕺"。堂之后有楼三椽，面南③轩爽，可以栖神明，初议但奉蕺山刘子。顾念崇道兴学，必溯渊源。开刘子者为阳明王子，王子故居山阴，两邑学者多及其门④，教泽宏远，则并祀为宜。王子之先，有若传经于汉，闻道于宋，淑艾于元明者，推而上之，实惟言子。亲承圣诲，奉道南行，其子孙多居越中，吴与会，皆其施教地，教所被，即神所归。越中旧亦有祠，祠越先贤之可以统儒先而启王、刘之道脉者，当自言子始。爰奉言子于中龛而祔诸儒焉。王子为龛于东，刘子为龛于西，高弟子各祔其侧。祠位既立，乡长者率后进释菜于庭。穆辰起而喟曰，是足以望道矣。于是名斯阁曰睎贤，众皆以为然。自是以来十八九年，春秋用享，稷辰恒斋慄将事，祝嘏之际，俨然如见先贤、先儒之精爽式临于吾前。堂上堂下，彬彬济济，罔敢不肃。前岁秋，邑子童濂于吴门范金为祭器，运致馆中。稷辰更与两邑同人考礼征图，补其未备。渚列粲然。仪节加谨，知先贤先儒必歆格之⑤，喜向道者多而学绪之浸昌也，斯时不既称盛矣乎！然愚者于兹窃有进焉⑥。夫豆笾之陈，酒醴之洁，萧苾之馨，拜献之恪，皆礼之见于外者耳。苟致敬于斯须，而心之所趋旋外驰而不能自制，则虽睎贤而贤不可见也。若由一日之诚而立终身之志，去其旧染，复其初心，将默证乎慎独致知之□以上几乎博文约礼之大，则岂特睎贤而已，圣功天德，何尝绝人以攀跻也哉。初，馆例惩戒甚严，无非望人改过以同勉睎贤之意，近虽少宽，然一有违行，同居者皆目之以为非吾馆所宜有。其人为人所容，平旦自思，亦当知愧，知愧即可以望改。善哉，此皆良知之真，不能终泯，而其涵濡乎先贤先儒之教泽者，无津涯也。因并及之以为劝，稷辰以忧归山中，因刻馆记有馀石，更为之记。时道光二十有七年春正月也。

后学宗稷辰涤甫敬撰并书

校记：

① "睎贤阁"：原刻作"晞贤阁"。"晞"误，应为"睎"。"睎""晞"音同，形似，义异。又《档案史料》所录，"睎贤"均作"晞贤"，亦误。
② "固故"：《档案史料》作"国故"，误。
③ "面南"：《档案史料》作"南面"。
④ "多及其门"：《档案史料》作"多其及门"。
⑤ "必歆格之"：《档案史料》作"必歆格之喜"。"之"后当断开。
⑥ "窃有进焉"：《档案史料》作"偶有进焉"。

《拓本汇编》第81册第135页。拓片编号：京7175。拓片高33厘米，宽83厘米。碑在北京市西城区南半截胡同绍兴会馆。《北京会馆档案史料》收录，题为《绍兴县馆睎贤阁记》。

修禊堂记

光绪四年（1878）

山会两邑，人文荟萃，公车投辖，济济盈盈，筑斯馆者非惟简陋之虑，盖亦狭隘是虞焉。溯自道光丙戌，宗涤甫观察稷辰官谏垣时集赀创建，规模宏敞，结构谨严，邑人士称便者五十年。馆之东北隅为张姓旧居，老屋数椽，邑人每以未能扩充为憾[①]。光绪丙子，张姓以贾求售，时玉堂与娄君金垣官西曹，同寓馆中。司馆政者为谢惺斋比部钺，商而购置[②]，馆以是成方员焉。惟历年已久，栋庑损蚀，恐就倾欹，爰谋改作。馆门北数武，旧有门，形家言，方位最吉，仍之，以时启闭。西北毗连嘉荫堂，辟门通焉。玉堂与娄君董其役，力求坚实，俾可永固。仲秋释菜，爰告落成。大司寇桑百侪先生颜其堂曰"修禊"。其南三楹，谢君颜之曰"倚云吟舍"。其西两面启庑，可延月色，吴介唐编修讲，书其额曰"鉴月山房"。东面垂杨掩映，额曰"碧荫簃"，为何达甫农部惟杰所题。东北斗室二楹，颇幽邃，玉堂颜之曰"听漏"。回环周匝，栋宇一新，亦犹涤甫观察之遗意也。是役，经始于六月，至九月中澣蒇事[③]。计屋直土木费金一千四百有奇，悉取资于历年捐款云。

光绪四年岁次戊寅秋九月邑人金玉堂谨记

附记：历年增置房产，已刻石者不赘。同治甲子价买本馆对门房屋一区，内平屋三乘，左右厢房每乘各二间，共计十七间。此房与旧置马号相连，一并出赁。同治丁卯，价买崇文门内贡院东砖门外鲤鱼胡同西口路北试馆④一所，内向南堂屋三间，东厕房一间，北平□（房）三间，向南台门一间，迤西跨院向南平屋三间，向北平屋三间，迤东跨院向南□（平）屋二间，向北平屋二间，东北隅小屋二间，馀地一块并器具俱全。

校记：

① "为憾"：《档案史料》作"为恨"。
② "商而购置"：《档案史料》作"商而讲置"，误。
③ "蒇事"：《档案史料》作"竣事"。
④ 此碑碑尾有断裂一道，"鲤鱼胡西口路北"下可见一"试"字。"试"下一字无可辩识。朱一新《京师坊巷志稿》鲤鱼胡同条下有"山东试馆"记载，故知"试"下当为"馆"字，即"试馆"。

《拓本汇编》第84册第172页。拓片编号：京7177。拓片高31厘米，宽98厘米。碑在北京市西城区牛街南半截胡同绍兴会馆。原无题，题据《拓本汇编》。《北京会馆档案史料》收录正文，题为《绍兴会馆新葺修禊堂记》，无附记。

杭州会馆记

光绪七年（1881）

浙江省有会馆于京师二，旧馆局不居，新馆浙东西人士杂居之，地隘不能容。他郡往往各立馆，以待乡里之入都者，而杭州独无。仁和、钱塘，都会也，则自为馆于正阳门外之西珠市。海宁，剧州也，则自为馆于宣武门外之橄家院。而他县人征辟、应公车，首畿路，大都离群而散处，智心歉焉。思建杭州馆以比于诸外郡，蓄之二十馀年矣。夫古之为仕者，进而在上，则大营客馆，广招天下贤士；退而在下，则散其黄金赢馀，以与乡党父老相乐。智之谫陋不学，忝直枢院，洊厕卿陪，诚不能有所建树，以为邦家之光，其又何敢私君赐以自利哉。今齿且衰矣，而归心怦怦，用举历官所得禄俸，买宅虎坊桥东，凡屋五十馀楹，以为杭州会馆。葺其败堵，易其散材，砻之涂之，数月而功毕具。地去仁钱会馆不一里，相群侣焉，相过从焉，庶几一州八县之士，入国门而有闾巷之乐乎！而郡人之官京朝者，亦且以岁时礼饮宴乐于兹堂，大比之年，得从诸英俊谘乡事，敦古欢，此亦久客者之所欣也。智自庚戌入都，不十年而江表军兴，故乡多事，桑梓蔚为榛芜，赖王师电举飚发，郡县次第克复，然后士夫乃各得保其宅里，于是仕途竞开，举额增广，而士之荣名入仕者，迹交辇下，乃倍于道光、咸丰之时。今朝廷向治，元气浸复；海舶陆车，纷辏京国，安知十年之后不更胜于今日耶！智之力薄，愧未能崇大其馆，以尽居一郡之英才，抑又闻之，大辂始于椎轮，崇山基于一篑，则是馆特吾郡之嚆矢也。若夫重门广榭，以上应传舍之星，则愿以俟后之君子矣。

光绪七年岁次辛巳三月癸亥朔　兵部右侍郎钱塘朱智撰并书

《拓本汇编》第85册第37页。拓片编号：京7129。拓片碑身高120厘米，宽67厘米。额高、宽均14厘米。额篆书"杭州会馆碑记"。碑在北京市西城区西珠市口路北。

改建嘉兴六邑馆碑记

民国五年（1916）

士出于乡，宾贡谒选于皇都，或以郡、或以邑籍合而厦庇之，名其所曰会馆，制犹汉之郡邸。我郡当乾隆时，沈文恪公舍宅为会馆。同治季年，集款葺治，有许文肃公碑记可征。光绪中叶，金甸丞工部募巨款复改筑焉。迄今三十年，风雨剥蚀，十九摧损。宣统三年，盛萍□观察、钱新甫侍读，发议修筑，以国变中止。今岁丙辰春，钱干臣右丞重申前议，以崇文门内笔管胡同试馆一所售于他氏，得银币一千五百元，为经始资，京外合力募款，又二千五百元。合之宣统三年所募，约五千馀元，而三年之款已为他项用去，故是役实糜金四千有奇。工六阅月始毕。是役之始，议于第五进改建楼房、大门，略小其制，稽疑于螺冈李居士，审视之，以为可。工既竣，更名嘉兴六邑馆。门阿屋翼，遂视昔为宏丽矣。世变日亟，竞言合群，庞杂嚣凌，流风相□。回忆十一年前，耆臣硕德与后学新进酬酢揖让，一以为掖勉，一以为矜式。雍容肃穆之风，何其远也。当许文肃公作记时，已慨然于礼教之衰。乃今之视昔，其递降而未有已者，若奔车之下驰乎峻坂。苟其数之未穷，理之未极，安知后之视今，不又有罘然高望，以为不可及者欤？夫敬恭桑梓，常语也。敬恭何事？桑梓何物？无乃如养老沦牡之各异其解，而转以往哲之雍容肃穆为多事欤？槐董是役，而金君籛孙，卢君涧泉，朱君旭辰，徐君蔚如，皆助予以成者，因并志之。

桐乡刘富槐撰

海盐朱彭寿书

捐款诸君姓氏

  朱　瑞　五百元

  姚寿同　五百元

  徐　棠　二百两

  姚福同　二百五十元

  钱能训　二百元

  金猷大　朱善元　葛嗣浵　朱景迈　富　英

   以上各一百元

  陆恩长　金兆蕃　朱彭寿　徐士培　钱锦孙

  徐文霨　卢学溥　金　梁　陶昌善　王大成

  褚荣泰　钱　泰　张寅燮　唐景崙　朱宝璇

   以上各五十元

  严　震　沈□□　孙乃炤

   以上各四十元

  许鼎钧　曹秉章　陆秉钧　叶仁廉

   以上各三十元

  陆文彬　二十五元

  夏辛铭　屈　仪　姜丙□　张大椿　夏□□

  夏毓汶　刘富槐　孙文耀　严槐林　王□基

朱传恒　王嘉榘　汪镐基

　　以上各二十元

金维楸　朱仁寿　盛庆琳　张思□　张　泰

黄征祥　屠师韩　方元熙　程量书　朱希祖

　　以上各十元

《拓本汇编》第 91 册第 141 页。拓片编号：京 7411。拓片高 31 厘米，宽 97 厘米。拓片未见刻石日期。碑记有"今岁丙辰春"句。丙辰为 1916 年，即民国五年。碑在北京市西城区宣武门外南横街。

重修上虞会馆记略

民国十七年（1928）

　　吾虞原有会馆，坐落外右二区界内韩家潭地方，嗣因年久失修，屋多坍塌。民国五年间，时□馆□□售价买得外右一区佘家胡同门牌二十四号，坐南向北房屋一所，作为上虞会馆，置有匾额悬诸门庭，前后正房三层，并各厢房，共计大小十六间，用价洋三千二百五十元，立有契纸为凭。屈指为时又阅十数载矣，馆中苦无经费，屋宇未克修葺。逢雨即漏，不堪栖居。戊辰春，因正副董事先后辞职，经旅京同乡周君增祚等公推澄为该馆正董事，朱君麟藻为副董事，呈明前京师警察厅批准立案。惟是澄才具虽短，遇事尚不甘苟安，目睹屋宇失修，心殊未惬。适邑人范君运枢由营口因公来京，同刘君士田□临勘估，商酌赞助，由范君与澄公同捐资修理。时甫逾月，工即告竣，内外房屋焕然一新。计所需工料等费共洋五百元之谱，又捐助基本金三百元，发商二分生息，以作常年经费。此后春秋分致祭先贤，□□有□，而馆役工食无亏，藉可稍事岁修，或由是无坍塌之虞矣。为此，略述原委，勒诸碑铭，俾垂久远。是为记。

古吴朱葆慈德黼拜书

中华民国十七年戊辰秋邑人钱澄敬立

湖广省

共 6 座

子午井铭并序
子午井铭
北平湖广会馆癸未董事题名
湖广会馆子午井诗刻之一
湖广会馆子午井诗刻之二
湖广会馆子午井诗刻之三

子午井铭并序

民国三十二年（1943）

湖广馆文昌阁下①有井曰"子午"，纪文达《阅微草堂笔记》云：子午二时汲则甘，馀时则否，其理莫明。或曰阴起午中，阳生子半，与地气应也。然二时何以水味独甘，其理究不可知，或说亦无足据②。其地初为徐司寇乾学憺园，岳襄勤钟琪、刘文恪权之、张运使惟寅、纪文达昀、王文端杰相继居此，后归汉阳叶氏③平安馆。由芸素给谏④传孙昆丞爵相，两广事覆，捐为⑤湖广会馆。地既历为名贤所居，而井泉又神异莫测⑥，则斯井固宣南一掌故也⑦。岁久不修，井以堙塞。癸未之秋，阳新石荣暲茝年襄理馆事，睹而惜之⑧，亟言于⑨总董湘潭吴家驹子昂，重加修葺，淘其秽积，浚其淤垫，于是泉脉复通，澄碧如镜⑩，其水味之应时而甘，果不虚也。《易》曰："改邑不改井。"又曰："井甃无咎。"又曰："可用汲。王明并受其福。"《井》之时义大矣哉！斯井在文昌阁前⑪，历久不改而神异无殊畴曩⑫际，兹晦盲否塞之后塞而复通⑬，养而不穷⑭，其亦为吾楚文明⑮大启之象乎！爰甃石为栏，属余铭之⑯，以昭示久远，余故述其缘起如此⑰。

校记：

① "文昌阁下"：《北平湖广会馆志略·艺文》（以下简称《志略》）作"文昌阁之下"。（见该书第242页。北京燕山出版社，1994年版。）
② "亦无足据"：《志略》作"亦未足据"。
③ "后归汉阳叶氏"：《志略》作"最后归汉阳叶氏"。
④ "由芸素给谏"：《志略》作"自云素给谏"。
⑤ "捐为"：《志略》作"乃捐为"。
⑥ "神异莫测"：《志略》作"灵异莫测"。
⑦ "则斯井固宣南一掌故也"：《志略》作"则斯井亦宣南一掌故也"。
⑧ "睹而惜之"：《志略》无此四字。
⑨ "亟言于总董湘潭吴家驹"：《志略》无"亟"字，脱"湘潭"。
⑩ "澄碧如镜"：《志略》无。
⑪ "文昌阁前"：《志略》作"文昌阁下"。
⑫ "而神异无殊畴曩"：《志略》作"而灵异殊常"。
⑬ "际兹晦盲否塞之后塞而复通"：《志略》作"今兹塞而复通"。
⑭ "养而不穷"：《志略》作"井养而不穷"。
⑮ "吾楚文明"：《志略》作"吾两湖文明"。
⑯ "属"：据《志略》。
⑰ "以昭示久远，余故述其缘起"：《志略》作"垂示久远，余故序其缘起"。

《拓本汇编》第100册第62页。拓片编号：京7161－1。高33厘米，宽77厘米。石在北京市西城区骡马市大街湖广会馆。按：此件为北京湖广会馆子午井井栏题刻，共六面。第一面横题篆书"子午井"三字。其右竖行正书"中华民国三十二年癸未冬月"。其左竖行正书落款"湘潭吴家驹子昂氏题篆"。《子午井铭并序》分刻于第二、三面。第二面为《序》，第三面刻铭文。

子午井铭

民国三十二年（1943）

铭曰：①

文昌阁前，井曰子午。石昇楚山，谷殊秦阻。
应时汲甘，逾时则苦。杨泉论物，此理未剖。
气应阴阳，拟议之语。或通海眼，或濲地腑。
凿饮何人，莫详自古。岁久而湮，其泥数斗。
不波固渟，不流斯腐。掌故之泉，如何可堵。
乃浚乃修，冷汰秽污。修绠汲深，井华复吐。
澄泓黝碧，无穷挹注。活活源头，罔知处所。
惟日中天，惟月当户。香秔可淅，佳荈宜煮。
惟荆及衡，杞梓渊薮。岳岳名贤，於兹祠宇。
式荐寒泉，洁逾芳醑②。逮兹丧乱，凋瘵苦窳。
泉脉既通，文明先睹。易象可征，天其福予。
谓予不信，请觇来许。

癸未冬月既望江夏傅岳棻谨撰并书

校记：

① "铭曰"：拓片无，据《志略》补。
② "洁逾芳醑"：《志略》作"洁通芳醑"。

《拓本汇编》第 100 册第 61 页。拓片编号：京 7161—2。石在北京市西城区骡马市大街湖广会馆。按：此即《子午井铭并序》之铭文。刻于湖广会馆文昌阁前子午井井栏之第三面。

北平湖广会馆癸未董事题名

民国三十二年（1943）

董事长　　吴家驹子昂，湘潭人。
董　事　　叶瑞菜筱嵩，平江人。
　　　　　卢静远星垣，竹溪人。
　　　　　方朝桓威馀，岳阳人。
　　　　　熊兆周瀹青[①]，安乡人。
　　　　　范迪明更生，武昌人。
　　　　　王者师聘君，永顺人。
　　　　　石荣暲莐年，阳新人。
　　　　　谢钧子琦[②]，邵阳人。
　　　　　石志泉友儒，孝感人。
　　　　　巢功常君[③]衡，湘阴人。
　　　　　龙骧鳞振，孝感人。
　　　　　张慎翼次谦，襄阳人。
　　　　　郑浩然剑庄，湘乡人。

刘佐汉子元，崇阳人。

管翼贤，蕲春人。

荆嗣仁顾新，溆浦人④。

刘锐精一，汉川人。

刘荫经朴生，黄安人。

汤定中鼎钟，宁乡人。

中华民国三十二年十二月平江叶瑞棻书

校记：

① "瀹青"：《志略》民国三十年董事提名作岳青。
② "子琦"：《志略》作子奇。
③ "常君"：《志略》作常钧。
④ "溆浦"：《志略》作淑浦，误。

《拓本汇编》第100册第60页。拓片编号：京7161—3。此为湖广会馆子午井井栏题刻之第四面。拓片高33厘米，宽40厘米。石在北京市西城区骡马市大街北京湖广会馆。

湖广会馆子午井诗刻之一

民国三十二年（1943）

　　湖广会馆子午井，古迹也。余提议复修并建井栏。工竣，纪之以诗。

　　泉逢子午十分甘，阴起阳生理未谙①。金谷诗情添雅兴，玉杯茗饮助雄谈。清波荡漾同辽寺②，故宅依稀溯健庵③。安得专家能格物？有孚新义此中探。

　　频年泥土塞清泉，养物劳民复湛然。南国人文资汲引④，旧时风景尚鲜妍⑤。亭铭功德称梁武⑥，石纪甘霖慰楚贤⑦。井甃工成同受福，刚中元吉记诗篇⑧。

癸未仲冬阳新石荣暲

　　按：石荣暲编《北平湖广会馆志略》收此诗，题为《题湖广会馆子午井》，有小序，录如下："井在馆内先贤祠前，逢子午时清泉上涌，甘冽异于平时，为多年古迹，近则泥土淤塞。本年秋祭时，余提议觅工淘浚，使之复清，以供汲饮。并建石栏，镌'子午井'

名，四周附刊诗文。全体赞同，刻正筹度工作，余不禁欣然纪之以诗。"见该书第228—229页。

校记：

① 《志略》有注："见《阅微草堂笔记》。"
② 《志略》有注："辽大昊天寺在西便门，有井，水甘冽。朱竹垞《移居槐市街》诗曰：一事新来差胜旧，昊天寺近井泉甘。"
③ 《志略》有注："予考湖广会馆前人故宅，以徐大司寇憺园为最早。"
④ "汲引"：据《志略》补入。
⑤ "旧时"：石刻残损。据《志略》补。句后《志略》有注云："馆中藏有李文正公'旧时风景'四字，石刻尚存后院。"
⑥ 《志略》有注云："梁武帝造井亭作功德在句容县北。"
⑦ "甘霖"：石刻残损，据《志略》补入。句后有注云："江夏县八分山巅有子午石，祷雨辄应。"
⑧ "刚中"句，"吉记诗"三字原刻残损，据《志略》补入。

《拓本汇编》第100册第56页。拓片编号：京7161—4。此诗刻于湖广会馆子午井井栏第五面右半，拓片高33厘米，宽19厘米。石左下角有残损。石在北京市西城区骡马市大街湖广会馆。原无题，题为点校者所拟。

湖广会馆子午井诗刻之二

民国三十二年（1943）

  湖广会馆子午井次靖弇韵二首
  桥西异井应时甘①，如是我闻谁不谙②。疑有鬼神常守护③，惜无耆旧共游谈。濯襟同访参寥子④，却垢尤居老学庵⑤。南北何须分畛域，遥通一脉试穷探⑥。

  献赋题铭见醴泉⑦，我惭才尽鬓皤然。忍教缺甃苍苔积⑧，宜作方栏白石妍⑨。子午两时浮异气，春秋一掬荐先贤⑩。乡人饮水知防竭⑪，愿续吾曹唱和篇。
  癸未仲冬 嘉鱼刘文嘉题⑫

  按：《志略》录此诗，题为《次韵奉和荩年兄湖广会馆子午井二首》。见该书第226页。

校记：

①原注云："井在虎坊桥西，叶润臣先生著有《桥西杂记》。贾岛诗：'井甘源起异'。耿湋诗：'异井甘如醴'。"
②《志略》原注："此井记载见《阅微草堂笔记·如是我闻》。"
③"疑有"：碑刻残损，据《志略》补。
④"同访"：碑刻残损，据《志略》补。"参寥子"，《志略》有注："苏轼诗：'云崖有浅井，玉醴常半寻。遂名参寥泉，可濯幽入襟。'"
⑤《志略》有注："陆游老学庵井诗：'荡除炎歊却尘垢，宜有鬼神来护守。'"
⑥"南北"二句，《志略》注："秦中有子午谷、子午道，皆指南北方向而言。见《汉书·颜师古注》。此井取名虽关时刻，亦若合两为一体也。"又：末句"试穷探"，《志略》作"费穷探"。
⑦"献赋"句，《志略》注："魏徵有《醴泉铭》，扬雄有《甘泉赋》。"又："见醴泉"，《志略》作"有醴泉"。
⑧"忍教"：《志略》作"忍看"。此句《志略》原注："李白诗：'废井苍苔积'。苏轼诗：'我如废井久不食，古甃缺落生阴苔。'"
⑨"宜作"：《志略》作"欲作"。
⑩《志略》注："井在先贤祠前"。
⑪《志略》注："庄子：'甘井先竭'。苏轼诗：'君知先竭是甘井'。"
⑫《志略》无落款。

《拓本汇编》第100册，第57页。拓片编号：京7161—5。此诗刻于子午井井栏第五面之左半，右下角有残损。拓片高33厘米，宽19厘米。石在北京市西城区骡马市大街湖广会馆。原无题，题为点校者所拟。

湖广会馆子午井诗刻之三

民国三十二年（1943）

　　题子午井次靖弇韵①

　　古井泉逢子午甘，如潮有信理难谙。岂真海水通盈缩，长与名流助笑谈。化鹤殆同红叶岭②，烹茶何若紫云庵。聊存故迹留佳话③，灵异无烦子细探。

　　京华贵显美林泉④，胜事相传讵偶然⑤。桑下几经沧海变，桥西犹记笔花妍⑥。荆沅波沸悲今日，耕凿风高慕古贤⑦。井里未除蛙见陋，新诗欲和不成篇。

　　湘潭吴家驹⑧

校记：

①《志略》题为《荩年先生题子午井两律，依韵步和》。按：石荣暲，字荩年，一字靖弇。
②《志略》原注："长沙岳麓山爱晚亭，俗名红叶岭，有井名白鹤泉，深不盈尺，冬夏不竭。相传此泉煎茶启瓯则有蒸气成白鹤形，故名。乾隆朝，上遣中使至山取泉，将归验其异。使至济宁，瓶倾泉覆，以他水进，上试不验，笑曰：鹤殆死矣。此后鹤遂不再见。"
③"留佳话"：《志略》作"传佳话"。
④"京华贵显"：《志略》作"朝官京邸"。

⑤"胜事"句：《志略》作"名贵清华讵偶然"。
⑥"笔花妍"："花"，据《志略》补。
⑦"慕"：石刻残损，据《志略》补。
⑧《志略》无落款。

《拓本汇编》第100册第63页。拓片编号：京7161—6。拓片高33厘米，宽39厘米。刻于子午井井栏第六面，左下有残损。石在北京市西城区骡马市大街湖广会馆。原无题，题为点校者所拟。《志略》收录此诗，见该书第225页。

福建省

共 2 座

龙岩新馆碑记
龙岩会馆捐资题名记

龙岩新馆碑记

民国五年（1916）

石头胡同路东，龙岩旧馆①在焉，原有建筑物系吾岩段云龙君所充。其自序有云，岂一州二邑，无合为新馆之图？观二语，而段君之意可知矣。门额仅标龙岩者，以平、宁旧隶岩州，言龙岩而平、宁在其中也②。民国五年，国会重开，旅京者麇集，佥以旧馆地点不良③，且受乡人委托，爰将该馆售去，即以售出之款，于贾家胡同购新馆一所。时岩改州为县④，与平、宁分立，额标龙岩，似为岩县所独有⑤，因公竖石碑，以垂久远。夫处分物产，全视所有者意思之表示，段君既有谋一州二邑新馆之宣言，则原有建筑物其为三属所共有，而非岩人所独有也明甚。以共有物售出之价金，因而购得新物产，则其仍为共有也，更无待言矣。古今人度量之相越，其不甚远乎。后之来者，当体先人⑥大公无我之心，对于⑦新馆所有权义共同分担享有，不分畛域。而门额则仍其旧，盖取有举莫废之义云尔。

苏寿乔撰并书

|民国五年十二月|连贤基　詹调元
刘万里　林锡良[8]
陈阁勋　陈　纬
章腾蛟　杜绍贤|立|

校记：

① "龙岩旧馆"：《档案史料》《集成》作"龙岩会馆"。
② "平、宁在其中也"：《档案史料》《集成》作"平、宁自在其中也。"
③ "旧馆"：《档案史料》《集成》均作"岩馆"。
④ "时岩改州为县"：《档案史料》《集成》均作"时龙岩改州为县"。
⑤ "似为岩县"：《档案史料》《集成》作"似为龙岩"。
⑥ "当体先人"：《档案史料》《集成》作"尚体先人"。
⑦ "对于新馆"：《档案史料》《集成》脱"于"。
⑧ 《档案史料》《集成》脱"林锡良"。

《拓本汇编》第91册第138页。拓片号：京7075。拓片高34厘米，宽75厘米。碑原在北京市西城区贾家胡同。现藏北京石刻艺术博物馆。《档案史料》《集成》据《闽中会馆志》收录此碑记。

龙岩会馆捐资题名记

民国十六年（1927）

龙岩会馆近因旅京者日众，不敷分住，□（又）苦乏经费，势难持久。佥议募捐添建，以广多士；修店增租，以维常费。嘉赖各界热心捐助，幸底于成。谨将乐捐名额汇勒□（诸）珉，以垂不朽。连天麟谨识。

计开

龙岩□□事赵公鼎三捐小洋三百元正

龙岩□□堂　　龙岩中学校

龙岩商会　　龙岩□□书院

龙岩东省社奇迈书院　　龙岩廖□初公

龙岩杜北庵公　　漳平陈□□公

龙岩□□公　　龙岩鲁□□公

龙岩连锡华翁　　龙岩张□时公

龙岩苏凤亭公　　漳平□智□公

龙岩张友□公　　龙岩詹有昌翁

龙岩翁□□翁　　龙岩□为光翁

龙岩许□□翁　　宁洋俞光华翁

宁洋刘宗猷翁　　宁洋刘正□翁

宁洋□南程翁

　　以上二十三位各捐小洋一百元正

漳平陈□□　　刘□□　　林有声翁合捐小洋一百元正

龙岩教育会　　龙岩尅山书院

龙岩廖□□家课　　漳平陈□□翁

龙岩汤□山翁　　漳平张善□翁

　　以上六位各捐小洋五十元正

龙岩汤□全翁捐小洋拾五元　　公债票条拾伍元正

漳平刘□南翁捐大洋肆拾元正

龙岩孔教会　　龙岩郭笃三公

　　以上二位各捐小洋三拾元正

长沙龙岩堂捐大洋叁拾元正

龙岩章惠初翁捐大洋贰拾元正

龙岩功学所　　龙岩□□书院

龙岩□□书院　　龙岩郭文虎翁

龙岩林庆全公　　龙岩郭会□翁

龙岩林书坤公　　漳平陈□□翁

　　以上八位各捐小洋二十元正

龙岩龙□书院　　龙岩凤岗书院

　　以上二位各捐小洋十五元正

龙岩郭万钟户捐小洋十二元正

□阳□岩福捐大洋拾元正

龙岩□世□家课　　龙岩章成□家课

龙岩章月□公　　龙岩郭竹卿公

龙岩□祥□公　　漳平李三三□公

漳平吕大德公　　漳平□佛兴公

龙岩傅仁富翁　　龙岩□□□翁

　以上十位各捐小洋拾元正

龙岩卢□□翁捐小洋五元正

总计实收捐款小洋叁仟叁佰捌拾贰元正

　　　大洋壹佰元正

　　　公债票叁拾伍元正

中华民国十六年八月吉日　　郭□□　章□□
　　　　　　　　　　　　　林□□　连□康　　同立
　　　　　　　　　　　　　郑邦□　郭秉宽
　　　　　　　　　　　　　苏福清　连□华

《拓本汇编》第95册第109页。拓片编号：京7061。拓片高33厘米，宽91厘米。原无题，题据《拓本汇编》，石原在北京市西城区贾家胡同。现藏北京石刻艺术博物馆。

工商行业会馆

共 35 座

梨园会馆碑
梨园会馆题名
创建黄皮胡同仙城会馆碑记
正乙祠碑
正乙祠碑题名
绦行恭逢圣会碑记
续修针祖刘仙翁庙碑记
仙城会馆市地题名记
重建新义塚碑记
重修仙城会馆碑记
重建公馆碑记
绦行碑记
建立罩棚碑序

春台班义园碑记
颜料行会馆碑
颜料行会馆捐资题名
玉行长春会馆馆产碑
玉行长春会馆馆产碑题名
重修仙城会馆碑铭
糖饼行碑
安苏义园碑
梨园聚议庙会碑
梨园会馆碑
梨园会馆碑
重修成善水局碑
绦行圣会碑记

重修玉行长春会馆之碑记
靴鞋行财神会碑文
玉行长春会馆馆产碑
北京琉璃厂安平公所记
整容行公益会碑
牛骨行行规碑
北平市五金业同业公会建筑
　　会所碑记
北平市五金业同业公会购置
　　会址纪略
北平市五金业同业公会创立
　　纪念碑

梨园会馆碑

康熙十一年（1672）

康熙十一年岁次壬子二月吉旦立

梨园会馆

本馆焚修王德芳

《拓本汇编》第63册第1页。拓片编号：京3642。拓片高115厘米，宽57厘米，碑在北京市东城区东珠市口精忠庙。原为竖刻，右正书立石年月。中榜书双钩"梨园会馆"。左双钩正书姓名落款。原无题，题据《拓本汇编》。

梨园会馆题名

康熙十一年（1672）

正会首	魏九思	王元鼎	米文科	王之政	刘余德	孟应举
	韩宗孔	吴大禄				
	郑存敬	万成仪	杨承荫	郝国安	周国宠	赵□英
	孟宗辅	徐有里				
	□国辅	□□□	王显凤	蔡应登	王学礼	王文学
	汪文元	张洪臣				
	李华春	张安豫	刘　瑞	李　春	唐世兴	白进泰
	郝国□	马维翰				
	蒋士英	李应明	李国瑞	申国才	孙正祖	贾利祥
	陈国泰	周余德				
	张宗颜	郑应彬	赵　奇	胡有龙	胡国良	陈正国
	齐凤翔	张文学				
	白　尚	张永康	陈和智	马　鉴	王□科	□□□
随会	刘躬行	李邦助	吴宗谈	于化龙	郭九邦	宋文魁

	郭荣贵	刘世文				
	卢有德	徐有识	王国柱	金朝相	叶永蕃	张国瑞
	于自德	宗　朱				
	陈□智	□□□	马吉祥	葛逢夏	张子实	魏良才
	赵文通	孙应元				
	叶九皋	赵文龙	霍明德	张永康	李国泰	张　乾
	王□□	王　□				
	王会印	林茂德	程可德	胡文举	侯喜凤	齐登科
	郭廷选	赵国泰				
	杨士鹤	李德福	张廷兰	周余德	陈　敬	闫起凤
	陈永吉	李文聘				
	韩国相	高　魁	张　瑾	公□□		
□家会首	徐应麒	郝承贵	侯进忠	王国明	刘尚禄	杨国臣
	侯应魁	郑永寿				
	乔　昆	孙兆兴	李联芳	叶芝仁	赵国柱	郝宗仁
	李化龙					
随会	蔡应龙	杨九成	何学礼	樊佳士	刘交昇	张凤翔
	凤仪□	董三祥				
	李国宁	刘汝福	赵文彬	李应士	马士彦	马登瀛
	寇守智	吕有节				
	杨　恒	刘德胜	□□□	解中□	姜喜□	王□□
	徐应□	李吉□				
	□　明	张立□	王国□			

《拓本汇编》第63册第2页。拓片编号：京3642。拓片高113厘米，宽57厘米，碑在北京市东城区东珠市口精忠庙。此为康熙十一年《梨园会馆碑》之碑阴。正书。原无题，题为点校者所拟。

创建黄皮胡同仙城会馆碑记

康熙五十四年（1715）

　　赐进士出身中大夫都察院左佥都御史加一级张德桂　撰
　　称会馆何为也？为里人贸迁有事、祓祀燕集之所也。其称仙城何也？昔馆西城，士大夫私焉，系之广州也。今馆中城，商旅私焉，不系之广州，所以别也。别而又称仙城，犹广州也。始里之辐辏京师者，则有若挟锦绮者，纨纻者，绢縠、哆啰、苎葛也，莫不曰吾侪乃寄动息于牙行，今安得萃处如姑苏也。既而累珠贝者，玻璃、翡翠、珊瑚诸珍错者，莫不曰吾侪久寄动息于牙行，今安得萃处如湘潭也。既而萆药之若桂若□（椒）者，果核之若□（槟）若荔者，香之若沈、若速、若檀、若美人选、若鹧鸪斑者，莫不曰吾侪终寄动息于牙行，今究安得萃处如吴城也。凡十数年，是图会馆也。
　　康熙五十年，冯卓吾者，以其所住中城中西坊二铺之居求售二千金，屋虽不雄丽，而坚致过焉。且以近正阳门，而密迩诸广行也，里人亟谋敛货头不及，即相率以义借凑焉，如其值购得之，遂为馆。当黄皮胡同之中，面南，中分二所，东正西偏，东广西狭，各四层。而东则前二层各三楹，后二层各四楹。西则层二楹，合计之屋可三十有半间，其深九丈八尺有奇，而阔则后六丈五尺零，前则杀寻有尺，后俱抵齐家胡同而止。榱楹户牖，咸因其旧。以前东一间为馆门，门颜额焉。有室、有序、有廊，器数齐，湢、庖、库具在。东之前二层为堂，堂之广楹三，之中设关帝像祠焉。砻石为檐除，四周如矩，虚其中而甃之，矢直砥平，无兴尘泥，阴雨若霁，里人升堂奠位，凝肃瞻仰神明，若见若语，桑梓之谊，群聚而笃。咸叹曰，吾徒得有斯馆，不图兴感若是也。

后三年，兆图李子、时伯马子谒余请记。余问二子厥馆所由。李子曰：由利。乡人同为利，而利不相闻，利不相谋，利不相一，则何利？故会之。会之则一其利，以谋利也，以是谓由利也。马子曰：由义。乡人同为利，而至利不相闻，利不相谋，利不相一，则何义？故会之，会之则一其利，以讲义也，以是谓由义也。夫以父母之赀，远逐万里，而能一其利以操利，是善谋利也。以为利，子知之，吾取焉。抑以乡里之俦，相逐万里，而能一其利以同利，是善笃义也。以为义，子知之，吾重取焉。然而利与义尝相反，而义与利尝相倚者也。人知利之为利而不知义之为利；人知利其利而不知利自有义，而义未尝不利。非斯馆也，为利者方人自争后先，物自征贵贱，而彼幸以赢，此无所救其绌，而市人因得以行其高下刁难之巧，而牙侩因得以肆其侵凌吞蚀之私，则人人之所谓利，非即人人之不利也耶？亦终于忘桑梓之义而已矣。惟有斯馆，则先一其利，而利同；利同则义洽，义洽然后市人之抑塞吾利者去，牙狯之侵剥吾利者除，是以是为利而利得也，以是为义而义得也。夫是之谓以义为利，而更无不利也。二子其即以此书之于石，以诏来者，俾永保之，而义于是乎无涯，而利于是乎无涯。

时

康熙五十四年岁次乙未中秋　谷旦

　　　　　　　　李兆图　张德襄
　　　　　　　　马时伯　梁秋五
　　首事　　　　　　　　　　　　　仝立石
　　　　　　　　巫乃熙　陈燕长
　　　　　　　　伍象始　李兴朝

按：《碑刻选编》收录。题作《创建黄皮胡同仙城会馆记》，题下注："原碑在前门外王皮胡同三号仙城会馆。"见该书第 15 页。

《拓本汇编》第 67 册第 40 页。拓片编号：京 2633。拓片高 192 厘米，宽 84 厘米。额篆题"仙城会馆碑记"。碑在北京市西城区大栅栏王皮胡同。

正乙祠碑

乾隆十四年（1749）

粤稽至治之彰，固由亶聪程哲；载考宏文之运，讵无默主权衡。肇汉室文章，并联群宿；征宋儒理学，奎聚五星。则俎豆之陈，自应奉春秋而匪懈；而宫墙之峻，尤宜垩丹漆而加殷。故奕禩推崇，久详记载；而兆人景仰，弥切钦承。原夫文昌帝君，历斗北而上征，主天之六府；倚璧东而下瞩，媲世之三辰。前压奎躔，天畔复华星之位；内司喉舌，人间称上相之荣。□□黯然，日官奏宏词舞弊；清辉散朗，朝廷占文运隆兴。应象阙之张星，论虽戋戋而莫据；诞蜀中之古郡，事何历历其可凭。悉数三生，身为一十七世之士；昭垂万古，光摇二十八舍之程。此皆事出《化书》，恐或不容泯没；况复见诸《道藏》，亦难以与浮沉。至若魁章之座，映槐院而凝祥，价重渊渟学海；烛礼闱而呈瑞，名高浩瀚文津。火出青藜，远过校书太乙；光生练字，非同照乘夜明。钜笔如椽，将示来兹独步；朱提在握，俾知预定登瀛。目与斗柄相迎，觉日近天低之是乐；足履鳌头径渡，任云垂海立而飞行。选胜珠宫，旋超彼岸；

探花月窟，为兆诸生。亦当构阁装形，瓣香顶礼；何惜买丝绣像，祷祀虔诚。用是正乙祠东，大开数弓之宝地；黄金台侧，雄峙首善之都城。碧殿崇高，轶云雨于天半；绮楼轩翥，带虹霓于□阴。仰□□之兼施，吐清风于怀袖；指椅桐之并列，照明月于胸襟。画柱文楹，聊费三分清供；莲铺藻井，已却十丈红尘。□□□□，铃□□而传响；尊容肃穆，仪卫俨而无声。琭简命新膺，尹兹京兆；天神默相，身入峨岷。过潼川而迓麻，曾瞻悬额；望梓州而税驾，尚忆飞甍。欣善信之齐心，众勤易举；乐商民之雅志，有美必成。仰见寝成孔安，鉴而降福；粢盛丰洁，歆而酬勋。祐汝孙以为兰，才雄东观；锡尔子以为桂，品粹西昆。岂特光溢奎躔，亲调商鼎；宁仅彩分文宿，独辟虞门。是故乐此不疲，试作迎神之曲；抑且与人为善，载赓送神之吟。辞曰：神之来兮桂馨，从朱衣兮拖绛绅。风飒飒兮森森，停玉虬兮下霓旌。扬桴兮顾欣，击鼓兮陈情。神饮食兮鉴悃忱，谓多士兮忠贞。余将张蕊榜兮殿庭，命魁秉笔兮阅尔文。右迎神。神之去兮鸾驭升，魁驾鳌兮羽葆纷。斗有粒兮掌有金，将入告于至尊。给汝禄兮慰汝贫，不转瞬兮策大庭。黄卷兮青灯，尚其力于朝昏。瞻五云兮非深，无徒吹参差兮思君。右送神。

顺天府府尹胡宝琭撰文

续文献通考馆校录任绳祖　书丹

大清乾隆十四年岁次己巳八月　谷旦立

《拓本汇编》第70册第111页。拓片编号：京7882。拓片阳高164厘米，宽93厘米。阴高169厘米，宽89厘米。碑阳刻题名。碑在北京市西城区和平门外西河沿。原无题，题据《拓本汇编》。

正乙祠碑题名

乾隆十四年（1749）

广源号杜德先　人和号沈茂正　信义号郑成龙　三泰号张大有
元兴号邵□□　广和号王廷相　万□号□庆安　瑞福号李□启
茂源号王永瑞　□□号黄金阶　天成号冯振远　豫丰号沈德成
元茂号□□□　源远号何端士　万通号舒　楷　汇通号杨光远
通源号朱廷勋　同泰号姚清远　永泰号谢□侯　瑞隆号顾子和
天恒号程受天　万兴号王良义　会生号王子佩　日昇号黄金堦
源盛号章廷光　□有号谢纪贤　天成号冯履祥　元亨号邵　桴
天和号王修武　通裕号于从龙　永和号符有道　丰泰号陈文龙
隆兴号侯万通　万成号陈邦杰　玉成号裴德麟　日昇号鲍仲昇
恒益号毛师濂　源聚号徐兆熹　广聚号王文杰　恒盛号方　斌
大生号赵　伦　元泰号叶有成　德兴号余奕伦　德和号胡　松
德聚号任天儒　广泰号□文□　和裕号戚　敏　永昌号潘　侟
宏源号叶荆玉

司馆叶大遴　检造赵殿升　督工俞圣千

《拓本汇编》第 70 册 112 页。此即乾隆十四年八月《正乙祠碑》之碑阴。原无题,题为点校者拟。拓片高 169 厘米,宽 89 厘米。

绦行恭逢圣会碑记

乾隆四十年（1775）

　　盖闻结丝分茧，《月令》载染彩之文；博带垂绅，儒者为束躬之具。故上天之化育万物，斯民藉此养根；祖师之灵佑四方，众生感而得福。是以有条不紊，既经纬之旋分；积絮而成，复元黄之是辨。密如细雨，溯缫茧于三盆；直似朱绳，勤辟纑于五夜。《书》称厥篚，粉米耀于明廷；《诗》著其紭，服饰彰于清庙。以是知薄艺微长，莫非妙用；结花构采，悉属化工。锦成五色，奚足比其鲜华；冕费三升，讵能儗其绵密。兹者添（忝）在绦行，恭逢圣会。抒怃①悯于愚衷，用呈不腆；泐俚词于碑石，照示来兹。庶几代远年湮，后之君子，振兴鼓舞，不忘一时之盛举云。

大清乾隆四十年岁次乙未四月谷旦敬立

山阴徐榆九撰并书

校记：

① "忧"：原刻如此，疑误，应为"幅"。

《拓本汇编》第 73 册第 159 页。拓片编号：京 620。拓片高 100 厘米，宽 50 厘米，额高 21 厘米，宽 19 厘米，双钩正书题"恭庆圣会"。碑在北京市西城区太平街哪咤庙。

续修针祖刘仙翁庙碑记

乾隆四十四年（1779）

　　窃谓庙宇重新，施与功归善信；神明安侑，捐输惠自虔诚。针行众姓，历祀针祖，以为其利益民生，功侔圣作。故虽衣裳之制，莫不由之而美乎黻冕也；即灸炙之能，亦莫不因之而瘳乎诸疾也；且百世之下，巨细之家，亦莫不依之而成乎妆饰也。其功岂小补之哉，可不敬且祀乎？故并建药王、财神之殿而鼎奉之，意其皆有利益于民生福泽者也，岂同蚩蚩臆好佛老而妄祈非福之见哉？是可取耳，故因其请而记之。斯庙也，原立有碑志，今也字迹模糊，未考何时创立之始。幸自康熙五十一年壬辰，众善重修，迄今六十有八载，年亦深矣。渐被风雨摧残，墙垣倾攲，再如坐视不修，其势将成废址矣，何以成敬奉乎？岂终不克其初耶。于是倡同众议，奋志重修。乐为捐助，以襄胜举。庶继前人之事，以期后至之贤，则众等非无益之谓也。今乾隆四十四年己亥二月初一日兴工，九月九日告竣。构成大殿三间，厢房八间，厨房二间，墙垣四筑，殿宇彩画，神像庄严，举目一新，欤钦！此所谓尽人力而妥神明也，非所谓臆好佛老而妄祈非福之见之比也。功既落成，欲立碑以志其事，因众善等请记于予，噫！予既素不信禅玄之说，而又岂肯以笔墨媚神，谬为点缀，致贻讥于君子者哉？因钦其神之功泽之深，嘉其众之志见之壮，故乐为之记。

诰授朝议大夫刑部贵州清吏司员外郎兼办云南清吏司事管理督催所事务加三级军功加六级纪录四次刘柏龄撰并书

钦赐世袭骑都尉特授直隶提标古北口城守营都司加一级纪录二次张无咎

乾隆四十四年岁次己亥九月初九日建立

为首

张 琦	王宝玉	张明山	王 瑞
李如楷	宏源号	陈可俭	王加谷
孙广顺	张鸿儒	李 沛	牛组洪
魁山号	原茂枝	李 灏	璩文友
苗公道	闫隆宇	经仪号	丁 玉
姚廷章	兴隆号	四合下条	彭玉府
张正纲	王成盛	王友二	明 理

江宁杨小□镌

《拓本汇编》第74册第43页。拓片编号：京628。碑身高108厘米，宽65厘米，额高21厘米，宽19厘米。篆题"针祖碑记"。碑在北京市西城区上斜街伏魔寺。

仙城会馆市地题名记

乾隆五十三年（1788）

　　吾乡业废居游都市者，舟车相望。匪直操赢制馀转息耗而已。公燕之地，事神必恪。岁时精祷，甑俎瓮簝，鲜槁咸荐，以展虔襟。神既歆饗，退而饮福。相箴以悃诚，相尚以缚绁，让饶取堉，称交庆焉，虑无以待乏也。事之不豫，具将不备。询谋于众，率白金以两计者，四百四十有七。益以馆中公费二百三十有三，市宅一区，以楹计者，十有三。租钱岁入以千计者，一百三十有二。丰而不馀，约而不匮也。夫莫勤于前，孰克基之；莫承于后，孰图利之。斯馆之成，有举莫废。今兹之祀，不懈益虔。用答神贶，庶无斁焉。以盍朋簪，为可继也。其扩而大之，则俟诸踵至者。乾隆五十三年五月初一日记。翰林院编修温汝适撰，庚子解元张锦芳书。[①]

天吉号	大昌号	天和号	宗盛号	陈福田	东蕃号	源丰号
诚记号						
周怡和	庆合号	徐昌记	安盛号	谦源号	茂源号	经盛号

怡兴号

周京昌　昌隆号　沛昌号　合来号　蔡日昌

　　以上各助银十两

新源号　同德号　夏联昌　周昆源　仁和号

　　以上各助银五两

三合号　助银三两

周健贞　陈贤度　林国英　陈炳远　周焕贞　蔡章荣　刘毓远
徐日淮

邓作宏　陈宗干　黄秉善　冯斌祁　薛殿桢　黄倬夫　温鸣斯
蔡荣芳

邓廷际　陈韶端　麦作霖　龚开蕃　温圣肩　温旦恒　温旻若
周景舒

　　以上各助银五两

邓作洪　吕爵驭

　　以上各助银四两

钟秉源　廖韶远　郑克襄　张元徽　钟满华　刘近为　廖正与
彭廷显

邓作信　黄翘绅　陈仰台　余超赞　邓作闻　吴灿昌　黄秉庄
萧锦堂

邓作源　蔡汝君　邓作锦　冯壮行　简文翀　李杰恒　简智翀
邓廷诏

邓廷茂　陈盈端　黄达聪

　　以上各助银三两

黄圣彦　邓廷新　黄秉朝　温丽东　黄清载　各助三两[②]

旌德刘体乾镌

校记：

①撰文及书丹者署名原刻于题下。
②助银者助银总数为462两。碑文黄圣彦等五人各助银3两当为补刻，减此五人所助15两，则与碑记中447两相符。

《拓本汇编》第75册第98页。拓片编号：京7141。拓片高126厘米，宽64厘米。正文隶书。碑在北京市西城区大栅栏南王皮胡同。

重建新义塚碑记

乾隆五十三年（1788）

　　事不难于倡，而难于继。非继者之独难也，有人倡之于前，无人继之于后，则倡者之功泽不远，而其志愿亦不遂。盖莫为之后，虽盛弗传。以是知继者之功，与倡者埒，而能继之人为独难。吾乡人之求名于朝，以及衣食奔走，来游京师者，殆半桑梓，其客死已作旅魂者又半寄迹。利锁名韁，已作他乡之鬼；山遥水阻，难招故国之魂。乡先辈心怜同类，志念无依，思于永定门外为置义塚，为吾乡人窀穸地计。其建立在雍正之年，迄今甲子已周。叹逝者接踵，难免白骨如山；观瘗者比肩，难曰黄泉□□。以有限之片壤，厝无数之幽魂，既不能右迁以让左，势必至后来者居上，此诚时势所必至者也。在乡先辈当经营之始，未尝不私心窃愿曰旅魂其早归乎，弗郁郁其久居此土也。又未尝不私心窃愿曰后人其克继此举乎，弗累累□□□□□。去年丙午之各司祠事诸乡先生，偕同人共议新塚，即于老义塚之西，购地十七亩有奇，周以墙壁，翼以祠□□□，虽千有馀金，而其经营倍难于往昔，俾泣露新魂，暂归乐土；餐风枯骨，少□游魂。既有以继先辈之志愿，亦有以□□□之幽灵，其功岂不伟欤。独是乡先生能志先辈之志而为其功，则吾乡之后起者，亦必能志乡先生之志而继其□□年久远，之后自有能继其志而为其功者。后之继今，亦犹今之继昔。而吾所谓难者，又曷见其难哉！爰志其事于□，以昭来兹。

赐进士出身礼部仪制司主事拣发云南直隶州知州奉政大夫加四级纪录五次馀姚翁之圻拜撰

乾隆五十三年岁次戊申季春　　谷旦

重修仙城会馆碑记

嘉庆十四年（1809）

吾乡转毂郡国，萃于京师，物产之华，甲于他省。筑馆城南，以时会聚，由来旧矣。吾犹及见老成其所以能致富饶、享丰厚者，非徒趋时审势，逐什一之利以获奇赢也。盖必有忠信诚悫之行，淳谨节俭之风，以修于己而孚于人，故能长享其利，阅数十百年不衰。考之史传所载，若鲍叔之分金，弦高之犒师，陶朱之三致千金，白圭之为治生祖，皆卓然有过人之行，而后能拟千户之封，此岂有今古之殊者哉。昔斯馆之设，以为岁时祀神祈报，退而与父兄子弟燕饮谈论，敦乡情，崇信行而为此也。始于某年，重修于某年某月，前人记之详矣。阅岁已久，兹复从而新之，辟门于南之东，从青鸟家之说，仍旧，非创也。凡东西之屋十数楹，靡不修举。复葺西偏之市宅，以为岁修之资。既成，请记于予。予不能辞也，而述昔之所闻见者刻诸石，以告来者。继自今登斯堂者，无忘在昔忠信节俭之风，庶几相引而勿替矣。岂不美欤！捐金姓氏并记于左，亦以见众志之相孚，图始乐成之易易云尔。

都察院左副都御史前通政使司通政使太仆寺卿国子监祭酒左春坊左庶子充日讲起居注官顺德温汝适撰

翰林院庶吉士甲子科解元顺德何惠群书

  天和号 昌隆号 怡兴号

    以上各助银贰拾两

  安盛号 怡和号 俭和号 □蕃号 全盛号 长隆号 东成号 恒昌号

    以上各助银壹拾两

  周京昌 裕兴号 大彰号

    以上各助银陆两

  茂源号 助银伍两

  逢利号 助银伍两

  源利号 助银叁两

  邓作昭 陈作简 陈作芝

    以上各助银壹拾伍两

  黄秉庄 郑永振 黄秉朝 温淳圣 邓廷诏 陈朝献 邓廷芳

    以上助银各壹拾两

  黄世宏 黄清载 周锡芳 曾景修 黄能标 邓作姚 邓廷玉 温惠蕃

  邓瑞徵 邓朝徵 黄瑞徵 邓汉徵

    以上助银各陆两

  刘毓远 吴秀仪 黄延熙 黄君良 黄心行 陈学修 黄允平 温伟图

    以上助银各伍两

  刘元立 卢应裕 冯壮行 李振□ 黄奕熙 邓作朝 刘敦行 邓相占

黄儒珍　蔡沛宗　黄昌霖

　　以上助银各肆两

卢满林　廖正与　陈阶抢　黄书行　邓作□　温圣肩　陈适端
卢爵天

邓作韬　麦作忠　陈崐端　邓廷弼　邓廷宸　陈仰平　麦鸣泰
余启耀

黄应北　梅聘□　凌灵茂　麦作梁　廖绪休　余宏耀　刘体尧
康奕昭

简启行　张履常　郑永训　陈湛夫　薛粹方　黄时中　吴凤翔
黄勉□

麦作睿　邓廷标　邓廷英　邓翰中　蔡晋宗

　　以上各助银叁两

嘉庆十四年岁次己巳孟秋中浣谷旦立石

　　按：《碑刻选编》收录，题同，题下注："原碑在前门外王皮胡同三号仙城会馆。"见该书第19页。

《拓本汇编》第78册第57页。拓片编号：京7139。拓片高125厘米，宽64厘米。碑在北京市西城区大栅栏王皮胡同。

重建公馆碑记

嘉庆二十二年（1817）

盖闻生人有疾，宜遵补救之方；百草是尝，首重神农之氏。如神灵之不爽，贵香火之克供。各纳捐资，用成公馆。我同行向在南药皇庙同修祀礼，奉荐神明。命彼伶人，听笙歌之毕奏；昭我诚敬，戒礼度之无愆。既建地以酬神，亦行规而可议。近因荒祠久废，古壁成尘，我同行公同合议，于海岱门外北官园之南口，相彼基址，是用创修。兴土木之工，有基勿坏；绍前人之意，后世无忘。同期集腋成裘，此日各输资斧；欣者福缘善庆，维神永降昇平。是为记。

时
大清嘉庆二十有二年岁在丁丑季秋月　谷旦

《拓本汇编》第78册第165页，题《药行会馆碑》。拓片编号：京2808。碑身高152厘米，宽84厘米。额高17厘米，宽20厘米，双钩正书题"寿萱长春"。碑在北京市东城区崇文门外东兴隆街药王庙。

绦行碑记

嘉庆二十三年（1818）

窃惟京都为百行聚集之区，人数日繁，往往有卒于旅次，而贫不能扶榇回籍者，每致无处安厝，骨殖抛残，良可叹也。是以各行或设立义园，或公捐寄费，俾无力孤魂得有依归，此亦仁人君子之所以仰体天地好生之德耳。惟余等绦作一行，向无义举，遇有死亡，有力者自可筹寄，而无力者举目无亲，一遭病故，即作他乡之鬼，甚至棺木抛掷荒皋，不蔽风雨，经年累月，暴露堪怜。谁谓枯骨无知，而不恻然动念乎！兹于嘉庆二十三年，公同议捐，出资京钱壹佰壹拾吊整，置得义地壹段，坐落黑龙潭庙前，计肆亩零。嗣后吾行中凡有客死京邸，棺木无力回里者，准其报明会中，扛抬入地安葬，庶死者入土为安，而夜台当无零露之悲矣。惟冀源远流长，永垂不朽之业，凡我同行，各宜恪守，不致日久废驰，贻讥后世，实为厚幸焉。

公议条规开列于后

　　　　计开

一　议得义地一段，现交看管祖师庙吴姓守管，倘日后有事驱逐，将义地段落即日交清，以便下手□（接）管毋误。

一　议得每年排土填坟，应需费京钱弍千文，系会中发给，毋许向本家扰索。

一　议得安葬木棺，其死者本家如欲搬取回里，一切用费与会中无涉。

一　议得会中嗣后倘有公捐钱文，准其入会生息，以备续买义地。

一　议得义地每年地税京钱五百文，俱系看管人吴姓自行交纳，与会中无涉。

一　议得掘坑代埋，需费京钱柒百文，俱系会中给发，毋许向本家需索。

一　议得会中每年必须议立一人轮值经理，免致日久废弛，出入帐目，每年公仝会□。

一　议得行外人棺木，不准抬入义地，如有偷葬以及看管人徇情不报，鸣官究治。

嘉庆二十三年七月二十二日绦作同行公同议立

《拓本汇编》第78册第176页。拓片编号：京1082。拓片碑身高76厘米，宽61厘米。额高24厘米，宽19厘米，正书题"绦行碑记"。碑在北京市西城区太平街哪吒庙。

建立罩棚碑序

乾隆三十五年（1770）道光二年重修（1822）

夫莫为之前，虽美弗彰；莫为之后，虽盛弗传者，振古然也。都城彰仪门内河东会馆，乃烟行崇祀关圣、火祖、财神三圣处也。瞻庙貌之巍峨，仰声灵之赫奕。慈祥普惠，锡福履于同人；桑梓萦怀，联乡情于异地。前辈之创建设立，不良有以耶？迄今时远年湮，徒告处于酒醴；而因陋就简，鲜式廓于程规。将何以承遗徽于前，隆报祀于后哉！故凡同志，不能已于增设也。况躬逢圣代，会计燕台，既茂承初业，复积累多财。桷梲如故，不事更张。黝垩情深，宁忘壮彩。鸠乃工，度乃地，环之以崇楼，覆之以大厦，庶几□□雅管，乐盛世之鼓吹；束帛瓣香，幸神明之来格。虽匪钜观，亦堪增色，爰勤勒石，以垂继往开来之意耳。

再，前有行规，人多侵犯，今郭局同立官秤一杆，准勖拾陆两。凡五路烟包进京，皆按勖数交纳税银。每百勖过税银肆钱陆分，□□轻重，各循规格，不可额外多加勖两。苟不确遵，即系犯法。官罚银不箄，会馆公议，每勖罚银壹钱。法不容私，恐众不听，□碑垂□□示久远，永志不朽也云夫。

赐进士出身文林郎知福建延平府沙县事兼管粮厅印务加三级纪录三次又纪大功四次绛县郭匡敬撰

古晋曲沃李作恕书丹

督工募化公直

□日茂	李光前	高从宽
朱正敏	高　敬	乔天会
范崇德	李廷选	李燕桂
樊宗衡	李景圣	祁□有
刘自直	董可德	胡承训
柴乃会	李作恕	李作圣
王□章	贺文光	梁自义
高立功	傅耀印	李积庆
□彦廷	柴　征	朱绍先
李育丰	续述成	薛　楣
石绍武	李学冉	张　萃
吕兆昌	牛有智	刘　□

募化公直

靳克敏	续述先	关有宽	
靳文瑨	赵允弘	李学蔚	李　通
常开业	郭振基	高　胜	王鹏翼
陈光宗	张荣贵	李世禄	冯儒雅
范怀琏	杨进修	柴方播	张　仪
蒋又柄	王缵圣	卢生韦	刘介智
□　□	□　□	张秉勋	张秉义

□ □	毛必荣	刘秉全	刘成玉
李发昌	杨 仪	杨自仁	李 炯
杜佐国	高 华	谭发端	任九成
傅居仁	李学魁	冀 扬
李重昇	李 潭	李 俊

东直门关铁狮子胡同

六两数　永顺号

五两七钱　通顺号

四两四钱　恒足号

二两五钱　聚兴号　　泰来号

二两数　同盛号　　兴盛号

一两五钱　增盛号

五钱数　九如号　　恒心号　　同盛号　　泰山号

以上共收布施银壹千贰百陆拾贰两叁钱

建立罩棚使银玖百两

油色神殿使银叁拾贰两

修理戏楼使银叁拾两

桌椅板凳使银壹百贰拾两

打碑刻字使银叁拾捌两

杂行使费银贰拾壹两叁钱

借取银钱出利使银拾贰两

修理天沟使银捌两壹钱

郭局同修大秤壹杆银贰两

□用使银陆拾叁两肆钱

□和尚老道使银拾两零伍钱

□前住持□塔使银拾□两

大清乾隆三十五年闰五月　日立
道光二年六月吉日　重修
本馆住持传贤首慈恩二宗第三十一世弘法沙门正寰徒觉深觉澄
山人如意真　镌

　　按：《碑刻选编》录此碑文，题同。题下注："原碑在广安门大街四四九号河东烟行会馆。"见该书第50页。

《拓本汇编》第73册第18页。拓片编号：京10115。拓片通高185厘米，宽69厘米。额正书横题"永垂不朽"。碑尾附刻题记："道光二年六月吉日重修。"碑在北京市西城区广安门内大街。

春台班义园碑记

道光十七年（1837）

　　义园系以春台者，别乎梨园之义园而言也。皖省各班，向有合置梨园义塚一所，凡业梨园者殁，听其或厝、或葬、或起棺扶归寿藏、或永寄居兹佳城，历有年矣。近因坟塚渐增，累累然几无馀地。我春台陈公孔蒸、蒋公云谷二公是以续有此举，兼喜同人协心乐捐，访得左安门内南极庙左侧，有郭姓废地一区，计地拾陆亩，势居平旷，堪为义塚。东西南北、周围四至，同步其界。特此凭中说合，购于道光十五年八月初七日，价费若干，应契蒙批，恩免纳税。但法在垂久，事保无虞，必竖碑以防湮没，更筑堵以阻游牧，方使旅魂得安，不致异魄无寄。且恐岁月既久，其后坟塚将亦累累无几，因议此园本专属春台，则亦惟春台之人姑许其厝葬，庶足以善后也。所有乐捐姓氏及葬次规条，并勒于石也。

大清道光十七年岁次丁酉清和月谷旦　春台班等公立

《拓本汇编》第 80 册第 124 页。拓片编号：京 1061。碑身高 140 厘米，宽 69 厘米。额高 20 厘米，宽 16 厘米，篆书题"万古长春"。碑在北京市东城区南极庙街。

颜料行会馆碑

道光十八年（1838）

维夫诸货之有行也，所以为收发客装。诸行之有会馆也，所以为论评市价。京师称天下首善地，货行会馆之多，不啻什佰倍于天下各外省。且正阳、崇文、宣武前三门外，货行会馆之多，又不啻什佰倍于京师各门外，而颜料行特诸行中之一行耳，颜料行会馆特诸会馆中之馆耳，奚足以重烦名笔、书文勒石耶？虽然，正亦有故。尝往考颜料行会馆中碑记所载，重修肇在康熙十有七年。馆之建始，上莫之考。次则乾隆六年，添造戏台、罩棚，复立有碑记可考，且记内载明馆地四至。迨下考暨于嘉庆二十四年重修碑记，并知将与会馆仙翁庙毗连之火神庙一律修整。自是即以仙翁庙之晨夕香火兼属于火神庙焚修道人鲁恭安摄之，更公议定每月给与工费钱若干串，雇其代看会馆，历年来无异。乃至道光十六年冬，道人鲁恭安病亡。先时，其有逐出之弟子蔡盛名者，以师亡复归庙，会馆值年六家时正议觅无妥人，蔡盛名遂求出相识之人说合，情愿代书雇约，保其看馆，面情难却，姑共许之。讵意狼子野心，忘恩反噬，看馆甫两越月，即私行典当馆中器具。素知会馆契纸久遭回禄，遂妄据火神庙与会馆仙翁庙毗连，陡起贪夺之心，致与涉讼坊城，经断案，复捏虚反控。幸蒙察院大人明镜双悬，两回照破肝胆，复断令火神庙仍归蔡盛名，其仙翁庙着颜料行另觅妥人，并令将当票交侯维山等自行赎取。此疆尔界，划然一清，今而后永斩葛藤，非诚赖官明断之才，邀神默佑之力欤？则夫欲烦名笔书文勒石也，其故正以此。於戏！自我颜料行会馆之建于芦草园也，近百有四十馀年来，行货居货者，生意茂增，馆经添造一次，重修二次，无论所费者已不赀，即以往值年诸前辈心力之经营，亦既云殚已。今偶以虑之不远，姑息养奸，几使鹊巢为鸠所居，故讼平后即已将会馆房数地界开写清单，复照例在于大兴县过契，封藏值年处公笥中，作为轮流交代之物。一劳而永逸，谁曰不宜。用是我值年六家公议书文勒以志颠末，并议书刻同行各铺号于碑阴，示不敢没众志众力所共成也。他如建门以悬额也，择人以看馆也，献诚以谢神也，岁云莫矣，草笔聊为塞责，后当更有所斟酌之，损益之，以期于尽美尽善，我六家所不敢预知也，以俟来春鼎新之值年者。

赐进士出身前翰林院侍讲荔岩铁林　撰
蓟门晓邨陈之杰书　时年七十有五

经理人	庆泰号孔景寿	永聚号雷化田	公泰号宋振本
	鸿昌号侯维山	合盛号侯德权	全泰局宋锡瑚
	大成局刘天福	隆盛号范世雨	义和号雷惠普
值年	永裕号	全昇局	北永兴
	源增号	大生隆	合成号

道光十八年二月　日　吉立

《拓本汇编》第80册第151页。拓片编号：京7853。碑身阳、阴均高118厘米，宽68厘米。额阳高宽均17厘米，正书题"万古流芳"。碑在北京市东城区北芦草园胡同。原无题，题据《拓本汇编》。碑阴刻捐资题名，见后。

颜料行会馆捐资题名

道光十八年（1838）

振兴恒助银叁拾两　西广聚助银叁拾两　协成永助银叁拾两
聚盛成叁拾两　永聚和助银叁拾两　协和公助银叁拾两
积聚公叁拾两　长盛公助银叁拾两　恒昇德助银叁拾两
德盛隆助银叁拾两　中盛义助银叁拾两　裕兴永助银叁拾两
同顺永助银叁拾两　德峰号助银叁拾两　公胜号助银叁拾两
崇德昌助银叁拾两　祥源义助银叁拾两　大成瑞助银叁拾两
仁义涌助银叁拾两　大森长助银叁拾两　祥聚诚助银叁拾两
三义信助银叁拾两　五兴公助银叁拾两　德泰成助银叁拾两
永锡久助银叁拾两　公信和助银叁拾两　茂盛号助银叁拾两
广聚永助银叁拾两　万兴义助银叁拾两　永庆号助银叁拾两
德胜成助银叁拾两　永聚公助银叁拾两　元兴钰助银叁拾两
天泰号助银叁拾两　德盛长助银叁拾两　蔚泰永助银叁拾两
志成永助银叁拾两　天聚泉助银叁拾两　长庆公助银叁拾两
隆聚昌助银叁拾两　广立号助银叁拾两　兴盛涌助银叁拾两

三昇永助银叁拾两　天盛永助银叁拾两　聚义公助银叁拾两

义昇公助银叁拾两　荣寿康助银叁拾两　天德涌助银叁拾两

玉盛长助银叁拾两　志信号助银叁拾两　德庆公施洋肆拾元

源和泰义记施洋肆拾元　永泰魁义记助银叁拾两　长茂义助银叁拾两

公义昌助银叁拾两　同义兴助银叁拾两　义兴厚助银叁拾两

德诚厚助银叁拾两　同聚义助银叁拾两　金记号助银叁拾两

三义德助银叁拾两　泉信昌助银叁拾两　公盛裕助银叁拾两

合行众铺号人等公立

《拓本汇编》第80册第152页。刻于《颜料行会馆碑》之碑阴。落款原居中刻，现移后。原无题，题为点校者所拟。

玉行长春会馆馆产碑

咸丰元年（1851）

启云：玉行公立长春会馆已有年矣。兹因重修殿宇，创立碑记以光前人之志，裕后人好善向义之端。敬将历来始创之由，谨铭于左。于乾隆五十四年，蒙工部侍郎德印成施助空地一块，在北城地面沙土园，四至分明，报明批准。所盖殿宇房间，遵例赴县投税过民红契纸一张。后又续盖灰棚，复于嘉庆庚辰年，道光戊戌年、癸卯年，并二十五年、二十六年、二十九年，经会末人等俱有添盖、修补工程，共各添盖房若干间，使费银若干两，并具有底账订本存记，共经手会末各位姓名俱铭刻碑阴，一存誉望。及今经历多年，一切殿宇房间有无损坏不等之处，经本年会末值年人宝德斋王德兴经理添盖房间，佛殿诚供财神、邱祖、鲁班圣像，创立碑文，所为美事相传，以期久远。善因获报，理在必然。非为挟私媚福，实祈阖行众等咸登福地，共叨安康之嘉荫也。

金 琇

刘　　义

　　张长义

　　韩成瑞

　　王德兴

　　曹文举

咸丰辛亥年仲秋　吉日　谷旦

《拓本汇编》第82册第16页。拓片编号：京4464。拓片阳刻碑文，连额通高146厘米，宽59厘米，额正书题"永垂不朽"。碑在北京市西城区大沙土园胡同。原无题，题据《拓本汇编》。

玉行长春会馆馆产碑题名

咸丰元年（1851）

谨记，于乾隆五十四年起建立，承办，王、饶、傅、李

馆内现在房间数目铭刻于左

前院大川堂三间，耳房二间，东西厢房六间，西小平台一间。

后层佛殿三间，耳房二间，东西厢房六间，东平台二间。

西院头层正房三间，西平台一间，富有斋承盖。

二层正房四间，顺合斋承盖。

三层正房六间，西平台一间。

四层正房六间，西平台一间，宝德斋承盖。

五层正房三间，义古斋承盖。原有四间，二共七间。

六层正房七间，南平台一间，宝德斋承盖。

七层正房四间，义古斋承盖。

八层正房六间，南房一间半，宝德斋承盖。

门房二间，添盖大棚栏一间，宝德斋承盖。

前后共计房七十六间半。

咸丰元年六月初一日立

韩姓公同馆内民红契纸一章。交明，望下轮流，轮流一年。

账目契纸所管钱物傢居

本年王姓所管一年。

金姓所管一年。

张姓所管一年。

曹姓所管一年。

轮流四年，望下推班。

如若在，请会首轮流推班。

清故会友名单

黄大有	何朝松	邹景德	张国仁	胡大有
马兆麟	刘永典	浦绅元	王春寿	贾世裕
傅大成	罗传英	吉大振	邹国秀	安国祥
姬文远	汪巨康	饶木涛	王盛功	熊昌寿
溪显臣	马得禄	白士奇	施支立	何三达
赵世公	周士黄	都舜章	裴乐相	许天义
汤云龙	于存仁	胡士凤	安成龙	吉文盛
寿万育	胡上坤	张怀亮	马兆祥	王殿魁
施景薛	张文佩	许在周	李南枝	安成瑞
王丕显	张英章	吉永祥	王汉山	李福保
王起瑞	李嗣乐	袁国成	吕鸿太	李英杰
李万山	梁国生	熊世盛	周纯儒	王丕成
李益仁	张士进	傅腾起	谢　钧	王起成

《拓本汇编》第82册第17页《玉行长春会馆馆产碑》碑阴题名。拓片编号：京4464。拓片高116厘米，宽60厘米。原无题，题为点校者拟。

重修仙城会馆碑铭①

同治元年（1862）

广州东南负海，北通大庾，西达交桂。货殖之所蕃息，商旅之所合沓，盖甲天下。迁引贾贸，遍极寰海，矧夫京师之地，方辕齐毂，又汇聚之所欤！正阳门之南，故有仙城会馆，创建于康熙五十一年。嗣是而后，历乾隆、嘉庆间，迭有葺治，相续勿绝。府人操兼赢之业者，率骈坒其中，称极盛焉。道光之季，稍逊畴曩。兹馆之设，将虑芜圮。咸丰十一年，府人南海麦炘之，字慎庭，合诸同人，商略改作。佥曰既历年所，更始惟宜。于时，浙江归安姚承舆，字正父，薄游京师，博览坟奥，洞于阴阳之学，为审曲面势，革其旧观。拓号通之维，开背阳之门，截常羊之气。盖苦乎衢路既壅，前庐湫隘，乖环拱之义，谋变通之方，非有他也。榱桷之费，柱础之用，胶漆之材，鈲撅之赏，盖准市钱四万贯有奇云。庭构既就，栱栌载饰。神妥其灵，人乐其荫②。庶俾来哲，有所踵行。翰林院编修顺德李文田，字仲约，时官京师，嘉其美举，书之于石，并为铭辞。其文曰：域中万川，环于南海。百粤之利，是赖财赇。矧夫神京，百货所达。东通句骊，西渐靺鞨。以兹上都，集此商旅。隧分衢列，烟墉四起。游侠所聚，冠盖所息。各以方物，侈为居积。惟此馆舍，必恭必恪。既习和易，亦励诚悫③。曰兹馆舍，肇于康熙。不有君子，孰图利之。前人既勤，后哲用继。修废起坠，厥云能济。汉代艺文，聿传相宅。曹全开阙，见诸金石。形家之言，良非乖异。苟无人和，曷成地利。刻此乐石，铭之座隅。后有千禩，丹青勿渝。

  和丰昌记　安成荣记　同顺号

  恒昌荣记　天成福记　万盛隆记

  广信诚记　友荣号

   各捐银百伍拾两

  源记号

   捐银百两

候选州同麦炘之　监生冯梦熊　候选盐课大使谭祚良

 职员余维藩　光禄寺署正黄德基　监生王镜斯

 监生胡廷琮　候选光禄寺署正加二级谢允佐

 监生何錞昌　候选布政司理问谭维錞

 邑庠生李作霖　监生何善良　监生张志修

 职员姚镇涛　监生温绍舒　监生廖培坚

 职员梁殿英　职员崔朝德　监生蒋以礼

 监生李溥周　候选同知加二级宋缙

 监生宋绅　候选员外郎周吉兆　监生胡泽霈

  各捐银十两④

同治元年正月甲申朔日建⑤

校记：

① "碑铭"：《碑刻选编》《集成》均作"碑记"。
② "人乐其荫"：《碑刻选编》"荫"作"阴"。
③ "愨"：《碑刻选编》误为"懿"。
④ 捐资题名《档案史料》缺。《碑刻选编》录序有误。如源记号捐银百两，列入各捐拾两之中。
⑤ "同治元年"：《档案史料》作"祺祥元年"。按：咸丰十一年，咸丰帝病逝，遗命六岁子载淳继位，并拟定改年号为"祺祥"。载淳生母慈禧皇太后发动政变夺得最高统治实权后，改"祺祥"为"同治"。碑原刻为"祺祥"，挖改为"同治"，拓片尚可见挖改痕。现依拓片，录作"同治"。

《拓本汇编》第83册第1页。拓片编号：京2630。拓片通高127厘米，宽64厘米。额篆"重修仙城会馆碑铭"。碑在北京市西城区王皮胡同仙城会馆。

糖饼行碑

同治元年（1862）

　　盖闻为善之道，莫为之前，虽美弗彰；莫为之后，虽善弗传。是善事之创始，原于前人；而继美之贵诚①，则在后辈。犹之疏河者，必遵其源；登枝者，不忘其本。推厥由来，诚有所自。况京师为首善之区，名利之薮，百工相聚，千里谋生，孰不沾圣时之雨露，而仰神灵之庇荫哉？如我江南糖饼行，在京贸易已久，而铺户柜案人等，向于康熙年间，即在沙窝门内道左之马神庙，捐助银两并置坟地为供奉香火②之费。内敬祀雷祖大帝，每届会期，恭诣庙所拈香，以昭诚恪而酬灵贶③。自乾隆五十五年司事者大兴楼天灾，将地契及修盖殿宇帐目④，均被焚化无存。后于嘉庆四年，又续捐香资，置办供器、銮驾等件，并议有行规章程，按旧立碑碣可考，兹不复叙。迨去年行规紊乱⑤，渐改旧章，遂邀柜伙人等通同公议，重立行规，俾使遵守，庶不负前人举善之美，而后之有为者抑亦有所征本求源欤！是为记。

同治元年三月初二日修立周围墙垣，前后大殿，东西配房，山门，内外脚门，共用钱贰仟贰百陆拾贰吊捌百捌拾文。

南案□□□□□桌，共用钱肆拾肆吊零肆拾文。

京案共助钱壹仟零捌拾贰吊文。

南案共助钱壹仟壹百捌拾吊零捌百捌拾文。

咸丰八年二月十九日同行公议学徒入行，京钱捌吊文。每年九月十九日，铺户柜案人等恭诣拈香。

京通南案涿州保府

通州天乐斋　共助钱拾五吊文

　又柜案上人等共助钱陆拾吊文

益泰号后案共助钱五吊文

同泰号　共助钱五吊文

　又柜案上人等共助钱拾吊文

阜丰号后案共助钱捌吊文

祥丰号后案共助钱拾玖吊文

通州成泰号后案共助钱玖吊文

保府铺户人等共助钱捌拾吊文

复盛斋　共助钱肆吊文

宝声楼　共助钱拾吊文

　又柜案上人等共助钱拾陆吊文

域盛斋　共助钱叁拾陆吊文

　又柜案上人等共助钱贰拾捌吊文

庆兰斋　共助钱五拾贰吊文

　又柜案上人等共助钱捌拾捌吊文

馨兰斋　共助钱肆拾捌吊文

　又柜案人等共助钱叁拾吊文

京天乐斋　共助钱叁拾吊文

又柜案上人等共助钱贰拾贰吊文

佩兰斋　共助钱五拾陆吊文

　　又柜案上人等共助钱五拾陆吊文

天桂斋　共助钱五拾陆吊

　　又柜案上人等共助钱五拾□吊文

金兰斋　共助钱壹百捌拾壹吊文

　　又柜案上人等共助钱壹百拾玖吊文

同治元年岁次壬戌六月　日　谷旦　各铺户人等同立

　　按：《碑刻选编》录此碑碑文，题作《糖饼行万古流芳碑》。题下注："原碑在广渠门内栖流所三号糖饼行公所。"见该书第136—137页。

校记：

① "贵诚"：《碑刻选编》作"责成"。
② "供奉香火"：拓片漫漶，据《碑刻选编》补。
③ "而酬灵贶"：《碑刻选编》作"而酬灵贶所"。
④ "修盖殿宇账目"：拓片漫漶，据《碑刻选编》补。
⑤ "行规紊乱"：拓片漫漶，据《碑刻选编》补。

《拓本汇编》第83册第16页《糖饼行碑》。拓片编号：京7693。拓片连额通高129厘米，宽61厘米。额正书题"万古流芳"。碑在北京市东城区广渠门内安化寺内马神庙。

安苏义园碑

同治九年（1870）

盖闻天地有好生之德，圣贤多安死之方。由好生之念推之，不独生者当全其生，即死者亦当全其死，虽死亦如生矣。京都八方环集，商庶骈阗，各省□人挟艺营利，僦居长安者动以亿万计，其中贫病飘离，孤子失所，死无殡地者不知凡几。生无以养，死无以全，蔓草荒燐，枯骼遗骴，半残于蝇蚋狐狸之吻。此真仁人孝子所不忍闻，伤心惨目，孰过于斯耶！前人义园之建，专为同乡殁无依赖者，掩而葬之，使得全其死，事至善也。吴门徐蝶仙慷慨好义，不吝解囊，商之同里朱莲卿，暨皖中程玉珊创首共图斯举，广为劝募，集赀营造，购得大猪营隙地一区，坐落宣武门外横街南下洼之西，东至许姓茔地，西至龙泉寺□边大道，南至陈姓茔地，北至官道，其中建设安苏义园一所，为同乡孤苦客死都下者埋掩之地。援松柏庵僧人恒实看管，作为久长之善策，於虖，仁矣！夫人得全其死，无异得全其生。推桑梓之情，悯尸骸之暴。累累黄壤，寸寸丹忱；异地孤魂，同声感泣。其事不可湮没弗彰，其地不可颛顸弗

考；使后之同志者广为推恩，勤加修茸，则造福庶无涯涘矣。爰援笔而乐为之记。时在同治九年岁次庚午仲秋月中澣　谷旦　谨建

国史馆详校方略馆校对内阁中书本衙门撰文协办侍读浙西武林王堃厚山氏撰记并书

《拓本汇编》第83册第197页。拓片编号：京882。拓片高139厘米，拓片宽68厘米。额高20厘米，宽18厘米。篆题"安土敦仁"。题据《拓本汇编》。碑在北京市东城区珠营胡同松柏庵。

梨园聚议庙会碑①

光绪十三年（1887）

古者伶官代异②其制，然音律则无不同。自十字谱行，而院本以③作。于是崐山之剧，弋阳之歌，竞奏于通都大邑间。大要借因果为劝惩，即咏歌为讽谕，而感人之道寓焉矣。胜国时，设教坊司殿中韶乐，其词出于俳优，多乖雅道。十二月乐歌，按乐律以奏，及进膳、迎膳等曲，皆用杂剧为娱戏。流俗喧诡，淫哇不逞。正德时，臧贤④以伶人进，与诸佞倖角宠，窃权教坊，取隶益猥杂。筋斗百戏之类，日盛于禁廷，而豪族富民效尤于下，选色品声，靡靡之音充于京师。御史汪珊有屏绝玩好之请，然未能尽革其风也。国朝乾隆初，命张文敏制院本进呈，各依节令奏演，如屈子竞渡、子安题阁之属，谓之月令承应。其于内廷诸庆事，奏演祥征瑞应者，谓之法宫雅奏。其于万寿令节，奏演群仙诸佛，添筹锡禧，以及黄童白叟，含脯鼓腹者，谓之九九大庆。又演目莲救母事，析为十本，谓之劝善金科，于岁暮奏之，以代古人傩祓之意。演唐玄奘西域事，谓之昇平宝筏，上元前后数日奏之。嘉庆癸酉军兴，特命罢诸连台，上元日惟以月令承应代之，放除声色之意，远超于胜国。以故梨园供奉内廷者，率法惟谨，亦无敢以新声巧伎进。又恐无以束脩其俦侣也，特立庙于崇文门外西偏，有事则聚议之。岁时伏腊，以相休息。举年资深者一人统司之，隶于内务府⑤。典至巨，意至善也。今将复新其庙貌，思得文言以永于石，因述缘起，并系以铭：

　　大雅之音，式和且平。萃处既协，咏歌以兴。聿修丹腹，胥调筦笙。

　　吉日令辰，明祀攸行。神具醉止，喜气充庭。既匡既敕，福禄来成。

　　于万斯年，鸣此和声。

赐进士出身诰授奉直大夫兵部主事北平孙汝梅撰文

赐进士及第诰授光禄大夫协办大学士刑部尚书军机大臣南皮张之万书丹

大清光绪十三年岁次丁亥季秋　谷旦

校记：

①原无题，题据《拓本汇编》。《碑刻选编》题为《梨园会馆碑》。
②"异"：《碑刻选编》作"垩"。
③"以"：《碑刻选编》作"于"。
④"臧"：《碑刻选编》作"藏"，误。
⑤此五字拓片漫漶，据《碑刻选编》补。

《拓本汇编》第86册第62页。拓片编号：京611。碑身高139厘米，宽87厘米。额高23厘米，宽22厘米。篆题"万古流芳"。题据《拓本汇编》。碑在北京市东城区精忠庙梨园会馆。

梨园会馆碑

光绪十四年（1888）

　　　　光绪戊子年丙辰月己巳日　　敬立
　　　　永载留传
　　　　　　　　沈景永　　王永安
　　　　　　　　姚增禄　　范福泰
　　　　小荣椿班　杨隆寿　　裕云鹏　众等叩
　　　　　　　　唐玉喜　　沈　明
　　　　　　　　沈易成　　万春茂

《拓本汇编》第86册第79页。拓片编号：京3644。拓片阳、阴均高106厘米，宽56厘米。此为碑阳，正书直行，右年月光绪十四年（戊子）三月（丙辰）十八日（己巳）。中榜书双钩题，左落款题名。碑在北京市东城区精忠庙内。原无题，题据《拓本汇编》。

梨园会馆碑

光绪十四年（1888）

小荣椿班诚献

大三供一堂

祖师驾前　锡大五供一堂

小三供四堂

《拓本汇编》第86册第79页。拓片编号：京3644。拓片高106厘米，宽56厘米，正书。刻于梨园会馆碑碑阴。碑在北京市东城区精忠庙内。

重修成善水局碑

光绪十五年（1889）

　　光绪十五年夏四月，巡视北城使者长白文公杰、定远方公汝绍，督绅士大兴董君志敏等，重修成善水局。观成之日，适二公差满之期，因属国恒为文以纪其事曰：夫事以公而义起，法以久而弊生。自来缔造之初，鲜不尽美尽善。岁月寝久，事故滋多。是贵因时制宜，变通尽利，以维持于不敝①。咸丰庚申之季，萑苻不靖，人有戒心。京师创立团防，保卫地方，法良意美。四方初定，因议撤销，乃盗风火患，相逼而来。各省绅士，急公好义，捐赀效力，仿团防之规模，创水会之名目，分隶五城地面，城各一局、二三局不等。局设勇丁数名，以资巡缉。每届隆冬，绅士分班巡夜，又复购激桶，置器具，邀集铺商以为首事，但资其力，不取其财。捍患御灾，无分畛域。阛阓赖以乂安者近三十年。绅士积劳三载，使者按资奏奖，著为例。是局坐落宣武门外虎坊桥侧。其屋三层，前殿奉祀火神，中为厅事，后层则颓废无存，因陋就简，稍加修葺，设公所于其中。规矩严肃，章程明备。以故缉捕之勤，捍御之周，推为首选。而原其始基，则使者粤东黄公槐森、长白恭公铠，暨绅士刘君锡朋之力居多。光绪九年癸未季夏六月，适有严核保奖之疏，经部议允行。绅士星散，如曹部之一空，[②]而盗风之炽，火患之兴，几几乎如曩日矣。五城使者长白宗室祥公佑、定远方公汝绍、长白恩公焘、承德谢公祖源、长白国公秀、江右黄公煦、长白庆公祥、山左吴公寿龄、长白润公惠、光州邬公纯嘏，奏请规复旧制。朝命甫下，九衢之内，桴鼓稀鸣。去年冬十一月，太和门灾，各局赴救，得旨嘉奖。自是，京师水会之名闻于中外，而不知非巡城使者之鼓舞振兴，历有岁时，曷克臻此。其功德甚深，声名尤著者，今之文公、方公固脍炙人口。若楚北黄公元善、中州邬公纯嘏、长白文公海、豫章刘公瑞祺、长白恩公焘、吾邑胡公隆洵，亦称道弗衰。惟是屋宇湫隘，榱桷倾圮。去年夏，董君与窦君谨厚倡捐兴修，同人鸠金赞成。计茸厅三楹、平房两间，后置字纸炉一具，与旧存之前殿、勇房、大门，概加涂饰，气象一新。至于会救太和门灾恩赏银两，除给铺商首事、局勇、水夫添置号衣、旗帜、水桶外，兴造后层正房三间，为巡城使者退食之所。谨筮于今年三月甲寅日开工，阅二十馀日而竣。计费二百八十金。又添造茶房，增置激桶，费尚不足，众绅分捐补之。是役也，所以推广皇仁，维持义举，董君资格最深，窦君钩稽较精，故凡鸠工庀（庀）材，持筹握筭，两君相与有成。若张君星福、张君景贤、联君康、惠君康、郁君大缙及国恒，勤监视，供奔走而已。文公、方公嘉焉，重订条规，俾垂久远。楚南燕公起烈、长白隆公恩，吾郡殷公如璋，后先来巡，益加激劝，用以昭示来兹。国恒入局少后，虽与其事，愧鲜其能，愿后之君子恪遵成法，大起鸿规，则有以仰副使者之厚望，而无负董君之苦心已。是为记。

大兴董志敏　　首善

无锡窦谨厚　监修

江右刘镇壎　监修

江右万立钧　监修

正指挥姜由鳞　监修

局委员　高德济　监修

仪征　张国恒　敬撰

顺德　黄子鎏　敬书

大清光绪十五年八月　谷旦

校记：

① "敝"：《碑刻选编》作"弊"。
②《碑刻选编》作"曹部为之一空"。

《拓本汇编》第86册第126—127页。拓片编号：京1204。碑文分刻于碑阳、碑阴。碑身阳高101厘米，宽57厘米。阴高104厘米，宽58厘米。额阳高21厘米，宽12厘米。篆题"聿观厥成"。阴高20厘米，宽14厘米。篆题"与人为善"。原无题，题为点校者拟。碑在北京市西城区虎坊桥都土地祠。

绦行圣会碑记

光绪十九年（1893）

自来结丝分茧，《月令》载染綵之文；博带垂绅，儒服为束躬之具。故上天之化育斯民，藉此养生；祖师之灵长群工，因而受福。有条不紊，既经纬之旋分；积絮而成，复元黄之并列。密如细雨，溯缫茧于三盆；直似朱绳，勤辟纑于五夜。《书》称厥篚，粉米耀于宫廷；《礼》著深衣，服饰彰于廊庙。虽薄艺微长，罔非妙用；结花构采，悉属化工。锦成五色，莫比其鲜华；冕费三升，亦无其绵密。兹者忝在绦行，恭逢圣会。舒此悃于愚衷，用呈不腆；泐俚词于碑石，照示来兹。庶几代远年湮，后有作者，振兴鼓舞，不忘一时之盛举云。

大清光绪癸巳年菊月　日　谷旦

深州赵登谱沐手撰文

《拓本汇编》第87册第78页。拓片编号：京610。高100厘米，宽50厘米。额高21厘米，宽18厘米。正书题"万古流芳"。碑在北京市西城区陶然亭太平街哪咤庙。按：此碑记除年代及撰写人姓名不同外，与乾隆四十年《缘行恭逢圣会碑记》内容、文字几完全一致，似为重刻。

重修玉行长春会馆之碑记

光绪二十年（1894）

　　沙土园在厂肆之间，通衢南望，两巷相连，有别业一区，为长春会馆，乃当日玉行所共建也。阅时既久，颇混嚣尘。日者，行中同人，相与聚而谋曰，在昔，此馆创于乾隆五十四年，迄今百十有馀岁。虽前人屡经修葺，而年淹代远，不免损残，若不及时图之，将何以对前贤、示来哲耶？惟必需亟筹巨款，经理得宜，始能成事，同志者盍共勉之。于是，行中之人，无不奋兴鼓舞，力任其难。乃择吉兴工，先将大殿、中厅、配殿，及前后厢房、耳房、群墙、照壁、垂花门各处，一并修补完全。又复油漆彩画，焕然一新，此东院工程有可观矣。复于西院旧址之外，扩充馀地一丈七尺，重建大墙一道，灌浆坚筑，砌以巨砖，中开两门，以便出入，包括西面工料皆□墙以内。前四层原有灰房平台共二十馀间，兹则查其情形，颇有损坏，或仍其旧而极力经营，或易其材而全行改作，计旧存者大小十九间，新造者大小十五间，皆一律稳固，足可安居，此西院前半工程又有成矣。因念后四层灰房二十馀间，砖瓦业已漂零，木植全然朽败，芟其颓废，别创规模，乃改造新瓦房三十三间，灰房四间，分为五所。凡木石、砖瓦、油漆各工，无一不备，此又西院后半工程可传久远矣。统计新造西面砖墙三十丈，前后灰房、瓦房五十二间，而东西两院旧有房间未尝更动者，其修理之资亦不为少矣。是役也，倡修巨工，妥为筹画者，则夏云瑞、吴殿元、苏振声其人也；倡捐巨款，实心任事者，则陈陞、张本其人也；鸠工购料，不辞劳瘁者，则夏云瑞、吴殿元、苏振声、赵云卿、陈陞、张景泛其人也；常川在馆，综核出入者，则张贵山其人也；轮流监工者，其人不胜书，则鉴珍斋、天珍斋、聚有斋、润古斋、三益公、人和义、聚珍斋、裕成恒诸同人也。计开工于癸巳年四月十七日，毕工于甲午年十一月初九日，凡用银六千一百四十两云。工既落成，其同人嘱余为之记，辞不获已，乃述其大概于右，庶后之人不重其文而重其事焉。至于捐资姓氏，则详载于碑阴。

巡视南城事务掌山东道监察御史孟继壎拜撰并书

　　　　　　　天珍斋　三益公　人和义
　　会末　鉴珍斋　润古斋　聚珍斋
　　　　　　　聚有斋　裕成恒　润和斋

光绪二十年岁次甲午十一月吉日建立

高学鸿刻

靴鞋行财神会碑文

民国三年（1914）

　　盖闻勒铭叙事，所以昭久远之规；镌石留芳，所以著始终之迹。考我行自前清咸丰年间，当十大钱流通市面，银价日昂，因之缝、尚、切、圈、排五行工人，每年藉此增价，则各号受其累者固已久矣。后经高君瑛，约会同行人等，设立靴鞋行财神会，为行中会议公事之所。当时在会者二十馀家，不在会者约有百家。然缝、尚者每增价时，必先要求在会者，如不允，则罢工。其不在会者，做活如故。至在会者恐生意之停滞，不得不俯允其增。而不在会者，随亦一律增之。缝、尚者既如此，而切、圈、排三行之工价，亦遂因此而增焉。所以后开之新号，皆不欲入会也。至光绪八年，缝、尚工人又有齐行罢工之举，本行绅商傅君养园见此情形，不忍坐视，以为屡受工人之挟制，不能不设法维持。因与会中各号商议，分为四路，外东、外西、内东、内西，即分往不在会之各号，婉言劝导，以明利害相关之故。且言愿入会者，请于二十八日在天福堂面商一切。至日，各号毕集，幸皆踊跃从公。其不在会者，由是而尽入会矣。前后共计一百二十家之数。至于议论增价之事，公同商酌，务筹以对待之方。遂议定由四月初一日，新入会者，概不发活。且公推外东隆庆郝君恭谨，外西大安鲁君国兴，内东天兴韩君清麟，内西三顺王君清泉等四人，联名在中城司控告合美会。夫合美会者，即缝、尚工人所立之会也。旋蒙批准，差传到案。两造各执一词，一求增价，一求减价。奉城宪当堂公断，不增不减，俱照原价开工做活。如合美会人不遵，本司官□派，准各号另觅工人做活。且又出示晓谕，各号另觅工人，不许合美会人拦阻。乃合美会人不服堂断，又在提督衙门及顺天府大、宛两县等衙门控告。犹冀推翻前案，以遂其贪利之心。而各署均不受理，俱将案卷送交中城察院归案讯办。则合美会首事之人，至此方无可如何矣。此案自三月起至九月底止，半年之久，如郝君恭谨等热心公益，仗义兴词，道路奔驰，不辞劳瘁，公堂之辩论，不避嫌疑。迨至案结之后，固已甘苦备尝矣。若长福傅君养园、万吉耿君安斋、祥茂李君晓峰、天有郭君明斋、全盛王君致和、万升李君荩臣、三顺刘君耀堂、万安李君仪斋、恒聚王君萱侯、大顺刘君远亭等，设谋画策，昼夜磋商。虑财用之不足，百计操持；惧人事之无常，多方筹备。不以日久而稍懈，不以事繁而惮劳。其尽力而为，实有不能自己者，诚不负同人之义也。自息讼而后，二十年之久①，未起争端，皆赖前此维持之力也。至光绪三十一年，会中公议，禀请前清商部，部中②分派行中择出正副董事八家。议定外东正董事傅养园、刘福源。外西正董事李廷元、副董事王荫亭。内东正董事尹霭堂、副董事张玉泉。内西副董事杨心泉、刘筱山。俱有商部凭单为据，随于十一月初十日即入商务总会矣。今日者，平安已久，商务日兴。本会同人等念往事之维艰，恐前功之渐泯，爰勒诸石，昭示来兹。尤望后之承办者，知创造之非易，思保守之宜坚。勿遇事而畏难，必和衷以共济。俾会务日增月盛，则本会同人之幸也。且以会中馀款所置房产三处若干间，神前供器等物若干，具志于碑阴，庶几并垂不朽焉。

中华民国三年五月　　日　　　　　　　公立

所有建筑房间列后③

长巷头条胡同路东住房壹所，内计东瓦房叁间半，西瓦房叁间半，南北厢房各叁间，共计房拾叁间。

甘井胡同路南住房壹所，内计南瓦房五间，北瓦房五间，东西厢房各贰间，共计房拾肆间。

煤市街路西铺面房壹所，内计西楼房上下六间，南北厢房各贰间，屏门壹□，空地一段，北房壹间。又北院北房叁间，共计房拾肆间。

神前供器共有二分，另有清册注明。

靴行财神会众商号公立④

按：《碑刻选编》收录。题同。题下注："原碑在前门外甘井胡同二十八号甲靴鞋行公会。"见该书第164—166页。

校记：

① 《碑刻选编》作"二十二年"。误。
② "部中"：《碑刻选编》作"郎中"，误。
③ 以下建筑房间等均刻于碑阴。
④ 《碑刻选编》作"靴鞋行"，碑刻无"鞋"字。

《拓本汇编》第91册第53、54页，《靴鞋行会碑》。拓片编号：京7871。拓片碑身阳、阴均高131厘米，宽72厘米。阳刻碑文，阴刻房产。阳额正书题"靴行商会"，碑在北京市西城区煤市街甘井胡同。

玉行长春会馆馆产碑

民国七年（1918）

　　玉行公立长春会馆已有年矣，兹因奉内务部、市政公所、警厅钧谕，本玉行会馆西界有碍新开马路线，南北长拆让二十三丈有馀，北头拆让宽四尺有馀，南北拆让宽二尺有馀，拆盖铺面房二十三间，大门道一间，构连搭三间到底，共合房间六十九间。西界界限，南界临街，四至分明。东至西宽十六丈五尺，南至北长二十九丈二尺八寸。北殿后山墙，宣化镇，东至临街，南至临街，西至马路。西南角门面房三间，小门一个。西南头跨院，北房三间，南房三间，东平台二间。西南二跨院，北房三间，南房三间，东平台大小三间。中南院，南平台连套间二间，北房三间，西房三间。西中院，北房五间，东房一间半，西房一间半。西北头跨院，北房五间，东西房各二间。西北顶头跨院，北房五间、东西房各一间。西北角小跨院，北平房一间，东房一间。会馆大门内前院西平台二间。垂花门内西房三间，北耳房一间，东房三间。东南小跨院南平台一间，北耳房二间，南过厅三大间，北大殿三大间，内供奉邱祖之神位，北耳房东西各一间，又北平台二间，西平台二间，东平台二间，东厢房三大间。后边厨房、罩棚三间。临街东房一间，西房一间，西厢房三大间。东北小跨院水井一个，花洞一个。

本会馆大小平房、瓦房统共一百六十间

	润古斋	聚珍斋
	王溢记	德顺诚
会末	德昌号	三盛兴
	务本号	泰源号
	三益公	永盛玉
		祥兴斋

民国七年一月一号
丁巳年十一月十九日　建立

京师玉器行会馆全图及尺寸列左：

正中，南北通长二十九丈二尺八寸。

正中，东南通宽十六丈五尺。

东面，南北通长十七丈四尺八寸。

西面，南北通长二十三丈。

南面，东西通宽十三丈九尺。

东面缺，长十一丈八尺。

东面东西缺，宽七丈五尺。

正北面，宽五丈五尺。

西面北缺，南北长五丈。

西面北缺，东西宽二丈三尺五寸。

西面南缺，南北长一丈四尺五寸。

西面南缺，东西宽一丈一尺五寸。

《拓本汇编》第92册第6页。拓片编号：京4466。原无题，题据《拓本汇编》。拓片阳高122厘米，阴高118厘米。均宽70厘米。碑阴刻会馆全图及尺寸，录文如上，图略。

北京琉璃厂安平公所记

民国八年（1919）

仁人之心，救民水火。夫水火本为生人日用所必需，而有时反其常轨，适足为生人之大患。北京首善之区，阛阓栉比，偶有不慎，火患因之。严冬之际，风干物燥，尤须防患未然。前清咸、同之世，琉璃厂设有小锣会，公议团防，假吕祖祠为会地，名曰从善水会，经理无人，几同虚设。光绪五年岁次己卯，全厂绅商，议复旧观，当有李钟铭、张启泰、周思敬、赵春宜、牛英、祝庚身、江宗海、刘泰安、计彬、孙述祖、袁以德、呼堃、萧秉彝、刘应奎、吴赓韶、饶起凤、胡永昌、陈恭超、李执中、崔泰遇、范寿椿、王德凤、王登瀛、王鸿宾、任庆泰、孙广盛、景春融诸善士首先出资，并广募巨款，购土地祠左近隙地，建筑房舍，置备械具，轮班值日，通力合作，更名安平水会，取安宁平静之义，精神为之一振。每遇火警，靡不身先。太和门灾、祈年殿灾，均往扑救，叠邀赐帑，奖励有加。七年辛巳，增建神殿，供奉天仙圣母、增财、锡福诸像，基址益为扩展。并筹资推广善举，救济偏灾。十六年庚寅，永定河堤决，近畿悉成泽国，殷给谏如璋巡视北城，捐廉为倡，全厂绅商，各募巨资，先放急振，继办冬抚，往来于泥淖冰霜中，活人无算。十九年癸巳，河堤复决。余给谏联沅仿照前规，会同绅商筹办振抚一如庚寅。常熟翁文恭公倡立义仓百楹于所之北，吴县潘文勤公发起振济书画局于所之西北隅。二十年甲午，陈大京兆彝设平粜局于此，拨款修筑通州运河东岸长堤七千馀丈，以工代振。凡兹善举，官厅竭提倡之力，绅商尽辅助之劳，用能赓续进行，绵延弗替。二十六年之变，外兵入城，横遭毁坏。事定之后，又复集款经营，规复旧制，塑像之费，为善士继君独力担任，尤为笃信。民国五年，岁次丙辰，市政公所勘修新华街，以本所有妨路线，应行拆让。经张主任毓书之力，请于蒲督办殿俊，得以一律修复，惟南北方向易为东西方向，与前稍异耳。今全工告竣，绅商绘具图说，呈送市政公所、京师警察厅分别立案，并刊列捐资姓名，俾垂永久。爰述先后事绩，用示来兹。

江都李钟豫撰

宛平祝椿年书

中华民国八年　月　日　李月亭刻石

整容行公益会碑

民国十年（1921）

整容之业，由来旧矣。自前清入关，薙发令下，于是有整容店之设。及民国，改为剪发，又易名理发店。窃叹夫发之为物虽小，而所关实大。稽之往古，于婚则曰结发；于丧则曰括发；于夷则曰断发；于僧则曰削发，莫不为礼制、国俗、宗教之所系焉。洎洪、杨蓄发称兵，乃名之曰发逆。至于今日，而剪发几遍全球。若是乎一发之微，恒足以转移乎国运，所谓一发千钧者非欤！京师正阳门外马神庙街，于前清光绪丙午年，由整容行设立公益会。其会章纯为慈善性质，本行人或年老孤苦，不能自食其力者，则由本会出赀财以养之；或身罹疾病，以至死亡者，则由本会备义材，置义地以葬之。其任事之人，均以本行铺长按日轮班，尽纯粹之义务。所有款项，计人派捐。伙友每日二文，铺长每日四文，集腋成裘，共襄斯举，善莫大焉。今其会长等欲勒碑以垂久远，而乞文于余。余惟业无贵贱，皆须团体；事无大小，胥赖实心。若此整容之行，而有公益之会，是亦改良社会之一端也。后之与斯会者，其亦念前人之所为，遵守而扩充之，必使毫发之无遗憾，庶无负此公益之旨乎！爰为叙其立会之缘起，并附列发起诸人姓名于后，俾知此虽小道，亦必有可观者焉。道德之存，自在天壤，无古今治乱兴衰一也。

二品顶戴前湖南特用道翰林院编修
四等嘉禾勋章国务院简任职存记国务院谘议内务部参事上行走贺州
林世焘撰并书
中华民国十年三十令节国庆纪念日岁次辛酉时维重阳

发起人	陈通魁	张文魁	李庆福	范永堂	马呈祥	刘凤	葛树森
	张德永	杨德全	王瑞云	萧京华	刘凤鸣	牛雨三	李德泰
	赵元瑞	杨占奎	曹瑞霖	章世荣	郝德福	刘珍	李殿英

按：《碑刻选编》辑录此碑，题同。题下注："原碑在前门外小马神庙三十一号甲理发公会。"见该书第169页。

《拓本汇编》第93册第76页。拓片编号：京7855。拓片通高134厘米，宽62厘米，额上行正书横题"整容行公益会碑"。下行正书横题"万古流芳"。碑在北京市西城区煤市街小马神庙。

牛骨行行规碑[①]

民国十六年（1927）

　　溯自北京牛骨一行，由来久矣。惟自光绪初年，各家始有联络，粗具行规。例定每月入款，学徒三百文，手艺人六百文，掌柜一吊二百文，积蓄日裕。自光绪十九年起，常演行戏。后又买东河沿一百零七号房五间，四十五号房五间，又南河岸五号房三间，及砖井一座。立有行规，刻在碑上。兹因房间失修，本行首十七家协商，先后将各房间拆盖齐整出租，并在一百零七号房内留一间作为公所，并重定规章，另立碑额，以垂不朽。

一　行中之事，十七家公议，不设会首。

二　各号添一学徒，须报告行中登帐，并交纳铜元四十枚。

三　另立新字号及分号者，交行中铜元八十枚。

四　学徒虽学满出号，无本号掌柜作保，他号不准用。

五　本行中人有在京亡故者，行中出补助费银洋三元。

六　每年六月二十四日为年会。平日有事，得开临时会。

中华民国十六年岁次丁卯六月二十六日　北京牛骨行公立

和兴□（顺）　兴盛永　瑞兴和　德丰号　金铨号

瑞□长　富兴永　苏义合　聚义合②　聚兴恒③

祥盛源④　通兴号　同合义　中义号⑤　玉顺永

永祥顺　复聚兴

校记：

① 《碑刻选编》题为《牛骨行公会碑》。
② 《碑刻选编》作"聚义和"，误。
③ 《碑刻选编》作"聚兴和"，误。
④ 《拓本汇编》碑石上部断裂，"盛"字缺，据《碑刻选编》补。
⑤ 《碑刻选编》作"中义和"，误。

《拓本汇编》第95册第95、96页。拓片编号：京7857。拓片阳、阴连额均通高135厘米，宽45厘米。阳额正书题"万古流芳"。阴额正书题"万古流芳"。碑阴题名，刻和兴号等十七家行首字号。碑在北京市东城区崇文门西河沿。原无题，题据《拓本汇编》。

北平市五金业同业公会建筑会所碑记

民国二十四年（1935）

　　本公会原购地基界内，共有群房三十一间多，以年久失修，且不适用，因将后院东房五间、南北厢房各三间，重加修葺，并添盖西房五间以相映合。前院则将原有过厅及临街勾连房全部拆去，改建临街正房五间、东房五间、南北厢房各三间。开辟大门一座、旁门两座，阶壁墙栏，惟求坚固，门窗楹栋，丹垩一新。计需瓦木工价大洋二千一百零八元一角三分；木料一千二百九十四元三角；砖瓦麻刀石灰一千四百三十元；油漆工料三百四十六元；铜铁等活以及玻璃各项三百九十八元八角；洋灰、沙子、缸、管、席箔、恭桶一百四十七元八角；黄土、焦子暨脚力杂费一百十元；石料、石碑、石工四百二十五元，连同原购房价五千五百元；税契、凭单、登报、呈图、中用等费八百六十六元一角九分，统共花费大洋一万二千六百二十六元二角二分。除各项细目由监修执常委员眼同经手员司点算清楚，登簿存记，以昭核实外，特刊贞珉，藉垂久远。俾后之董会务者有所考证而不使其废坠云尔。

中华民国二十四年夏五月　谷旦

《拓本汇编》第 98 册第 6 页。拓片编号：京 8022。拓片碑身高 123 厘米，宽 54 厘米。额高 20 厘米，宽 18 厘米，阳文篆书题"万古长新"。碑在北京市崇文门外大街。

北平市五金业同业公会购置会址纪略

民国二十四年（1935）

一、缘起

本会设立之初，原借居于茶食胡同三十七号万丰泰栈房，后迁移于崇外大街五十一号院内，至去冬始由万和成邸占江、同义德李全恩、庆顺和刘仁泽，暨全体执行委员、会员等开会通过，购置斯地，施工修筑，以利办公。

二、原契主文

立卖房契人善豫之子金景重，今因手乏，将祖遗座落崇文门外瓜市大街门牌五十四号、五十五号铺房一所，凭中人说合，出卖与五金业公会名下永远为业。内计东瓦房五间、南北厢房各三间、过厅瓦房五间、外院南房五间、临街瓦房五间、勾连房五间，共计房三十一间。上下土木相连，言定卖价五千五百元整。其钱笔下交清，并不欠少。自卖之后，倘有亲族人等争竞，以及官钱私债未分，明定公产，重复典卖，来路不明，根底不清各等情，俱有卖主人同知情底保人一面承管，不与置主相干。恐口无凭，立此字永远为据。

三、附属文据及中保人

贴身契两套。登记证一件。介绍人李贵春、德保。证人庄纪禄、陈秀峰。代笔人萧化南。

四、弓口及四至

西邻崇外大街，南至北宽四丈七尺一寸。东至谢姓，南至北宽五丈四尺三寸。北至谢姓，临街至北崇盛皮条铺。东至西长十五丈三尺三寸。南面后部往外稍展，两茵湾子西至东第一段长八丈二尺八寸又一丈七尺四寸。出湾子三尺六寸。第二段长二丈六尺四寸，出湾子二尺七寸。第三段二丈七尺。共长十五丈三尺六寸，均按市尺计算。

五、面积及成立年月

本会址计□（拾）壹亩贰分五厘贰毫八丝四忽。民国二十三年十月十五日立契，二十四年六月吉日□石。

《拓本汇编》第98册第13页。拓片编号：京8023。拓片碑身高123厘米，宽55厘米。额高17厘米，宽15厘米。双钩篆书题"信而有征"。碑在北京市东城区崇文门外大街。

北平市五金业同业公会创立纪念碑

民国二十四年（1935）

　　尝考《夏书》，震泽、云梦之地，贡金三品，和夷则饶璆铁银镂，因之六事修而百工交正①。周公董其创置之馀，外设囗人，内资冶氏。以采以制则攻金，六工之用始宏。自管仲官山之议行，而五金利赖于日用民生者，譬诸布帛菽粟为尤重。洎乎西秦、东汉，各置铜铁专官。唐、宋以来，并行榷运之法，铜铁所需，遂成为中古一大时代。近自学术昌明，采镕日臻其妙，而懋迁有无，平市实为冀北中枢②。惟自清末以迄民初，关税尚未能自主，厘征更中外悬殊。彼时崇关主者，无暇顾念商艰，又复就重移轻，摧残剥削。或包苴未至，即指斥扣留，难获蝇头，动成雀角。以致业斯业者，同感如虎之苛，乃议亡羊之补。当推万和成邸君占江，偕同义信成马君囗田③、公聚德孟君玉兴等，代表同业上书主管机关，据理以争，几至声嘶力竭。幸蒙当局证其违法稽征之弊，谅我维护公益之诚，卒将例外苛罚一律剔除，并予修正合法税率至十数项之多。自此，运税既得其平，售价因而大减，凡百工艺，间接且各受其庥。

综计常关税收，较前尚有增无损，是则群策群力之有益于家国也如此④。行商鉴及于此，当于民国十二年九月一日，拟具规程，成立京师五金行同业公会，选定邸君占江总董其劳，藉谋团体业务之发展。独是开创之初，事多简陋，办公地点，辗转借居。虽云粗具规模，而底款无着，捉襟见肘，拮据万分。所赖邸君殚力经营，苦心筹划，因天津胜义各栈骤增承运脚金，每担加至六分或一角四分不等，故以公会名义另觅津京转运公司，议订运价，每担旧货三角二分，新货三角七分，比较胜义各栈原价，平均每担低减五分有奇。该公司并愿于所得运费中⑤，提拨公会常年经费大洋一分。似此难能可贵，千载一时。既与同业之利益无妨，且得会费之源源接济。至二十年四月，奉令始定今名，改组委员，复加整顿。历兹未及数载，常款积至六千，是则谋事得人，而功效之速也又如此。自经费握阿堵之牢，斯会址谋基础之固。爰于二十三年十月，购置崇外大街五十四、五两号市房一所，绘图勘测，葺而新之，阅四月而落成，如会场、如礼堂、如延宾接待之室、如办公书记之厅，以及号房、宿舍、庖湢、浣池、门墙、甬道，莫不轮焉奂焉，直与会务竞进而俱美。是役也，计鸠工建筑者，为李君玉振、张君世兰。设计庀（庇）材者，为李君全恩、李君鸿昆⑥。四委员于督修监视之劳，始终弗怠，例得并书，故书之。

财政部北平农工银行文书课长乐亭韩作舟撰书并篆额

中华民国二十四年乙亥夏五月　谷旦立石

校记：

①《碑刻选编》"交"后脱"正"。
②"实为"：《碑刻选编》脱"为"。
③"马君口田"：《碑刻选编》作"马君汇田"。
④"家国"：《碑刻选编》误为"国家"。
⑤"并愿于所得"：《碑刻选编》"所"前衍"此"。
⑥《碑刻选编》作"鸿昆"。

《拓本汇编》第98册,第7页。拓片编号:京8021。拓片碑身高136厘米,宽55厘米。额高、宽均17厘米。分5行,篆书竖题"北平市五金业同业公会创立纪念碑"。碑在北京市东城区崇文门外大街。碑文又见《碑刻选编》,题作《五金行公会碑》,见该书第187页。

别录

共 34 篇

宣城会馆记　施闰章
创立三晋会馆序　上官鉽
重修广州会馆碑记　程可则
重修中州会馆记　汤斌
仁钱会馆落成蒙皇六子作八分书题"湖山凝秀"并附跋语奖勖，肃咏陈谢　金甡
高安县会馆记　朱轼
修建长沙郡会馆记　彭维新
金陵会馆记　方苞
京城抚州临川二会馆记　李绂
休宁会馆碑记　汪由敦
山右三忠祠碑记　朱筠
重修浙绍乡祠记　邵晋涵
松江义殡记　吴省钦

寄同乡外任诸公　阮葵生
重修中州东馆碑记　胡季堂
重修云间会馆版记　吴省钦
重修正乙祠碑记　邵晋涵
梁家园惜字会馆记　赵怀玉
重修扬州会馆碑铭　阮元
重修黎川新馆记　陈用光
敬题黎川新馆供奉文武二帝圣像　陈用光
绩溪会馆尚义轩记　胡培翚
重修湖广会馆碑记
京师长元吴会馆为先曾祖尚书芝庭公创建，自乾隆庚辰至今道光癸巳，已阅七十三年矣。仲春三日，芝轩冢宰暨同郡诸君供奉文昌神位于馆中，附设先尚书公神位以志不忘，敬成二律志感　彭蕴章
群玉山房记　彭蕴章
代三晋公寓筹画信　祁寯藻
重修广东旧义园记　邓华熙
京城长沙郡馆始末考　罗汝怀
重修嘉兴会馆记　许景澄
移建广东会馆募疏　谭宗浚
记修葺浙绍乡祠　李慈铭
浙绍乡祠联额　李慈铭
越中先贤祠目序例　李慈铭
记修葺全浙会馆事　李慈铭

宣城会馆记

施闰章
顺治十二年（1655）

　　官之所居谓之署。其宫室斋厨，例皆吏民葺治，官至如归。在外监司郡邑皆然。惟官京师者，入署视事，退则人自为庐，或僦居民舍。其力不给，则旅食于荒祠客馆，以庶几无风雨忧。士为贫而仕，仕且益贫，至求一投足地不可得，亦病矣。
　　吾宣城故有会馆，乡之诸先达卜筑，以会邑之游宦往来者也。改革初，为大力者所据，且将鬻之。己丑，余释褐，力争，乃复出。然则余之入居是馆，固其宜也。乙未春，服阕入都，始就此解装。时居人杂沓，余备官比部，初未携家，顾厅壁瓦墁榱桷皆颓污崩裂不可住。惜夫创之艰、毁之易也。颓者筑之，污者垩之，崩且裂者葺而完之，于事若无所损益，以钱计之，凡四十有三缗，耗郎官俸几半岁，不亦计之。左与猿之择木，鸟之巢林，非谓其木与林为己有也。而枝欲其固，巢欲其安。今世士大夫传舍，其官，其去荼就莽，若不可以终日。而余浮沉郎署，他无所干进，力既不能僦屋，又不敢如张齐贤估买大第以希主恩，将卑栖坐啸以卒岁焉，孰谓此逆旅之馆，乡人所共游者，非吾庐与？

按：作于顺治十二年（1655）。施闰章（1619—1683），字尚白，号愚山，安徽宣城人。顺治六年（1639）进士，康熙十八年（1679）举博学鸿词，授翰林院侍讲，后升侍读。清初著名学者、诗人。诗与宋琬齐名，有"南施北宋"之称。

施闰章《愚山先生文集》卷十一，页二十三。《清代诗文集汇编》第67册，第102页。

创立三晋会馆序

上官鉝

康熙六年（1667）

士君子释褐而谒承明，矢志清忠，以报朝廷者，靖献之义则然也，而父兄师友之教则渐远矣。乃东西南北，各异其乡。一乡之中有先达长者，则父兄之训宜尊也。有同寅协恭，则友于之谊可亲也。而且秩秩以观礼，雍雍以观乐，虽乡党燕洽之际，而班颁莅政，型仁讲让之休，俨然存乎其间，此其意可深思也。按各省具有会馆设于京师，吾晋虽褊，三河古帝更都，而平阳尧之所理，春秋人物，天下莫强，以及后代节义、理学、文章，如汉之太史公，唐之梁公，宋之温公，明之文清公，均表表千载上下，莫有敢与为轩轾者。班班往哲，指不胜屈。今在廷诸臣，内而公辅，外而节钺，济济相望，而一馆不备，于典为缺。癸卯初春，学士杨君，院长朱君揖余而言曰，吾晋陶唐遗俗，崇尚节俭，而乡井宴好之情，未可略而不讲，曷纠众谋，同肇懿举。在内在外，勉力创治。余曰，唯唯。见今吴门、关中两大中丞，咸负重望，燕、齐、豫、楚、闽、越宦游诸君，尤多名贤。不惮一时之经营，竖立百年之远图，岂非上愿。但斯馆既立之后，在朝君子，尊尊而亲亲，贤贤而贵德。岁时伏腊，燕集有期。共以忠臣孝子，良友悌弟相劝勉，不徒斤斤然讲乡曲之礼而修饮食之好，甚盛典也。古者太史陈诗，国风十五，《周南》《召南》之后，不遗《蟋蟀》《葛履》之章。今晋犹是唐风也。林立班行，拳拳圣主，尚备斯馆，以附诸省之末，凡我同人，知必不以此举为迂图，况乎吾乡先正典型可师，后之人安在不可仰止高山，而兴思景行者乎？愿言跂予，遥观厥成。是为序。

按：此文已刻石，时为康熙六年（1667）四月。碑在北京市西城区骡马市大街，拓片见《拓本汇编》第62册第85页，释文见本书第16—17页。录此供对照参考。上官鉝（1617—1683），字三立，号松石，山西翼城人。明崇祯十六年（1643）进士，清顺治二年（1645）授中书舍人。历官监察御史、大理寺少卿、太常寺正卿、宗人府府丞、都察院左副都御史等。

上官鉝《诚正斋文集》，卷一，页八、九。清康熙刻本。《清代诗文集汇编》第59册，第216—217页。

重修广州会馆碑记

程可则
康熙九年（1670）

广州会馆乃前代同乡南海郭公尚宾鸠金建置，以为郡之士大夫往来祖饯之所也。其时则天启甲子，其费四百有奇。馆三层，堂室廊庑毕具。旁缭斗舍十廛，税之市人，岁入其值充馆费。掌谏陈公熙昌记之详矣。我皇朝定鼎之初，郡人鲜宦京者，馆之前两层遂为武人洊居，表其堂为厅事，敞东、西、中三门以受讼，而后座则番禺山人陈道居之。从后门而入，凡一座五间，旁拘小庭曰痦轩，杂莳花竹，有容膝之乐。壬辰春，予与同年生陈美公彩、梁圆峤云扶旅焉。虽古瓦荒垣，犹得与武人分庐而处，而馆不至于废。无何，予归南海，美公入史馆，圆峤亦令高密以去，独陈山人在耳。亥子之交，予服官禁庭，寓正阳门之东偏，向此之一座五间者，益衰落不可禁，而所谓痦轩亦无复如往昔相过时。然山人犹抱膝其中，与武人分庐如故，而馆亦不至于废。又无何，予婴先大夫忧还返，山人出游中州死覃怀，武人益并吞，内外士大夫过兹馆者，但立门外，踟蹰却顾不得入，而馆乃真废矣。乙巳春，予免丧还京师，乃得与考功陈君正言谋，而属谒选推官刘振国，州同知黎化中，守备何志等环而讼之司空之署。司空移刑部，都察院下所司及台使者勘至再，碑板岿然，武人无尺寸之藉，乃弃馆之前后悉牒而归之广州，广州于是始得重有此馆矣。然荒垣古瓦，视昔加甚，陈君等造予曰：赖君之力，以复有兹宇，而衰落听之，可乎？顾同人无可任涂墍者，其委诸莽也，无以异于武人之涔居也。乃不得已而诺诸君子之请，为之鸠工庀材，理残补缺，约费三百四十有奇，凡三阅月而馆始稍稍还旧观，以是冬十一月携妇子入住。戊申七月，大水，葺其圮毁，则又费百五十有奇。庚戌二月，治左庑三间，又费百一十有奇，此其大端也。若夫历年修补破败砖炉椳阑之数，复何可胜纪。所以不惮鳃鳃为此者，宁惟是土地是爱，亦以吾郡远处天末，士大夫牵车而至，不有芨舍何以安？即次且非独税鞅之是为，将使适兹馆者燕笑誉处，鸣玉而结轸于斯，在帝都犹故里也，于以敦桑梓之欢而发弹冠之庆，实惟馆是依。所虑居同传舍，经纪无人，将古瓦荒垣有不止于前日者，其何以无负昔贤创兴之旨？此予所以鳃鳃也。夫天下之物，成立之难如登天，覆坠之易如燎毛。吾愿郡之士大夫绳绳而光大之，相与努力京华，骧首皇路，以无失相成之意，推此志也，以之立身可，以之事君可，以之信友可，殆不独兹馆然也，而馆实基之，是予之志也夫！是予之志也夫！于是将之桂林，为述昔时兴废之由与区区相成之意，以告后之君子。若夫经久之利与期会之宜，则有粤东馆规在，可仿而行之，不复赘。故记。

按：文中记庚戌年修葺事，此文当作于是年，即康熙九年（1670）。程可则（1624—1674），字周量，号石臞，广东南海人。官至广西桂林知府。

程可则《海日堂集》文之一,页二十九至三十一。《清代诗文集汇编》第90册,第385—386页。

重修中州会馆记

汤斌

康熙十八年（1679）

中州会馆在宣武门之左，旧为梁司徒公别墅，所谓银湾曲也。顺治十四年，同乡官都下者捐资购得，改建会馆，宗伯薛公为记其事。岁久渐颓，屡议修治，以艰于资弗果。越康熙十八年秋，地震，倾圮殆尽。时都谏王君子厚方主馆事，蠲俸以倡，同籍各输金有差，鸠工庀材，中翰王君三雪，身董其役。再阅月而讫工。于是乡之诸大夫士置酒其堂，谓不可以无记，而属文于余。余谓，国家画十五方域，而京师其都会也，凡乡之仕于朝者，官阶之崇卑，职掌之钜细繁简，不俟也。分曹治事，有朝会而外，终岁未尝过从者矣。其官于外，或数百里、或数千里，声问不相通，有一旦以奉表述职而至者矣。有贡举于乡，以应试谒选而至者矣。亦有京朝官出秉节钺，备藩、臬、郡守之任，倏而数百里、数千里声问不相及者矣。幸而聚于一时，则岁时伏腊，会集谈䜩于同朝事主之时，修亲睦乡曲之义，岂不谓行古之道乎？都谏斯举，洵为知所务也。余更三复宗伯之记，称述吾乡先哲，若李文远、刘文靖之相业；顾、轩两都宪之清直；马端肃、许襄毅之事功；何文定、崔文敏之文章气节，属望后人，希慕风烈，交相砥砺，不在饮食燕衎相征逐，用意可谓深且厚矣。余谓诸公德业，盖有所本，亦在其学而已。中州文章，莫盛于昌黎，其学辟佛老，崇仁义，得圣道之大端，论者以为精微之蕴，犹有未究其极者。至两程子出，独深探原本，穷理尽性，接千古不传之统。故程子者，实儒学之大宗，而乡之后进所当奉为准的者也。若许文正、姚文献，讲学苏门，佐元兴太平之运。而明之曹正夫，倡道峭、渑，距邪闲正，居一代理学之冠。其后，尤季美、孟叔龙，绍述于洛西；鲁正卿、吕叔简，振兴于宋郡；吕忠节阐释《孝经》，贺景瞻发明《春秋》，刘文烈力任风教，大节皎然。数君子皆不惑于功利权谋、词章技能之习，而确然有以自信者也。诚得其所以为学，以之事君必忠，以之事亲必孝，以之交友必信，于前修之事功、风节，不规规求合，吾见其无不合也。

夫程子之学，以至诚为圣功之极，以主敬为入德之要。凡与斯会者，揖让进退，必准于礼。可否然诺，必揆诸道。敬存于心，貌恭非敬也。敬而后能诚，非敬无以为诚也。以此交修弗怠，庶不堕先哲之遗教，于以勉尽职业，报朝廷之知遇，非徒讲乡曲之情，岁时伏腊聚会燕好之数数也。古人无在而非学，故敢推广前记，与诸君子共勉之。

按：汤斌撰《重修中州会馆记》，碑不存，撰写时间未详。文中有康熙十八年（1679）地震，会馆倾圮，乡人捐资重修，阅月工讫，属汤氏为之记，则当作于康熙十八年。汤斌（1627—1687），字孔伯，号潜庵，河南睢州人，顺治九年（1652）进士，官至尚书，谥文正。

汤斌《汤子遗书》卷三，页七十二至七十四。《清代诗文集汇编》第102册，第338—339页。

仁钱会馆落成蒙皇六子作八分书题"湖山凝秀"并附跋语奖勖，肃咏陈谢

金甡
康熙间

跋云：金少宗伯海住先生倡建仁钱会馆成，属余署榜以颜其堂，因为题此四字。或疑此似嘉美彼中胜概，于此馆未合。余曰：不然，夫凝者聚也，成也，举两邑之英秀而群聚恒于斯，成就恒于斯，得不归美于此馆乎？遂并识以为祝。

水脉通三折，书林重八分。挥毫传鹤禁，悬榜动星文。

日仰中天度，波回少海濆。推恩培楩朴，奖饰意弥勤。

按：金甡（1702—1782），字海住，浙江仁和人，乾隆七年（1742）会试以一甲，第一名进士及第，授修撰，官至礼部右侍郎。著有《静廉斋诗集》。曾入直南书房课诸皇子，皇六子永瑢是其中之一。

金甡《静廉斋诗集》卷十五，页十、十一。《续修四库全书》第1440册，第556—557页。

高安县会馆记

朱轼

雍正元年（1723）

　　帝都为千百国之所会归，仕者、商者、贾者、艺者，攘攘熙熙，望国门而至止，如江河之朝宗焉。夫人离家数舍以外，出门□□有难色，信宿所至，谓之逆旅。而适都门者，则不啻琐尾流离之复我邦族也。虽然，商者、贾者、艺者无论已，彼挟策观光之士，弛担释屩于十丈软尘中，欲得一亩之宫如故乡之瓮牖蓬户可得乎？古者奉诏而馆，谓之公馆，自适其馆为私馆。今以师师济济之英，欲聚而处之公廨，势必不能。况六街九衢，茫茫如海，即使借顿侨居而萧然无与，不无离群之叹。此会馆之设，所以聚一郡一邑之人，使得周旋洽比，缓急相需，无异比里族党之姻睦，而且讲道论文，相规相劝，以成其德业，其有裨于士人，抑又多矣。前朝惟吾乡会馆最多，而高安之馆有二，一在内城，毁于明季；一在外城，为匪人所鬻。邑绅士谋镞（醵）金复构念年矣。今皇上御极之元年，陈木斋先生自京尹晋贰农卿，总仓政，予亦蒙恩转阶，于是友人况子铭伯进而言曰：二先生为一邑显者，不能建数椽以惠后学乎？予二人相视而笑。铭伯曰：患无资乎？吾邑有公捐建阁银若干两，以资京馆之费，邑人所乐闻也。予曰诺。于是买宅于前门之燕家胡同，计十架，坐北向南，有堂有厅，有内外室，有厨，有厩，有铺面，月得赁资若干文。时邑人之贾于京者，相与竭力经理，垣墙之旧无者筑之，圮者补之，门窗之朽坏者易之，地之洼凹者垫之。又制桌椅床榻若干，及釜甑槽道之器无不备。盖自是吾邑之客都下者如归焉。顾吾犹有言者，邑人之舍于馆者，贤愚不齐，而况宾朋酬酢，往来杂遝，浸假而有小人溷迹其间，终日皇皇，走名若鹜，幸而诡获，则自矜得计，以为不如是是甘心沦没也。夫士人怀求名之念，处争名之地，与走名若鹜者为伍，目濡耳染，潜移默导。于是长厚者亦习为浮薄，而拘谨者共目为迂疎，此倡彼和，互相标榜，夤缘朋比，无所不为，究之得失有命，枉为小人，不亦伤乎！吾邑前贤，素敦名节，其尤著者如宋秘书监道原刘先生，夙善王荆公，及荆公用事，面斥不应，遂绝之。明尚书文端吴先生为严介溪同乡，后进介溪子世蕃介大学士李本，欲与为婚姻，不许。以是忤介溪，被劾致仕归。以同乡亲故如荆公、介溪之权势，呼吸成祸福，尚屏叱而绝焉，其他可知矣。为语邑中绅士，登斯堂者其必景仰前贤，交相砥砺，为圣朝贤臣良士，是则予与木斋之所冀望于后来之英也已。馆中不设专司之人，凡吾县挈本张肆于京城，朴实老成，素为众所推服者，每岁阄一二人管理，每五月十三日，邑人来会，遂更替焉。红契五纸，交高安县学师收存文昌阁。

按：据记文，高安会馆新建于雍正元年（1723），此文亦当撰于是年。朱轼（1665—1736），字若瞻，号可亭，江西高安人。康熙三十三年（1694）成进士，选庶吉士，散馆，充湖北潜江知县，后历官刑部主事，陕西学政，浙江巡抚，左都御史，文华殿大学士兼吏部尚书等。卒谥文端。

朱轼《朱文端公集》卷一，页五十五至五十七。《清代诗文集汇编》第214册，第484—485页。

修建长沙郡会馆记

彭维新
雍正二年（1724）

翼轸为荆楚分星，长沙一星，独居轸中而近翼。翼为羽翮，轸为车，郡人士之奋飞叠轨于天衢也固宜。都城之有郡邸，犹列星之舍次也。圣主当阳，星受日光而有耀，邸舍匪崇广弗称。顾自麓堂颓后，张文毅倡置斯馆。入国朝来，前后官京师者虽频事修葺，而阅世久，砥甓宋桷滋蚀腐，近愈不能支，势且圮。郡人内外居官者谋捐修建，意命同属其事于铨部尚书郎罗君立斋，乃别购西城屋一区，以栖止来者。爰筹费鸠役，略基址，程土物，拓恢旧制，更撤向购南邻敝屋及续购屋南隙地，统事营建。修十有六丈，广九丈，为屋大小四十间，堂室中度，门庭闳敞，厨庾备具。自是集辏者交获其所也。回视从前，漂摇数椽，厅事偏狭，门不能容车。值赴春官、谒选署人众，每僦民舍散居，奚翅径庭之相去哉。夫星之丽天也，在野象物，在朝象官。《抱朴子》云：人受气皆应列宿之精。吾郡山川既上协象纬，今郡邸更轩翔在望。郡属十有二州县之至止者，粲然若华星繁会，以近天子之光，则所以经纪万品，光辅治化者，宜何如耶？是役也，易修为建则工巨，工巨则费繁，费繁则任厥事者匪易。自胜国嘉靖至今，阅二百有馀年，而斯馆始克改建。甚矣，其难也！醵赀姓名及公定条约，经始落成之岁月，工役财用之数，具载碑阴。继自今永惟其难，慎守而严护之，俾勿坏，且益新焉。斯天文地气，长相辉映，固不能无冀于后之君子。

  按：撰写年代未详。罗汝怀《京城长沙郡馆始末考》云："彭公作记于雍正二年。"彭维新（？—1769），字石原，湖南茶陵人。康熙四十五年（1706）进士，官至协办大学士、左都御史。

彭维新《墨香阁文集》卷四，页十四、十五。《清代诗文集汇编》第798册，第497页。

金陵会馆记

方苞

雍正六年（1728）

京师之有会馆，乃乡先生建立以便后进之贡成均，试京兆、礼部，守选于吏部者。自明以来，虽小郡邑选举者稍众，必争为之，而金陵无有。康熙二十二年，罗大理集众力建馆于正阳门之东，以为仕者、商者岁时聚会之所，门堂外群室，不过数区，赴公车者暂止而不可久留。吾友宥函既成进士，欲别建焉而力不逮也。雍正五年春告余曰：乡人某有故宅在城西南，捐以为馆，虽修治不易，然其基立矣。因勤以为已任。逾年，宥函自翰林简台中，寻以老疾告归，而馆之工役粗毕，又市宅后弃地，垣而合诸馆，以待继事者之恢拓焉。夫金陵为东南大都会，数百年以来，乡先生之贵盛者不少矣，宥函起寒素，官文学清要为日甚近，而能就此，以斯知事之集，惟其志之确，不惟其力之强。又以见任事者果能设诚以为之倡，自有以感人心之同而成所务也。宥函以作始之艰，虑其久而隳，乃集众议，凡应举及守选者入居，皆量资完葺，其贵盛者，则无问入居与否，必重有所出，以待修治恢拓之大用。公定条例，以属馆人，而出入则士大夫共稽之。夫凡物之情，方其作始，多畏难惜力，而曰非吾一人任也。及安受其成，则又以谓吾直寄焉而不复为之计久长，此凡事所以难成而易败也。凡会于斯者，皆吾侪之将出任国事以为民依者也，果能以宥函之心为心，则岂独兹馆之不废哉，其当官守道，必有以异于比俗之人矣。

按：撰写时间未详。据文中所述，会馆建成于雍正六年（1728），或撰于此年。方苞（1668—1749），字凤九，又字灵皋，号望溪。安徽桐城人。康熙三十八年（1699）举人，四十五年会试中式，因母病危返乡而未能殿试。曾任侍讲学士、内阁学士、礼部侍郎等。毕生致力于学，为清代桐城派文学大家。著有《望溪先生文集》《望溪先生集外文》。

方苞《望溪先生文集》卷十四，页二十。《续修四库全书》第1420册，第490—491页。

京城抚州临川二会馆记

李绂

乾隆五年（1740）

周制，王朝有公馆，复有私馆，侯国亦然，颇见于《戴记》及《春秋传》，皆所以待诸侯大夫之朝聘者。其有诸侯入为卿士，则皆各有采地，自立私馆，《诗·缁衣》适子之馆是也。今直仕宦于京师者，各立会馆，郡县亦分立之，盖古者私馆之遗意，睦姻、任恤，于是乎寓。北平元故都，明永乐中，亦由应天迁焉，本朝因之。明时，江西仕宦称盛，故江西会馆多于天下，省馆四，郡馆十，县馆亦数十。抚为大郡，临川为大县，独未尝有。传闻今象房昔为抚会馆，然余考孙国敉《燕都游览志》，称明割元定力院山门为象房，则传闻之说非也。余所居邸舍，在宣武门大街东，独为一胡同，盖故合肥李文定公相府四之一，四传而及余，东西两区共五十有三间，西宅堂皇稍壮，因署为抚州会馆。东宅为临川会馆。初用银千五百两，雍正庚戌地震，屋大坏，重茸之，又用银二百馀两，余心力颇瘁，于是不欲自私而公之同郡县士大夫，俾仕于京朝力稍薄者得居焉。其正途谒选及公车计偕来京师者，亦得以暂寓焉。书其事勒之坚石，甃之东序，后之人得有所考，庶相守以传于无穷矣乎。西宅后为紫藤轩，藤蔓蔽空，殆数百年物。东宅之东，得废基方十丈许，环以堵为园，中积土成小阜，上覆以圆亭，可望西山。下凿小池，池旁为方亭，可休憩。杂植桃柳枣榆数十株，后人增饰之，游焉、息焉，亦不恶也。乾隆五年庚申岁良月，詹事李绂撰，命男举人孝游书。

按：李绂（1673—1750），字巨来，号穆堂，又号小山，江西临川人。康熙四十七年（1708）举人，次年成进士，选庶吉士，散馆授编修，历官吏部侍郎、广西巡抚、户部侍郎等。著有《穆堂初稿》五十卷，《穆堂别稿》五十卷。

李绂《穆堂别稿》卷十二，页十二、十三。《续修四库全书》第1422册，第288—289页。

休宁会馆碑记

汪由敦
乾隆十七年（1752）

京师万方辐辏之地，风雨和会，车书翕至，彯缨纡组之士，于于焉云集景从。遇乡会试期，则鼓箧桥门，计偕南省，恒数千计。而投牒选部，需次待除者，月乘岁积。于是寄庑就舍，迁徙靡常。炊珠薪桂之叹，盖伊昔已然矣。时则有置室宇以招徕其乡人者，大或合省，小或郡邑，区之曰会馆。夫人情萃则情亲，散则势涣。古之人仕于其国，无事去亲戚，离乡井。中世士大夫，宦游四方，远至万里，若千百里。当其跋涉途路，投止邦畿，久暂去留，未知所届。在策名仕籍者，仰资俸入，获列宁居。而坐视闾闬，英游皇皇焉，靡所依息，夫岂不怵然于怀？然分宅以居，指囷以食，概难望之人人，则会馆之设，俾得适馆垣，弛负担，于以联其情，萃其涣，是亦厚乡俗，广惇睦之一端也。新安郡向有会馆，湫隘不可居，歙乃别营会馆。吾亦欲为吾邑营之，未得善地。壬申秋，有以所居求售者，溯其始，盖先达名公故第。近日，都下规度营建，率毁大宅，取故材以薄值射厚利。予惜其入贾人手，且不可保。爰谋之太常金公，给事中两程公，侍御戴公、王公，前观察毕公，及族人仪部文麓，咸以为当。乃率先醵赀为倡，而驰书故乡姻友，期共成之。不数月，远近乐输者麇至，乃得藏事。凡为屋者若干楹，稍加缮葺，而堂庭廊庑，庖湢厩库之次，与几榻箕帚，锜釜筐筥之需，无不次第完具。并籍识其馀，置闲房取息，以备岁修。刊列科条，垂诸可久。是役也，皆出自吾乡望族巨宗，缙绅逢掖之侣，不资阛阓，不藉游扬。言出响应，若赴期会。是可见向道乐善，人有同心。而吾乡风气之淳美敦笃，勇于为义，不以远迩疏戚异视。人之闻之，宜乎啧啧称羡，以为不可及。而予暨同朝诸公幸际事会之成，欣喜相庆，用识缘起，镵诸贞石，以谂来者。异日人文蒸蒸蔚起，揖让于斯，弦诵于斯，镞厉振奋于斯，名臣魁儒，星聚林立，庶几吉人吉士，为天子使。今日之有事斯馆者，其与有荣焉！将来长守旧规，俾无废坠，是尤予辈所厚期，而亦邑人之志也。是为记。

按：撰写时间未详。碑文记壬申秋购房建置会馆，不数月建成。壬申为乾隆十七年（1752），据此，碑记当撰于是年。汪由敦（1692—1758），字师茗，一字师敏，号谨堂，又号松泉居士。安徽休宁人。雍正二年甲辰进士，改庶吉士，散馆，授编修。乾隆元年（1736）入直南书房，授内阁学士。后历官礼部、兵部侍郎、刑部尚书、兼署左都御使，入直军机处。乾隆十七年授工部尚书。十九年加太子太傅兼理刑部。二十二年转吏部尚书，次年，卒于官。谥文端。著有《松泉诗集》二十六卷，《松泉文集》二十二卷。

又：此文已于乾隆十八年刻石立碑。碑原在北京西城区菜市口胡同，现藏北京石刻艺术博物馆。乾隆五十年曾重刻，有黄轩题记。

汪由敦《松泉文集》卷十二，页九至十。《清代诗文集汇编》第272册，第339—340页。

山右三忠祠碑记

朱筠

乾隆三十九年（1774）

洪惟我朝诏修《明史忠义传》，序曰：太祖高皇帝奖张铨之守义。张忠烈公铨者，山右三忠之一也。忠烈公与何忠愍公廷樾同死辽阳之役，高忠节公邦佐继死广宁之役。忠烈死于署，或曰南门死焉。忠愍死于井，忠节死于雉经。要之，磊磊落落，死事一耳。天启四年，敕建祠宣武门外，以忠烈籍沁水，忠愍籍威远，忠节籍襄陵，匾曰"山右三忠祠"，迄今百五十馀年矣。祠久圮剥，污莱不治，向塞诡毁，为丐且莩者之所休惕，山右之人恶焉。

于时乾隆甲午，方有重修三晋会馆之举，浮山张君体乾在众言曰：体乾自家来京师时，吾乡襄陵老诸生杨维栋告之曰，京师故有三忠祠，其处在朱昆田《日下旧闻补遗·城市》第八篇中，子行必考葺之。今兹乡人有举庙宜先，而馆室后矣。众曰：然。乃相与按书索址，辟而新之。三公庙貌仡仡如昔。故陪祀死事者二十人，因而准之，凡本朝山右之死事者皆列位，至百馀人。旧殿三楹，既复既启，乃更于殿后胎饰三楹之室，将以别祀夫何公从死之二妾高氏、金氏，及二女一仆一婢；高公从死之仆高永诸人者，若私寝焉。缭垣周阿，庙令役事庖、湢、抵、刷、丽、牲、石俱假哉备矣。

初，工埴像三，而何公之像当漏霖败，土木工莫施设，有术者高生言，能以蒉茅致公之神，布纸绘画，众既虔祷以俟。须臾，焚符，公神沛格图，成工即像焉。后数月，公之裔孙，湖北竹山营中军守备弼，以事入都，走祠再拜，仰曰：此吾何氏祠堂遗像也，噫嘻不二。闻者震憺。《传》曰：神聪明正直而壹。宋苏轼曰：神之在天下，犹水之在地中。今何公之死，当过百有太半，而山右之人旦夕祷而求之，而在惟神，故壹，非术者之能也。然则以何公测三公鬼神之情状，党乎！《记》曰：以死勤事则祀之，夫人各死其事耳！所以必在祀典者，何也！前死其事，后死其事，若君臣之义，无所逃于天地之间者，无前与后也。山右之人，偕偕出其乡间而来入京师，仿佛昭明祗拜祠下，此所以教山右之人之义也，独山右哉？所以教天下之义也。於戏！斯祠其莫之敢废。是举也，山右之人赞赞举之，而浮山张氏之力先且多，辄附书以劝来者。系之诗曰：

  白气沉砀，壮秋之肃。宣武门外，古祠蠹蠹。
  巍巍张公，刚剿天容。呦呦何公，入地柔中。
  戛戛高公，群奔麟钼。松山风声，吹辽海枯。
  孤忠以负，逆天我顺。易地则之，诏尽臣分。
  百五十年，圣朝遗遗。死绥之士，照山以西。
  专庙特牲，乡人私祔。赤羽白羽，先后舞怒。
  三忠坐中，诸忠旅揖。各不二心，于此焉集。
  西山之青，爽色何来。石不可磨，祠可废哉？
  市中丐者，今毋卧砌。缭垣周限，灵来享祭。
  他庙土偶，其归汝居。灵之愒焉，阴岳呵驱。

山右之人，逖也拜此。乡不后义，灵色有喜。

告祠之成，甲午春秋。周于中日，岁歌以谣。

按：作于乾隆三十九年（1774），作者朱筠（1729—1781），字竹君，号笥河，直隶顺天府大兴人，乾隆十九年（1754）进士，散馆授编修，官翰林院侍读学士，《四库全书》馆校办遗书纂修官、安徽、福建学政等。著名学者、诗人，著有《笥河文集》《笥河诗集》等。

朱筠《笥河文集》卷十，页四至六。《续修四库全书》第1440册，第257—258页。

重修浙绍乡祠记

邵晋涵
乾隆四十九年（1784）

都城由宣武门而东，过虎坊桥数十武，有屋数十楹，为绍兴人士游处都中者岁时会集之所，乡人称之曰浙绍乡祠。创始自康熙十九年，至乾隆五年重修之。三十年再修之。前后俱有碑记，其于缔造经度之功，与夫次第缮理之克继，其事详哉其言之矣。绍兴居浙江上游，重岩巨泽所郁积，气厚而质重，秀出之民，挟材艺以走四方者，所在多有。自其少时，习见孝弟礼让之风，而父老之教训其子弟，亦必以惇睦为首务。濡染既久，习与性成。即或久羁异地，或数世不克归，及其闻乡语、见乡人，辄罨然兴水源木本之思，握手款洽，蔼然其相亲。故当世称乡党之谊，惟绍兴为最笃。凡夫省会之地，水陆交汇之区，多有所谓绍兴会馆者。而都城之乡祠，其首及也。岁在甲辰，乡祠之老成董事者、士大夫之习复往来者，以时会谯，相顾曰：自乡祠之修，越今二十年，不亟图缮治，后难为功。于是好义者倡厥谋，乡之人踊跃相继，庀材程功，无怠益勉，阅数月而竣。相与落成，则宗庙栭桷之蚀剥者，瓴甋之泐陊者，墙垣塗朽之漫漶失鲜者，焕然厘饬，复其旧观。夫即乡祠之屡事缮治，常有人为之营度，其端末辉映于后先，殷殷于有后，弗弃基以鸠联其乡党，则夫惇睦性成之教，固于斯见焉。而乡先生之孝弟礼让、垂型范于后昆者，所愿式承而弗替者也。至于祠后隙地，新为庐舍以待公车之计偕北上者，别有记。兹就乡祠之率钱重修者，列其姓氏，为后来者劝焉。

按：撰写时间未详。文中记甲辰议修乡祠，阅数月而成。据此，当作于是年，即乾隆四十九年（1784）。邵晋涵（1743—1796），字二云，号南江。浙江馀姚人。乾隆三十六年（1771）进士。历任编修、中允、侍讲、侍读、侍读学士以及三通馆纂修官、国史馆提调等。学者、史学家。

邵晋涵《南江文钞》卷五，页二十四、二十五。

松江义殡记

吴省钦
乾隆五十三年（1788）

京师民物蕃会，来往熙攘，正阳门东西之街衢，会馆鳞比，每郡县京朝官遇有贺吊之事，及岁时伏腊，于是乎行礼。其西南东南隙地，往往置义园以殡其乡之旅死而未得归者，岁久则瘗之，凡以推任恤之谊，广慈惠之术，而王政亦待以补万之一也。予自戊寅夏入都，乡先生蔡侍郎鸿业、范给事中槭士倡置会馆，而吾邑张郎中大金佐其经理，非选人举子不得入。戊申秋，有汪孝廉樸寄野寺，将发，寺僧重索赁直，乃平之而计善后者，会育婴堂官产有破屋八椽，隙地十五丈，将鬻之以易他产，乃购而新之，糜白金二百三十馀两，俟取足于乡之人而名之曰义殡。盖园之名近于嫌，漏泽园在宋系官置，至殡义有二，于旅樸为近。《檀弓》曰殡于客位。刘熙曰：于西壁塗之曰殡。殡，宾也。宾客遇之，言稍远也。塗曰攒，攒木于上而塗之也。盖大夫之殡，攒三面；士不攒，既葬则还祭于殡宫，谓之虞殡，此殡之在家者也。《檀弓》曰：殡于五父之衢。注：殡引饰棺以輤葬，引饰棺以柳翣。殡待于引，此殡之在外者也。死者以宾接之，故妻之既死亦曰殡。殡而攒，攒而塗，要以避水火之患，特士大夫之殡，递杀于所尊，若掘地下棺，至衽而止，士庶人同。此殡礼在家在外无不可名为殡也。其殡于隙地而坎之，则假葬于道侧之义也。其殡于馆而奠之，则阼阶、西阶、两楹间之义也。古者丧而无主，朋友主之，故曰：朋友死，无所归，于我殡。殡而在旅，主之者宜在乡人矣。若夫松江之为府，其得名昉于书注，后人加水松旁，致失典训。记诸版，盖冀来者之恢大之而记诸石耳。

按：撰写时间未详。记文记戊申年秋购地建义殡，戊申为乾隆五十三年（1788），则当撰于是年。吴氏自编年谱乾隆五十三年，记"七月，购隙地厝同郡旅榇见之无归者，作《松江义殡记》"可证。吴省钦（1730—1803），字冲之，号白华，江苏南汇人。乾隆二十八年（1763）进士，改庶吉士，散馆，授偏修，历任礼、工、吏部侍部，官至左都御史。著有《白华前稿》《白华后稿》《白华诗钞》等。自编《年谱》见《白华后稿》卷首。

吴省钦《白华后稿》卷七，第八、九页。

寄同乡外任诸公

阮葵生
乾隆五十四年（1789）

淮郡旧有会馆，在都门东城。百馀年来，久经倾圮，乡人至辇下者，投毂无方，实为憾事。曩日同乡大人先生谆谕另置一区，外任捐资，京员筹办。四十年来，屡议屡寝，迄无一成。缘在内者，垫款无人。在外者，欲寄无所，是以迟迟其行。兹有宣武门外横街路南住宅一所，大小二十三间，所费无多，同乡在京者公议，先行借项垫购，价银五百两。当经立契，银房两交。将来葺治墙宇，区分住房，制备什物，雇人看守等项，尚需费五百金，足完此举。幸众志之相乎，庆公事之获济，稍副乡先生多年垂注至意。用敢公陈颠末，伏希协力助成。恳于本年十月内寄项交刑部阮寓，归款刊入牓册，以便年内择日兴工，不独观光谒选者叨芘无穷，即宦游入觐彤庭，息轸停骖，无庸别寻寓馆。惟是同乡外官，本无多人，不敢僭定数目，每位约以百金为率，并祈速示好音，庶得藉手告成，并免逐月子金之费，益戴厚谊靡涯。言犹在耳，事届垂成，不胜望且幸焉。谨白。

按：此文为募款筹建会馆致外任同乡官员书启。撰文年月未详。阮葵生（1727—1789），字安甫，号唐山。山阳人，乾隆十七年（1752）壬申科举人，二十六年授内阁中书，历任刑部司员，五十年超擢刑部右侍郎，五十四年卒于官，书启当写于任刑部侍郎期间。著有《七录斋文钞》《七录斋诗钞》《茶馀客话》等。文中"淮郡"即江苏淮安府，辖山阳、阜宁、盐城、清河、安东、桃源六县。淮郡会馆，即淮安会馆。朱一新《京师坊巷志稿》"南横街"条记"有祥符、嘉兴、全浙、淮安、盂县、泾县、粤东诸会馆"，与本文所记购宅横街建馆事合。

阮葵生《七录斋文钞》卷五，清抄本，《续修四库全书》第1446册，第120页。

重修中州东馆碑记

胡季堂
乾隆五十六年（1791）

　　京师会馆之设，未知所自始，考汉唐迄宋，不见载籍。余数经过汴梁、洛阳及关中，皆汉、唐、宋建都之所，亦未闻传有会馆建而圮，圮而复者，则宋以前无会馆可知矣。今之京师，为金之中都，元之大都，明世永乐自金陵迁于此。金、元之名胜寺庙，其兴替多见之碑记，即无碑记，亦有能指其处而道之者，独会馆亦无言之之人。然则会馆之最久者，自明季始耳。虽其名无所昉，第以此为计偕入都者息肩之所，俾寒士远至如归，而一省一州一邑之人，咸会于中，是亦广厦覆庇，共敦梓谊之意，斯可尚矣。

　　今一省有一省之馆。一郡有一郡之馆。亦有一县一馆，数县合一馆，甚至一省数馆而一县一郡亦有数馆者。可见太平之世，入士之幅（辐）辏而皆得适馆焉。吾乡在明季有二馆，一在太仆寺街北；一在东江米巷南，岁久不复存。国朝顺治十四年，都谏张谯明、许傅岩倡义合乡之簪仕中外者，买宣武门外银湾曲梁唐僖公别业，创建中州会馆，少宗伯河阳薛君撰文纪其事。康熙十八年，都谏王君子厚又倡议合同乡而重修之，睢州汤文正公作记刊石。嗣则岁久倾圮，仅存门面数楹，乡人名之曰旧馆，此其一也。其建于乾隆三年，在菜市口南绳匠胡同内，名曰中州新馆。首事则仓场少司农新安吕□□，少宰上蔡程冠文，少银台商邱陈勉夫。其名新馆者，以对旧馆而言也。往岁丁丑、戊寅间，有袁名齐敞者，睢州进士；周名廷者，济源明经，均竭选在都，以吾乡之公车来者，旧馆既无可住，新馆亦不足以容，因与余及汝阳宗侄绍南商之，并谋于居官京外之籍隶中州者，买骡马市大街北、海宁陈太史扬对故居，改建此馆，因新馆在西，故署名东馆以别之。嗣余由部曹历官秦、晋、吴、会间，后由江苏臬使奉命入佐秋卿，丙申、丁酉之岁，见馆宇日就颓坏，时蒋霁园官御史，主馆事，相与谋曰：此馆建立二十年，且原买本系旧房，中间虽时有修葺，不过补其坍缺隙漏而已，终未能一律更新，是应亟为重修。因先谋之官京师者，吴香亭时官奉常，首解百金，馀皆从厚欨助，并致书于吾乡之官外省者，亦各踊跃捐输，遂通前后拆卸而重修之。每一楹俱用板壁隔断，各安门窗，俾一人可住一间，而欲住二间、三间者亦无碍，皆兵部主政张霖苍督作之力。是举也，拆用旧料者十之四，更换新料者十之六，而添补尤多，计费二千九百馀金。自此，不惟贡举入都者有所安身，而凡来应试者皆可托足。若非乡、会科之年，即守部谒选者亦得假寓其间矣。

伏思读书之士，恭逢右文之时，云集风从，共来辇下，既栖息之得所，当磨厉以自须。惟愿至是馆者，独居则敬以修身，如临师保；群处则文以会友，毋即慆淫。爱众而亲仁，勿党同以伐异，《经》云：维桑与梓，必恭敬止。登斯堂而从事斯语，庶可仰副作人之雅化而无负当代之旁求焉。至于岁时伏腊，合祀乡之先贤以志景行，薛宗伯则推胜国李文达、刘文靖之相业，顾礼卿、轩惟行两都宪之清直，马端肃、许襄敏之事功，何文定、崔文敏之文章气节，而汤文正公又益以理学名臣，若唐之韩昌黎，宋之二程子，元之许文正、姚文献，明之曹正夫、尤季美、孟叔龙、鲁郑卿、吕叔简、吕忠节、贺景瞻、刘文烈诸公。是皆河狱之间气为师表于后世者，诚能学其所学，而行其所行，不隳先哲之遗教，勉进职业，以报朝廷之知遇，不徒在息旅肩而敦梓谊，是又仕与未仕者，皆当努力而共勉之。馆成数年，碑记未就，因余粗悉此馆之原委，属记其事。余不敢以不文辞，因述其颠末而为之记，其乐输姓氏银数皆列之碑阴焉。

按：胡季堂（1729—1800），字升夫，号云坡，河南光山人。荫生，官至直隶总督。谥庄敏。碑记作于乾隆五十六年（1791），时官刑部尚书。

胡季堂《培荫轩文集》卷一，页十一、十二、十三。《续修四库全书》第1447册，第343—344页。

重修云间会馆版记

吴省钦
乾隆五十七年（1792）

聚一郡之材于辇毂之下，若举士，若举官，盖理大物博而无俟乎时处处矣。然里区传舍之设，有力者至之如归，其力之不足，或怅怅无所之至。仕于朝者，岁时伏腊，乐生吊死之事，所僦屋苟不足以容，则度地定居以会于是，是亦通里区传舍之穷，而有基勿之坏也。京邸①云间会馆，创于乾隆己卯冬十月，时予与王少司寇昶、以中书直内阁，而少司寇蔡公鸿业、侍御范公械士、刑部郎中张君大金，敛费经纪之。馆在延寿寺街，为张少宰集故产，其孙景星贬值以成其美。而蒋家胡同亦有少宰宅一区，后为其从子文敏公照邸寓。岁月不居，典入他姓，郡之人计时值弃馆而赎之为今馆，视旧馆广过半也。十馀年来，剥落欹倒，上雨不蔽，厅事尤甚。壬子春，以事会饮，予计应存应入之钱，凡五佰馀缗，其东厢后室及庖湢井匽厩厕之属，或建或修，复需缗二百馀，姑应之，待偿于后之应入者。阅四月工蒇，举便之，而予为之记曰：松江之名云间，本于陆士龙一语，而其后遂为故实也。松江之不可名云间，犹顺天之未可名日下,即王子安《滕王阁序》不以吴会为吴会稽,止以为吴都会,而实亦不专指今松江。元明后,松江置路、置府,记载之家,自府志外,若志、若杂志、若识略、识馀,多系以云间。若文、若诗、若书、画、医、奕之属,亦皆指数之曰云间派,不曰松江派。夫以经注史志明载之地而不得与士龙五言者较,殆未足为典训矣。德、功、言三者之不朽,孰不慕之,乃言之不朽要有德蕴其间,其功则又因言以见。若士龙者,德与功无与也,藉曰立言,是言亦非其至者也。风会所运,有开必先。当时负以俊声,后世习以掌故。适是馆者,知清言之尚不以废,循是而上之,少有与于功德之数,即推之末艺杂流,皆有一涓埃之功与德,而非以便其身,则程子所讥古之仕者为人,今之仕者为己,幸解免夫万之一,而一乡一国之善或庶几焉。至三十馀年来,飞沈聚散存殁之感,其与闻创馆之议者,惟予与少司寇在耳。今之视昔,俟后之视今,拳拳者何如也?馆之名仍其旧者,秀水朱氏,在京师著《日下旧闻》一书,今钦定《日下旧闻考》从其朔,故援之以为名是馆之义例。

堉上海乔淦玉绳覆校

按:撰写时间未详。文记壬子春重修,工蒇,为之记。则当作于壬子年,即乾隆五十七年(1792)。吴氏自编年谱记乾隆五十七年十一月"倡修云向会馆并为之记",亦可证作于是年。

校记

① "邸":原刻如此。疑或为"京师"之误。

重修正乙祠碑记

邵晋涵
乾隆五十七年（1792）

　　都城自正阳门迤而西，为西河沿。市廛环列，中有屋十馀楹，曰正乙祠，为越人客京师者会集之所。缔造于康熙五十一年三月，诸检讨起新为之记。岁时伏腊，醵燕联欢，相与敦恭敬桑梓之义，以申洽比之欢，久而益挚。乾隆五十六年九月，复缮葺之，次年三月落成，视旧制闳整有加焉。老成董事者来谂余曰：祠之建，粤今八十馀年，有其举之，莫敢废也。前祀神座为关帝、为财神、为元坛。神德者福基，因时所尚也。其东祀文昌，前为奎星阁，文明之象，照融震宇，庸以诗书之教，佑启我后生也。缗算之资，则以计然之术，游都门者，各取入赀成均之赢羨，岁积而月累，阅久乃克集事。惟其力之均也，志之颛也，异时黝垩漫漶，瓴甋侧衰，楔枊剥落，镘之植之，易朽以坚，蠲垢以洁，阁台宛如，连甍翼如，庶几乎式拓前规，贻乃后则愿有言记厥事，暨余祗谒，则既有成事矣。

　　余惟国家延洽纯熙，化成悠久，藏富闾阎，三登屡庆。都门为四方辐辏之区，百汇阜昌，惇和茂遂，即一祠之修缮而廓前焕旧，倍饬形摹，时丰物豫之征，于斯而著。况夫岩壑之交，笃生硕德，代有闻人。平居奉父兄之训迪，师友之切磋，相勖以孝友睦姻，相砥以忠信笃敬，相尚以礼乐诗书。而操奇赢、权子母者，人人有士君子之行，眷念先猷，绳世德而开令绪，此又可以登太平风俗之书矣。余更念检讨为里中先进，与余先世有姻亲，检讨之孙，编修重光，未第时尝寓居于祠，乡先生之謦欬，如或遇之，余所为每过流连，而更愿后之人缵系于弗替者也。

邵晋涵《南江文钞》卷五，页二十二、二十三。《续修四库全书》第1463册，第423页。

梁家园惜字会馆记

赵怀玉
乾隆五十九年（1794）

吾乡惜字之会，康熙间先恭毅公倡之，京师无有也。乾隆三十九年甲午，同里瞿君云魁、恽君燮、及族父沣等，始于梁家园捐金构屋，凡文昌之殿、焚字之炉，以至若门、若庑，规制略备。越十六年，戈君昶、杨君德峻等复捐金买馆后之屋十馀椽欲鼎新之，以土木费繁而止。又四年，壬子，徐君严、曹君浚明等遍为劝募，得白金千馀两，鸠工庀材，次第修举，于是轮奂既美，憩息有所矣。初，会中所焚残字，大都佣人向各家收取，每月朔，则会同人权其字之重轻以给值，而于道塗之遗弃者，往往不免蹂躏。甲寅春，曹君宫入都，欲仿里中拾遗之会，余与蒋君纯毅辈实赞成之。乃广延同志，量力输助，有总捐、有月捐，而其事始集，因附于前会以行焉。然前会虽建室宇，尚无恒产；后会有恒产，而数亦未充。今将集议再捐，为永久之计。《诗》云：靡不有初，鲜克有终。《记》云：有其举之，莫敢废也。夫为善之道，岂有穷期，亦唯勉其力之所可逮，其所不能逮者，则俟诸人而已。吾愿后之君子，皆以先恭毅之心为心，而无忘创始之艰也。

按：撰文时间未详，文中记甲寅春"其事始毕"，当作于此年，即乾隆五十九年（1794）。赵怀玉（1747—1823），字亿孙，号味辛、牧庵，江苏武进人。乾隆四十五年（1780）特试举人，授候补内阁中书。曾参与《四库全书》纂修，任缮书处分校官。后曾任江苏文正书院、西安关中书院山长。工诗文、善书画，著有《亦有生斋集》。其四世祖赵申乔，字慎旃，号松伍，康熙九年（1670）进士，官至户部尚书，卒谥恭毅，即文中所称之"恭毅公"。

重修扬州会馆碑铭

阮元

嘉庆四年（1799）

京师宣武门外扬州会馆，始建于乾隆初年，汪君从晋出白金四千，金君门诏益金而成之者也。其事详于旧碑。六十年来，颓坏日甚，虽屡有修葺，而莫能新之。和会堂、联星堂地势甚卑，邻水来侵，夏不能居。墙圮柱倾，公车罕至。嘉庆元年，郑君宗彝官吏部郎，请于其叔郑君鉴元，得白金四千。鲍君志道、张君绪增、黄君楫，又各出白金一千，乃合赀重修之。和会堂、联星堂暨东西厢筑基增高三尺许，治其井匽，水有所归。第三、四两院以次修立。复建阁于联星堂之东，以祀神位焉。先是屡欲修而未成，今嘉庆四年己未，乃集事，读旧碑，乃知创修者己未岁也，殆亦有数存其间乎。工既成，乃刊石纪名兼载图事，俾后之人知今义举之盛，必将有踵而行者，使旧基无废，新构益增也。勒以铭曰：

江淮合域，牛斗垂躔。灵秀陕区，人文出焉。

或或人文，济济甲第。魏阙联班，春明并骑。

斯馆肇修，己未之春。轮奂并美，桑梓同邻。

堂开和会，门接宣武。公车之来，于时处处。

岁深垣圮，莫芋莫凝。瓦尘积草，庭潦生萍。

又六十年，岁周己未。惟我乡人，兴废举坠。

乃构其堂，乃高其基。庖湢井厩，具无不宜。

嘉树可誉，甘棠勿拜。藤垂紫绶，药翻金带。

礼神之阁，峙于其东。文昌下照，其光熊熊。

孟夏之朔，星珠联瑞。鸠工庀材，适当其会。

维我广陵，运会日昌。元甲天下，解领江乡。是科文武解元、会元、探花皆出扬州。

作此铭词，以刊乐石。后有作者，永永无极。

按：此文嘉庆四年（1799）刻石，碑刻拓片释文已录入本书。碑刻文字与本文有小异，故亦录入以供对照。

阮元《揅经室集》四集卷二。

重修黎川新馆记

陈用光
道光元年（1821）

君子之敬其乡也，盖乐与其乡之人共循夫敦厚仁恕之习焉。力之所可为者，则竭其力以图其安。事之所当尽者，则竭其智以正其事。昔孔子言观于乡而知王道之易，而其居乡党也，以似不能言者。夫乡党所相沿之礼，而行之可以兴王道。以孔子之圣处事，而其言如不出诸其口，然则君子之所以敬其乡者，信乎其不以才知相先，而惟以敦厚仁恕相尚也。士大夫之官于京师者，非一邑之人也，其与其邑之人相聚，则犹之乎其乡也。

国朝大一统，建首善自京师始，士大夫崇敬乡之谊，于是有府、州、县各建之馆。吾新城之馆，居正阳门之东久矣，其地俗所谓长巷四条胡同者。先大夫官兵曹，购宅一区于正阳门之西，其地俗所谓三眼井者。先大夫乞假归时，出所购之宅为吾邑西馆，故吉州知州喻心筠宝忠、前郾城县令黄仰岱奕瑞，皆居是馆成进士，而尝经理其馆中之事。先叔父绎堂府君购宅一区于正阳门之西，其地俗所谓椿树胡同者，先大夫于乾隆庚子补官兵曹，与绎堂府君易其所购之宅，由是西馆乃建于今地。自先大夫及从兄观、从子希祖、希曾及用光递居之者垂四十年，墙垣屋宇，日久颓坏，屡欲新之，费重莫举。及希祖去年归，而其宅空。今年周贞木编修之桢商于邑人，分其宅之前与山西贾晓嵋员外大夏居，而资其僦直以修其前宅。其后宅为屋若干，则更鸠资助修之，以居邑之应礼部试者。其前宅僦直以六年为期，凡修治之费，为白金九百两，计其子金，得白金一千五百四十八两，六年及期，而宅还为馆。假力以复旧观，资人以成己事，事成而费不钜，废于累年而新于一日，贞木之为此，可谓智当于为者矣。馆故有黎川新馆匾，其经理馆中事，有条规。其购此两宅，有契约。凡计偕而东馆不能容者，先大夫及从兄辈居此时，尝别租宅以居之。旧匾朽坏，某年，用光尝乞蔡生甫先生之定为更书之，欲作记而未及为。今年，邑人谓余宜终为记之，余惟先大夫之为此，既竭其力以图邑人之所安矣，其有所让于德，有所咨于事，教有所必详，智有所必尽，俾吾新城之人不徒以科第仕宦为荣，而以敦厚仁恕为尚，是居东西馆者之所当同勉也。余故乐诸君子之奋于义，而更为宣其意。其馆中条规，前所定及今所增者，皆具别幅。其年为道光元年七月上浣。为之记者，陈用光也。

按：此文是否刻石未详。陈用光（1768—1835），字石士，又字硕士，江西新城人。嘉庆六年（1801）进士，选庶吉士，七年授翰林院编修，官至礼部右侍郎。

陈用光:《太乙舟文集》卷四，页四至七。《续四库全书》第1493册，第309—311页。

敬题黎川新馆供奉文武二帝圣像

陈用光

道光元年（1821）

　　京师立郡邑馆，馆必供奉文武二帝，盖乡社遗意也。家大人以椿树二条胡同宅作黎川新馆，所供像及记文，自家大人出守后皆佚去，予既补作后记，又于厂肆中购得圣像供奉前堂，敬题绝句八首记事。

　　圣朝崇祀寿亭侯，封号文昌典并优。郡邑馆沿香火例，黎川俎豆亦千秋。

　　我翁割宅为乡人，适馆期安应举身。一记一图何处觅，感他数典到椎轮。

　　青云接翅望同乡，往事趋庭指示详。蓉镜要分衣钵样，点睛亲乞戴平章。家大人所画圣像，邀大庾师为点睛，盖戊戌年师作状元时也。

　　喻侯化去宝忠鲁公归兰枝，佳话当年记者稀。赖有诸公师老辈，凭将宅券守龙威。

　　弓冶箕裘事亦平，补图补记尽吾诚。从他月旦凭胸臆，赢得人间好事名。

画手评来是国初，上头竹垞作分书。真经曾乞苏斋写，庭训心传觉世馀。大人曾乞覃溪先生楷书《关帝真经》，将拓石赠人。此画竹垞隶书，虽真赝莫辨，而训词固可觉世也。

神灯擎处照人间，风马云车境暂闲。图中境像如此。十七世身同指点，只凭孝友到鸾班。

一架藤花满院阴，同人曾和补藤吟。此藤若比科名草，神听能知种树心。

按：题为点校者所加。第三首夹注中之大庾师，指戴均元（1746—1840），字修原，号可亭。江西大庾人。乾隆四十三年（1778）戊戌科状元。

绩溪会馆尚义轩记

胡培翚
道光十年（1830）

京师吾绩会馆，重修于道光丁亥。越二年，复建尚义轩，轩在会馆之西偏。其始也，老屋数椽，倾欹摧朽。余与萝庵、理斋、心原、以舍谋所以新之，乃式辟旧基，高其楹宇，于地之北构瓦房五间，其南建平台三间，而于平台之左右，各置小房一间，以为门庑庖湢之所。既成，余颜以今名。或询于余曰：子之以尚义名轩也，殆以连年新馆屋、修废坠为义举而矜尚之欤？余曰：否，否。夫义举非成之艰，而守之艰。其所以不能守者，由当局有自私自便之念，弗克循理之当然，分所当为，而或诿其劳，或专其欲，久之，必至涣散纷争，废败公事而后已。然此自私自便之念，易动于中，每为人所不能无。惟义一秉大公，凡事皆有至当不易之经，截然不可犯。以是为尚，则有以胜其自私自便之念，而务求利人，不求利己。夫如是，则莫不和同以听，而事罔不济。《易》曰：利物足以和义。先儒谓不和生于不义者，其是之谓也。若夫好义者遗利，而究之广厦常存，旅宿有所，于己亦无不利。弃义者贪利，而究之涂败之后，沾丐无从，于己亦无所利，固理之显著，人所共知者。至于夫子言义以为上，而推无义之弊曰为乱为盗，此在贪冒勇很之流所宜闻而警心，而不必为吾侪告也。或乃怡然意释曰：自今以往，吾邑之人皆知以义为尚，则私去而无不和，于馆之成规可以遵守勿失矣。爰次其言以为之记云。

按：记文作于道光十年（1830）。胡培翚（1782—1849），字载屏，一字竹村。安徽绩溪人。嘉庆二十四年（1819）进士，官内阁中书，转户部主事，乾嘉时期著名经学家。

胡培翚《研六室文钞》卷八，页十二、十三。道光十七年泾川书院刊本。《清代诗文集汇编》第538册，第107页。

重修湖广会馆碑记

道光十年（1830）

嘉庆丁卯岁，刘云房相国、李小松少宰创议公建湖广会馆，所以联南北乡谊，诚善举也。惟时规制未尽崇闳，又经风雨剥蚀，每岁团拜，咸称不便。今春正月，公议重修。升其殿宇，以妥神灵。正建戏楼盖棚，为公宴所。其旧料拆盖于西偏宝善堂之前，以为余屋。费至五千两有奇。料坚工实，焕然一新。甫五月而工竣，爰勒诸石，以志不朽。道光十年岁次庚寅秋八月吉旦[①]。

京官捐数　　邱树堂五十两

　　　　　　熊　荬五十两

　　　　　　邓锦湘四十两

　　　　　　蒋祥墀　何凌汉　帅承瀚　李元庆　周　圭
　　　　　　　以上皆三十两

　　　　　　石承藻　程德润　蔡绍江　唐方煦　刘　谊

　　　　　　柳和暄　胡元炜

以上皆三十两

叶继雯十六两

唐文璘十六两

喻元准十二两

刘梦兰　陈运镇　易镜清　乔用迁　潘光藻
奚先凯　赵先雅　朱村哲　金光杰　戴修道
王见炜　陆建瀛　雷　鸣　郑世任　赵敦诗
刘裕珍　马丽文　徐嘉瑞　汤　鹏　郭道闾
俞东枝　陈光亨　方宗钧　王之斌　易　棠
王　寅　王兆伟　王继贤　周　锴　黄士瀛
胡思贤　张士醇　查文经　易文澂　袁辉廷
郑保龄　刘元龄

　　以上皆十两

黄世铭八两

外官外差捐数

陶　澍三百两

黎学锦三百两

刘彬士二百两

屠之申　贺长龄　陈　銮　谢兴峣

　　以上皆二百两

程怀憬　杨　健　彭　浚　姚必远　陈用珩
黄　冕　毛正坦　张祈谔　张良志　王德宽
周恭寿　熊　增

　　以上皆一百两

贺熙龄八十两

蒋兆璠百两

汪封渭百两

刘功杰百两

杨祖宪 戚宗彝 郑敦允 周承锦 邹尧廷

蔡绍洛 傅　璋 何志清 许心源

　　以上皆五十两

蒋祥堡四十两

杨士援 王鼎铭 秦敦原

　　以上皆三十两

胡　炳 陈叙硕 杨上容 张力卓 鲍芸堂

张　璟 欧阳俶 成章瓒

　　以上皆二十两

李春圃八两

唐业谦四十两

胡启荣百两

程德楷五十两

胡达源三十两

王泉之五十两

刘德铨五十两

周树槐四十两

罗登举三十两

陶章斌三十两

邓仁堃三十两

杨建业二十两

文凤喈二十两

严　芝五十两

李廷锡百两

按：碑今存，在北京市西城区骡马市大街北京湖广会馆。碑记分刻二石，嵌于会馆西廊。湖广会馆于嘉庆十二年（1807）建成后，曾于道光十年（1830）、二十九年，光绪十八年（1892）三次重修。道光十年为第一次。《北平湖广会馆志略》卷一，记此次重修云："道光十年庚寅，天门蒋丹林副宪、道州何仙槎尚书倡议集资重修。旅京诸公因会馆地址狭隘，年久失修，复多朽败，不足以壮观瞻而隆祀典。道光十年正月团拜时，由蒋、何二公提倡重修。升其殿宇，建筑戏楼，为乡人集会公宴之地。并于西院楚畹堂前，用已拆旧料添建余屋穿廊。共用银五千两有奇。工事完竣，焕然一新。沴有碑记，而无撰人书丹姓名。附刊京内及各省文武官吏姓名，并捐款数目于后。"

校记

① 《志略》作"道光十五年"，误。"庚寅"年为道光十年。

石荣暲编纂《北平湖广会馆志略》卷四。见《北京湖广会馆志稿》第233—235页。

京师长元吴会馆为先曾祖尚书芝庭公创建，自乾隆庚辰至今道光癸巳，已阅七十三年矣。仲春三日，芝轩冢宰暨同郡诸君供奉文昌神位于馆中，附设先尚书公神位以志不忘，敬成二律志感

彭蕴章
道光十三年（1833）

馆辟上章岁，迢迢七十年。人怀渠夏荫，祀比绣丝虔。玉局盟仙侣，金泥榜后贤。并悬壬辰科吴君钟骏状元，马君学易会元，曹君懋坚、严君良训进士题名扁。苔岑敦古谊，灵爽合流连。

撰辰逢吉日，鸣珮讲筵来。冢宰自讲筵归，主爵。执爵春光动，戴筐云色开。楷模尊古哲，陶铸领群才，俎豆名山外，年年酹绿醅。先尚书祀吴郡先贤祠。

按：彭蕴章（1792—1862），字琮达，号咏莪，江苏长洲人。道光十六年（1836）进士，官至工部尚书，内阁大学士，卒谥文敬。曾祖彭启丰（1701—1784），字翰文，号芝庭，雍正五年

（1727）以一甲第一名进士及第，授修撰，官至兵部尚书。长元吴会馆之创建者。芝轩冢宰，即潘世恩（1770—1854），字芝轩，号槐堂，江苏吴县人。乾隆五十八年（1793）一甲第一名进士及第，授修撰。历任礼、兵、户、吏、工五部尚书。卒谥文恭。彭诗作于道光十三年（1833），潘世恩时任吏部尚书，故尊称"冢宰"。

彭蕴章《松风阁诗钞》卷六，页十二。《续修四库全书》第1518册，第380页。

群玉山房记

彭蕴章
道光二十二年（1842）

　　京师正阳门外延寿寺街有长元吴会馆者，先曾祖尚书公所倡建也。门内三楹，嵇文恭公题曰"敬止堂"。初，吾乡有长吴会馆，行贾者所筑，乡之应试者亦居焉。自有敬止堂，而士与贾始分矣。堂之后曰"盍簪轩"，先伯祖学士公题。又其后曰"时业斋"，先尚书公题。又其后为废址，相传乾隆辛亥年学士公以旧屋将圮，谋改建。甫除其旧而学士公卒，工遂辍。至于今五十年，榛莽荒秽，瓦砾之积者如山。乡先达既以馆为先尚书所创，属余司其事。十馀年矣，余谋所以治之者，以工费钜，京僚弗能任。乃请于芝轩相国，由司事告于同乡之在外者，募资鸠工。逾年资集，遂庀材起建。始于道光辛丑冬，至壬寅夏落成，得屋十一椽，而学士公未竟之志，得借诸同乡之力以复旧观，余小子有厚幸焉。爰请于相国题曰"群玉山房"，而志其缘起并书捐输姓名于左。是役也，刑部马君学易实经纪其事。

按：撰写时间未详，文中记壬寅山房落成，当撰于是年，即道光二十二年（1842）。彭启丰（1702—1784），字翰文，号芝庭。官至兵部尚书，彭蕴章曾祖父，即文中之"尚书公"。彭绍观（1728—1791），字颙若，号镜澜，官至翰林院侍读学士，彭蕴章之伯祖父，即文中之"学士公"。嵇文恭公，嵇璜（1711—1794），字尚佐，号黻庭，江苏无锡人。雍正八年（1730）进士，官至大学士，谥文恭。

彭蕴章《归朴龛丛稿》卷五，页九。《续修四库全书》第1518册，第599页。

代三晋公寓筹画信

祁寯藻
道光十七年（1837）

启者：吾乡京城中会馆，各属俱有，惟圆明园向无馆寓。今拟仿照园中云南会馆，购置房屋一所，为三晋公寓。凡吾乡新中式举人、进士并拔贡覆试、朝考、引见，及京官赴园当差，外官来京引见者，均有止宿处所，免致另觅居停，实为妥便。惟购买房屋，置备器具，此项经费先须筹画。为此，奉商诸位乡台，协力欤助，共成盛举。希书召（名）衔助项若干，汇存同乡值年之处，一俟积有成数，即（下缺）

按：此为祁寯藻为倡建三晋公寓，向同乡官商筹募建置经费之函稿。函尾"即"字后原缺。撰写时间未详。三晋公寓位于海淀挂甲屯，道光十七年建成，礼部侍郎冯芝撰有碑记，见本书第107页。祁寯藻（1793—1866），字叔颖，又字实甫，号春圃。山西寿阳人。嘉庆十九年（1814）进士，官至大学士、礼部尚书。

《祁寯藻集》第1册，第370页。

重修广东旧义园记

邓华熙
同治七年（1868）

京师广渠门内卧佛寺迤东，粤东旧义园在焉。岁久，园无隙地，复购新义园，故此园以旧称。园故明时会馆，永乐间王大宗伯忠铭、黎诠部岱与杨版曹庐山所倡建，颜其堂曰嘉会。厥后会馆改建于达摩厂，此地以距内城远，朝谒弗便，遂弃置。天启四年，郭太仆噩吾、原中翰清流等修复之，以为义园。国朝康熙间，重加葺治，梁庶常药亭更书堂额曰惟敬。乾、嘉以后，屡废屡兴。同治癸亥秋，今司农罗公惇衍、奉天丞兼学使王公映斗同直省馆事，偕往围视。垣墉榱桷，大半倾颓，冢陷碑欹，和见露骨，恻然不忍坐视。还谂同人，佥曰宜修复。于是，比部钟公孟鸿、上舍李公在超、上舍冯公梦熊、光禄黄公德基，广为劝醵，事遂集。乃厘定经界，鸠集工料，腐朽桡折者易之，缺啮者完之，漫漶者垩之、髹之，陊陷者隆之，暴露者蒙里之，欹斜者树之。新义园之有不治如旧义园者汇治之。经始于甲子春，越季冬工竣。园方广十馀亩，缭垣围二百丈有奇。南为堂、为庑、为门，门内院落延袤六七丈。堂广五楹，即梁公颜以惟敬者也。庑当堂迤西屋八间，檐牙错对，可为厝柩之所，亦以栖园人。堂东为土神祠，堂后及东西冢七百有奇。中穹然高者为有明袁大将军崇焕之墓石，为吴中丞荣光所书，崇丈有奇。群冢环之，如列营、如宫。霍然诸废具举，幽灵毅魄，时罔怨恫。众情安悦，爰伐珉纪事以落之。夫掩骼埋胔，王政所重，敬恭桑梓，兴废坠，表忠贞，乡后进责也。华熙不敏，幸从诸君子后，敬为斯记，以徯后之人。光禄大夫经筵讲官户部尚书罗惇衍书。通议大夫记名知府刑部郎中邓华熙撰。同治七年岁次戊辰孟夏谷旦勒石。

按：邓华熙（1826—1916），字小赤，又字小石，广东顺德人，咸丰元年（1851）举人，历官刑部郎中，知府，按察使，布政使，至安徽巡抚、贵州巡抚。

京城长沙郡馆始末考

罗汝怀

长沙郡馆记文之载入湖南文徵者凡四篇。始王教授岱、次彭尚书维新、次王粮储之琦、次刘编修元燮，此皆当时官衔，其后教授出为澄海知县，编修出为苍梧道矣。而论此馆之经营劳勚，则教授为钜。盖当鼎革时，实艰难竭蹶之会，以一冷官筹度其间，视五十馀年后承平已久，而位司农、职粮储者之势与力何如也。观其所记，亦至今为之心恻，居是馆者，可漫不知其由来乎？而掌故亦其记为特详也。记言：明季时，吾郡会馆有二，一在城内，一即今东草场十条胡同之馆。自经兵革，内馆并故基失之，此馆亦就倾圮。顺治八年，余偕唐子世徵、许子长庚入居是馆，为之修饰补葺，立额表之。至康熙十六年量逭京卫学复来都门，此馆为人窃踞，庐舍尽坏，且人兽秽溷，几无措足地。乃捐百金，极力修补。念是馆建于崇祯间，余随叔父长适同计偕，与先达共勷其事。后思告休还里，适值地震异灾，惊魂未定，兼惜此馆一倾，则后此者将无从问，乃更竭行赀，重为修建。是其四十年中三经修葺，而创建之始，又目睹其成。而彭公作记，于雍正二年，乃云麓堂颓后，张文毅倡置斯馆。又云自胜国嘉靖至今，此非传闻之讹，则臆度之语矣。又彭记云，拓恢旧制，易修为建，为屋四十，其间费繁而工巨。刘太史记谓彭公独力捐赀，重为补葺，副使王公复为增修。然是役彭公从事中栋、王公建庖舍于右，孝廉周君鸠构前宇，迄雍正癸丑，翰苑刘君谋建后栋，而副使仍出赀助之，诸见副使记中，则易修为建者，非出彭公独力，彭记亦言醵赀姓名及公定条约、工役财用之数，具在碑阴。今未知碑阴果具否也。若康熙五十七年恪勤陈公又修之，何至越数年而中栋倾圮？考其时，恪勤方创为湘潭县馆，其于郡馆殆补苴尔，而悬立扁额，详考太学题名碑次第编录，则恪勤为之，此见刘公记中，盖四记微有异同，非互勘弗得其实，而其中有微词焉，有謷言焉，读者当于言外得之也。

按：撰文时间未详。罗汝怀（1804—1880），字研生、念生、晚号梅根居士，湖南湘潭人，道光十七年（1837）拔贡，官芷江训导。著有《绿漪草堂文集》《绿漪草堂诗集》《研华馆词》等。

罗汝怀《绿漪草堂文集》卷九，页十八。《续修四库全书》第1530册，第618页。

重修嘉兴会馆记

许景澄

嘉兴为东南剧郡,人文辐辏,都下应礼部试者尤众。乾隆中,始有会馆,厥后以时增茸,迄于今无废。

夫郡之有馆,非徒延后进、惠来者已也,将使乡之人之集于是者,揖让有其仪,酬酢有其文,其间复有巨人长德、耆儒硕学为之典型,相与聚处敦勖,蒸蒸焉厚风俗而励人才,盖虽一乡一邑之所经营,其规模远矣。

近世人心,务于苟安,以夺其率作兴事之念。又以四方多故,物力不继,官私廨宇,冘不暇治,所在而然。而吾郡馆之积于倾颓者且二十年,礼教之即衰,敬恭桑梓之意几乎不能以自遂,识者惧焉。

平湖王晓莲廉访大经,思有以振之,会其述职京师,割俸为倡,复与嘉兴钱子密京卿应溥广纠同志,集资庀徒,以筑以削,加之丹雘,复还旧观。天下之事,善作者必贵善因继,自今赓续前观,谋其可久,俾郡之人来游来处,岁时俯仰,穆然兴起于乡物之教，礼俗之敦也，其不在兹乎！

是役也，縻白金七百两，工三月而毕。始议者为嘉善钱湘吟侍郎宝廉，海盐徐小云鸿胪用仪，董其成者则秀水王诵光景贤，海盐朱少虞丙寿两农部也。既蒇事，爰志始末并书助金者姓氏如右。

按：撰写时间未详。始议者之一徐用仪，同治十二年（1873）至光绪八年（1882）官鸿胪寺少卿，文中称其"鸿胪"，据此，此文写于此期间，重修亦在此期间。作者许景澄，号竹筼。浙江嘉兴人，同治七年（1868）进士，选庶吉士，散馆授编修，光绪九年（1883）升侍讲，十年，出使法、德、义、荷、奥等国，官至工部右侍郎、充总理各国事务衙门大臣。二十六年，因力主镇压义和团，反对围攻使馆及对外宣战，被清廷处死。后追谥文肃。

《许文肃公外集》卷二，页三。《清代诗文集汇编》第758册，第476—477页。

移建广东会馆募疏

谭宗浚

窃以候馆载于《周官》，置舍详于汉制。晋都洛下，百郡之邸兴焉。魏据关中，诸国之邸建焉。至唐则选人期会，半居兴道之坊；迄宋而节使趋朝，肇创迎恩之馆。莫不高闶宇，饰榱栌，度几量筵，庀材砻石，其斯为会馆之权舆已。

圣朝德被埏纮，译通尉侯。上计之吏，属尾而縻趋；履绚之儒，蝉连而麟萃。咸通置骑之驿，不寄寓公之庐。其见于近贤文集者，若汤文正公倡建中州馆，陈文贞公倡建三晋馆，杨勤悫公倡建临江馆，阮文达公倡建扬州馆，尤其卓卓足微者也。

我粤东馆，旧在正阳门外打磨厂。近北阙星辰之地，咸沐恩荣；萃南州冠冕之伦，此焉游止。顾以星霜久阅，梁栋多倾。崇墉揩于牛宫，讲肆邻于马队。王逸少欲观礼殿，徒企想其仪型；蔡陈留拟赋灵光，已难言其彷佛。眷言遗址，只剩颓垣；宜觅新居，别营壮观。仆等叨居京秩，系念乡恭。思为改井之谋，未遂买邻之愿。盖徘徊而有待者固已久矣。

兹购得宣武门外南横街董氏宅一区，阶城平完，轩庭敞拓。接古懂堂之故躅，曾寓词人；等亲仁里之幽居，素称吉第。稍加营葺，足壮观瞻。夫昇高明，处台榭，固戴经之所美也；累层构，拓宏观，又班赋之所称也。矧今景运中兴，皇风邕穆。惟粤地夙钟灵淑，逮迩年尤盛，簪缨司台衮者比肩，不数颍川冠盖；登巍科者接踵，胜如蜀地诗书。咸翱翔乎礼义之林，并擩哜乎滂醲之泽。营兹杰构，讵曰非宜。惟是倡导有心，建修无力。异化人之净宇，非偃师幻术能成；譬开土之祗林，岂德胜搏泥可造。伏愿秉节乘轺之彦，剖符专阃之英，五管章缝，三城俊乂，各捐赢羡，用助匀工。总群力以舆瓢，偕众擎而建柱。合尖倪就，胜营七级浮图；庀歇咸欢，此即万间广厦。待刻古贤事迹。规模同画像之堂；悬知髦士科名，瑞应比铜官之庙。

按：撰文年月未详。据张荫桓《重修粤东旧馆碑记》云：光绪八、九年间，许筠丈尚书、杨蓉浦少司马谋建新馆于南横街。据此推之，此疏当作于此期间，或不晚于光绪十年（1884）。谭宗浚（1846—1888），字叔裕，号止庵，广东南海人。同治十三年（1873）一甲第二名进士，官至云南盐法道。工诗文，著有《希古堂集》《荔村草堂诗钞》等。

《希古堂集》乙集卷六，页四十九至五十一。《续修四库全书》第1564册，第482—483页。

记修葺浙绍乡祠

李慈铭

光绪十一年八月初十日丙子 下午，诣叔雅，同诣乡祠，遍行前后。门墙院宇百有馀间，丹碧奂然，台榭照耀，下及庖湢，井井一新，颇顾而乐之。余固不敢自以为功，然百馀年无此规模矣，后人当见思也。又至眼药庵安置诸神像，设名宦栗主。中龛为仓帝、越王、文昌、关帝。左龛为金龙四大王、张静安公、郡邑城隍神、马、戴、汤三太守皆仍祠龛之旧，有其举之，莫敢废也。右龛仍祀眼药神，存都门故迹也。以工价银二百三十九两付瓦木工人，共费银一千五百十九两矣。以后更设乡贤栗主、龛坐几案及扁额、楹联，客坐床、几、桌、椅之属，尚须四五百金，当再竭力筹之。

按：原无题，题为辑录者所加。李慈铭（1830—1894），字炁伯，号莼客，浙江会稽人。颇富才名，却屡困科场，同治九年（1870）始中举，光绪六年（1880）方成进士。光绪十六年，官山西道监察御史。以诗文著名于世，为同光间著名学者、诗人。著有

《越缦堂日记》《越缦堂文集》《白华绛柎阁诗集》等。

李慈铭《越缦堂日记》第15册,第10850—10851页。

浙绍乡祠联额

李慈铭

光绪十一年八月二十五日辛卯　书乡祠联额。大门额曰：越中先贤祠。二门分书曰：绍兴会馆。厅事曰：典录堂。祠屋曰：瞻仰景行。①眼药庵堂曰：灵氾分祠。②文昌龛额曰：光腾越纽。张、谢诸水神龛额曰：远绩禹功。厅事楹帖曰：一曲儗明湖，便是六朝修禊饮；九歌赓白石，不须重听叩舷人。祠屋楹帖曰：溯君子六千人，自教演富中，醪水脂舟，魁奇代育，有谢氏传，贺氏赞，虞公典录，钟离后贤，暨孙问王赋以来，接迹至熙朝，东箭南璆，三管豪尚长五色；表镇山一十道，更瑞图王会，簮金涂玉，钟毓尤灵，况浙名江，镜名湖，宛委洞天，桐柏仙室，应婺宿斗维而起，翘英遍京国，殊科合辙一堂，辇下共千秋。文昌龛联曰：奎壁祥光接珠斗；蓬莱佳气护金书。水神及三太守、郡邑城隍龛联曰：位业同归天上坐；讴歌长在镜中人。又书对门玉皇殿额曰：玉霄紫府。以祠中老君诸像移奉殿之左庑也。

校记

①原注：用《三国志·虞翻传》注引《会稽典录》朱育对问语。
②原注：《嘉太（泰）志》载，灵汜桥在会稽县东二里，石桥二，相去各十步。《舆地志》：山阴城东有桥，名灵汜。《吴越春秋》：勾践领功于灵汜。《汉书》：山阴有灵文园，此园之桥也，前代已有之。《尚书故实》，辨才灵汜桥，严迁家赴斋，萧翼遂取兰亭。慈铭案：《吴越春秋》吴王祭陵山于会稽，祀水泽于江州，此吾越祀水神之始也。汜者，《说文》曰：穷泽也。穷泽者，水之所尽处也。古亦通作桥圮之圮。今庵中附祀越王及张静安公与金龙四大王，马、戴、汤三太守，皆以治水称，故曰灵汜分祠。至《嘉太（泰）志》所言灵汜桥，盖即今昌安门外之文应、武应二桥。南北相去各不过十武，皆石桥也。灵文园或云在蕺山，或云在山阴境，上谓灵汜桥因此而名，疑出附会。

李慈铭《越缦堂日记》第15册，第10865—10866页。原无题，题为辑录者所加。

越中先贤祠目序例

李慈铭

光绪十一年（1885）

　　京师虎坊桥之东，旧有稽山会馆，创自明季，实绍兴所属八邑之邸也。莫详其建始年月，其改为浙绍乡祠者，盖自国朝康熙十九年始，商贾占之，以祀文昌、关神武，及封静安公宋工部郎中张公夏诸治水者，及郡邑城隍之神，缙绅先生无过问者。

　　乾隆三十年，乃建歌台及回廊，以增饰厥观。时则故庐凤颖兵备山阴史公鲁璠，柳州府知府会稽范公家相，大学士会稽梁文定公国治，刑部尚书诸暨余公文仪等，皆官京师，始议于祠之西南拓地以居计偕及选人。四十七年，编修会稽王方川先生增九，匄同志筑室数十楹，于是士夫始寄迹焉。嘉庆五年，兵部尚书会稽茹公棻等，乃于祠之东南隅更辟门以便居者之出入，颜曰浙绍会馆。其南临南下洼之香厂，缭以重垣，垣之外有隙地七亩奇，输税于官，以待增筑。自是商贾渐以不至。然北为祠，南为邸，几一宅而两分。祠之左为眼药庵，亦不知其所始，土偶丛杂，与祠合并。咸丰中，召僧居之，益设塿像，淫祀不经。庵之中楹，设三教堂，祠中杂祀道家天、地、水三官，及市井所谓财神诸妄诞之像。而居邸者亦杂厕不恒，或携眷挈孥，鸡犬诟谇。同治十年，重修葺之，而以祠赁酒家，凌杂屠沽，遂为秽地。由是，公车鲜税驾者，日以废坏。至光绪初，以歌台付优人为演唱之地，楼庑倾陊，上雨旁风。其南秀孝弦诵之舍，毁圮殆尽。

岁在甲申三月，太仆寺少卿钟佩贤移疾将南归，以祠馆属户部郎中会稽李慈铭主之，于是始任事。履视其地，败砾颓垣，几将鞠为茂草。其仅存者，湫隘鲵臭，殆不可入。祠庵九楹，幽阴扃锢，像设颠倒，寒风飒然。盖为狐鬼之所凭，鼯鼪之所穴。周历徘回，慨焉心伤。爰与同志编修山阴鲍临、吴讲、上虞陈梦麟等，谋所以新而辟之者，宛平桑知府彬，故刑部尚书文恪公春荣子，本会稽人，其所居近祠，属以鸠工庀材，董理斯役。而祠馆所存公使钱仅千馀金，不足济用。适兵部尚书广西巡抚大兴张曜自喀什葛尔奉召入都，尚书本上虞人，因告以祠事。尚书居杭州馆，亦近祠，一日过之，见其荒陋，慨然出千金为创。慈铭复以书告苏松兵备余姚邵友濂，出四百金，于是决计为之。

先以文告诸神，毁三教堂，迁佛像于白纸坊之崇效寺；迁老子、真武、三官像于保安寺街之玉皇庙。慈铭仍出私钱畀寺庙之僧，饬其严奉，乃移祠之文昌诸像及主于庵中，而改祠屋为厅事。其北墉后有附屋如篾，撤去之。后室三楹，屋脊设兽吻，旧题为得月山房，士人亦居之，名实不称，乃改为享祀之堂，祀乡先贤。自汉西域都护郑公吉以下二百二十四人。其大门之额，旧曰浙绍乡祠者，改为越中先贤祠。二门额旧曰霓咏仙庄者，改曰绍兴会馆。歌台轩楼，悉如其旧。楼之后曰嘉会堂，康熙时中允会稽傅公王露所书。堂之后即祠屋，今曰典录堂，以为春秋宴集议事之地。其中楹楣间遍悬国朝以来宰相、七卿、督抚、鼎甲进士之额，八邑人之得此者，以次题名其上，故曰典录也。其左眼药庵在祠之西，主祠言则为左。南三楹中奉仓帝、越王、文昌、关神武旧在祠屋中龛。左奉静安公、金龙四大王、郡邑城隍神，东汉马太守臻，明戴太守琥，封宁江孚惠伯明汤太守绍恩旧在祠左右龛。右为眼药仙人，仍其旧。外额曰灵汜分祠。《吴越春秋》云：勾践领功于灵汜。又云：越王祭陵山于会稽，祀水泽于江州。汜者，《说文》曰：穷泽也。穷泽者，水之尽处也。吾越有灵汜桥，在城东。盖自六朝有以来有之，唐初，僧辨才赴斋灵祀桥严迁家是也。汜者，祀也，所祀多水神，故曰灵汜分祠。庵之后，隔以墙。墙后南屋三楹，北屋五楹，皆以待居者。其西曰慎独堂，道光间协揆萧山汤文端公金钊所题，以为延客地。慎独堂西，列舍七楹，亦以待居者。典录堂之东为庖厨，厨之北，南北相向屋各三楹，皆不可居。其馀以为福清及守馆人之居。先贤祠室之右在东方，亦主祠言则为右，有屋三楹，东向，将以左右室为祭器之库。旧于祠之东侧辟门二，今悉敚之，其居者出入皆由复巷，出二门之左达大门，俾慎启闭，谨守视焉。其诣庖湢，皆循典录堂之外，不经祠室，典刑所在，昭严事焉。至先贤入祀之数，遍稽史传，综核志乘，旁及四部，博考精求。进退之间，致严致敬，不敢稍参私见，轻信偏辞。五夜盟心，鬼神共鉴。其例凡二十有六，列之下方：

一　凡有佳史传，代负盛名，而易代之际，有可议者如晋之永兴夏文正，方孝行甚显，而吴时已为五官中郎将，入晋为高山令。凡此之类，皆所不与。惟虞永兴，虽尝仕隋，湛冥乱世，入唐大显，名德冠时，故特存之。

一　凡侨籍者不与，若晋之谢文靖、谢献武、王右军父子、阮思远、戴安道、许元度、齐之王思远等皆是。

一　凡改籍者，若南唐之徐楚金，《宋史》及《东都事略·徐铉传》皆云扬州广陵人，而陆氏《南唐书》称二徐山阴人，父为扬州司马，乃家广陵。《十国春秋》云，世为会稽人。《钦定全唐文》从之。明季之何中湘，《明史》称其祖籍浙江山阴。《御批通鉴辑览注》亦言本山阴人，故仍列入。至魏晋之嵇中散父子，《三国志》止云谯郡嵇康。《晋书·嵇康传》言先本上虞人，本于虞预《晋书》，其言稽字去旨加山成嵇，近于无稽。明之定西侯蒋贵，《府志》谓本诸暨人，本之张氏《有明三不朽图赞》，而《明史》止云江都人。凡此之类，皆不敢与，以致慎也。近世大兴朱氏筠、文正公珪，本萧山人；徐氏松，本上虞人，而久安于燕，亦不更及。

一 凡流寓者，若汉之梅子真、蔡中郎，梁之何子季兄弟，唐之张元真，宋之尹和靖、曾文清皆不应与。王定肃希吕、李忠襄显忠等，后虽居越，非越产也，亦不与。

一 凡东汉顺帝以前未分立吴郡时称会稽者，如《汉书》之朱买臣，《后汉书·儒林传》之顾奉、澹台敬伯，《西京杂记》之顾翱，皆吴人也。《三国志·顾雍传》言奉为雍之曾祖父，澹台敬伯据《通志·氏族略》引《风俗通》有汉博士澹台恭，盖即其人。钱氏大昕谓吴郡有澹台湖，其所居也。《西京杂记》言顾翱居近太湖，则皆非越人，明甚。既分以后，会稽郡尚兼今宁、台、金、衢、严、温、处之地，此等皆当核实。

一 《府志》载汉初将军丁复、珠崖太守孙豹。案，《汉书·功臣侯表》言复以越将从高帝，越将者，闽越之将《史表》作赵将，非越人也。其时，越久为会稽郡矣。孙豹见《后汉书·南蛮传》，在武帝时称曰会稽人，时会稽治吴县，未可定为越人也。郡县志此类多有，概不足据。

一 吾郡学乡贤祠，庞杂抵牾，不可究诘。其中时代倒置，官职讹谬，辨不胜辨。明代以后，尤为乖滥，凡显宦之先代，富人之祖父，无不罗列。此昔儒有以其先在列为耻，奉主以归者也。风会所趋，迄今日下，不可以理说矣。其祀首范少伯。考少伯，《史记集解》以为楚南阳人，《吕氏春秋》高诱注以为楚三户，《水经注》以为宛人，其非越产明矣。全氏祖望辨大夫种非鄞产，盖志乘多如此，不得不辨。近时萧山市侩王某，目不知书，属妄人代撰于《越先贤图赞》，颠倒怪谬，事同戏剧，邨书稗贩，益不足论。

一　读其书者祀其人，故国学之祀先儒，以报功也。然如王仲任为越士，首出《论衡》一书，千古谈助，而其立言，有违名教，故不与。

一　乡论尚德，以资观感，故立品为先。历史所载孝行诸公，虽轶事无传，概不敢略。然如晋之处士夏仲御，《晋书》所述，事近怪异。据《艺文类聚》诸书所引，多出仲御别传，盖不足深信。至以一言劝仕，屏人终身，迨侍母疾，始得相见，亦似非人情所有。《晋书》好采小说，景饰滋多。又齐之学士杜孟，山栖孝行绝人，又善礼学，自其父京产，已居会稽日门山，而《齐书》《南史》皆系之吴郡钱唐人，故于两公皆未列入。

一　志乘之例，与史小殊。故于乡贤书美而不书恶。《宋史》孙威敏本传载其守郡事，瑕疵甚多，虽或以严致谤，然事不能灭也。嘉太诸志，但称其善，所以存人物也。若祠祀，则不得严，无取广搜以诒口实。

一　万历《绍兴府志》人物，有徐孝嗣、徐橘、徐陵等，盖误以东海剡人为剡人。国朝乾隆《绍兴府志》人物，有邹维梿，盖误以江西新昌人为越之新昌人。此类滋讹，所宜致辨。

一　越中人物，在吴如山阴贺氏、余姚虞氏。在晋迄唐如山阴孔氏及贺氏、虞氏，在宋如新昌石氏、山阴陆氏，在明如山阴祁氏、会稽陶氏、余姚孙氏、新昌吕氏，名臣硕士，后先相望，家声之美，史不绝书。俎豆五筵，势难遍及。兹最其竹箭之英，匪谓尽璆琳之选。至明之山阴何氏、会稽商氏、余姚姜氏、轩冕代系，貂蝉满门，论其人才，亦足焜煌志乘，少牢社祭，未可强登。

一　《会稽先贤传》，创自吴时谢伟平，其书久佚。今见《初学记》《御览》诸书所引者，有陈业、沈勋、茅开淳、于长通、董昆诸人。晋时虞叔宁撰《会稽典录》，虽亦久佚，而《三国志注》及唐、宋诸类书存其逸文较多。《史通》采撰篇云：郡国之记、谱谍之书，务欲矜其州里，夸其士族，如江东五俊，始自《会稽典录》。案：《世说新语》赏誉下云：会稽孔沈、魏颢、虞球、虞存、谢奉并是四族之俊，于时之杰。盖即《典录》所谓五俊也。凡此之类，或事迹廖落，或品藻虚词，皆不之及。《后汉书·李固传》注，引谢伟平，《后汉书》载会稽山阴人贺仲真纯，博极群艺，辟举二十馀，不就事。《晋书·贺循传》亦载之，而事实无传，故亦不敢辄登。盖后生观法，务取实行，不在重名也。

一　吾越君子六千节义之国，明之末造，殉节尤多，国朝赐专谥者六人，赐通谥者四十二人，祀忠义祠者百馀人，而《越殉义录》所载，尚有不预者数十人，嚼舌衔须，后先相望。兹取其平生建树足以相副，及事至惨烈者，不能遍及也。王遂东于监国之败，入秦望山丙舍以卒。《越殉义录》及《思复堂集》诸书皆以为饿死，惟王山史宏撰及全谢山谓其非殉节。然采薇庵之筑，拟节首阳，迨江上溃时，老疾已笃，数日即逝，无愧成仁。且平所至贬官，终不挠屈，风流文采，照映寰中，檄马士英一书，正气凛然。其云：会稽乃报仇雪耻之乡，非藏垢纳污之地。二语尤足廉顽立儒，景仰千秋。俞际华之死，《明史》及《通鉴辑览》有疑词，而《钦定胜朝殉节诸臣录》《纲目三编》《明鉴》均谓赴东华门哭奠崇祯帝梓宫，归自缢新昌会馆，盖日久论定。如昆明赵御史譔之谥忠愍，亦至乾隆时始著也。俞之死节，盖与周巢轩同时，视倪鸿宝诸公稍后，故当日有被贼刑死之言。然南都亦已赠谥节愍，则众论佥同矣。若唐王时殉赣州之难，有户部侍郎余姚江开。初一洪，见《越殉义录》及《毛西河集》，言其甚烈，而《明史》诸书皆不载，姑阙之。

一　先贤行谊，或系出一门，或事相连及，宜揆轻重，以为详略。如《后汉书·孟尝君传》，言其先世为郡吏，并伏节死。《三国志注》引虞翻言，上虞孟英《太平御览》引《会稽典录》云：英字公房。三世死义。王仲任《论衡·齐世篇》云：会稽孟章父英为决曹椽，代太守引罪自杀。章为郡功曹，从太守讨贼败，以身代将死。今既祀伯周，则父祖从略。唐之徐惟岳、季海父子，皆有声绩，尤以书法负重名，而季海尤著，故略惟岳。明季如高鲁瞻岱，与叶蘅生汝佶，皆崇祯庚午举人，皆死鲁王之难。高无功绩与金万藏简，同仕桂王，有直谏声，皆死于缅甸，《明史》皆同传，而两高公行事较著，故叶、金两公从略。郑履恭父金事之尹，弟通政道俭皆死节，而义兴纠族举义，英烈尤伟，故止祀义兴，亦犹史家专传、附传例也。至阎、陈两典史，同守江阴，《越殉义录》言阎公亦绍兴人，而史称顺天通州人，则祀陈而略阎。陈元倩潜夫，《明史》称钱唐人，祖籍诸暨，《越殉义录》作会稽人，亦姑阙之。

一　方技诸家，如汉之魏伯阳，吴之吴范，皆名在千古，而例不得与。后汉谢太守夷吾，经儒循史具见《东观记》谢承书，而范书入之方术，亦姑阙之。

一　私家著述，虽出名德大儒，而史无可证者，如宋之王敦素员外丝，行事见《范文正集》，有墓表。明之刘元隆侍郎栋，志节见其从孙蕺山先生集，有请谥疏。以史皆无传，亦姑从略。

一　吴之朱嗣卿育，史称好作奇字千名以上，盖深于小学，力追古籀，其所著问对，极有功于文献，故祀之。若《论衡·按书篇》所称，会稽吴君高之《越纽录》，周长生之《洞历》，刘子政、扬子云不能过也。周长生名树，见《北堂书钞》引谢承《后汉书》。其时代行事无可考，则从所略。

一　三国之吴，既不忠于汉，又反覆于魏。五代之吴越，不忠于唐，翻覆五姓，私立元号，于事皆无足取，故于二代人物，责备为深。孙氏多材，宜有甄综。然如钟离牧父子、骆统等，虽有可取，亦不多及。钱氏诸臣如顾全武等，则全略之。

一　以诗文名世者，如杨铁崖、徐天池。国朝之胡稚威、商宝意等，皆拟更筑诗巢奉之。其经学如马德淳、邵瑶圃、王南陔、王汾原，史学如邵思复、章实斋、章逢之、沈清玉、汪苏潭、杜尺庄诸公，皆著述裒然，信今传后，虽佚相半，自足名家。马、邵思复、章实斋、沈，已祀山会邑馆，馀以其世太近，姑从缓议。

一　国朝先达，德行事功，多有可纪，其显贵者如沈清远漕帅之政绩，梁文定相国之文采，史渔邨左都之清节，莫宝斋侍郎之风范，汤文端相国之耿介，若在往代，皆当俎豆，亦以世近，概从缓议。盖详远略近，理固然也。

一　国朝殉节诸公，其卓卓者如道光间之嘉义县丞方义烈，定海总兵葛壮节，皆有可称，亦以世近，待之后来。

一　先贤出入，一字綦严，昔放翁父子撰《嘉太会稽志》，而人物中列其先世止左丞一人，钱竹汀氏极称之。况俎豆馨香，尤当致慎，平心公议，仰则先型。吾家如明之山东巡抚、都御史国华公讳懋芳，国朝之湖南巡抚松云公讳尧栋，政绩文章，皆有可述，东抚之官台谏，湘抚之守江宁，风节尤著。而先六世祖内阁中书、武英殿纂修天山府君讳登瀛，在朝之节行，宰县之神明，至今犹在人口，即诗文书法亦皆足名家，以事迹罕传，概从阙如。既避亲嫌，亦昭公道。盖先贤者，万世之定名。都祠者，通国之矜式，较之郡邑，尤为严重，非可以子孙为羔雁，以官爵为烝尝。区区此心，所堪共鉴。

一　先贤所就，德功立言，各有其至，瞻仰则效，人自得师，不必僭拟史裁，区分品类。盖乡党尚齿，宜以先后为序。私测管窥，妄相区别，进退既非有据，轻重亦未必公。且或后父祖而先子孙，退先生而进弟子，合食颠倒，堂寝不安，维桑失恭，违莫大焉。舆地佳志，人物尚不分类，郡邑学校，乡贤亦以代序。况神坐之在列，京辇之合祠乎。

一　吾越郡城龙山西麓，旧有诗巢，传为东维遗址。国朝康熙初，先天山府君与郡中名士重建诗巢于偏门之壶觞邨，称诗巢二十子，其地湖山秀绝，亭槛映带，蔚然花竹，传为画图。事见刘先生戒谋《宛委山人集》及章先生大来、厉先生煌、金先生以成，商先生和，余先生懋，祁诸先生诗文集，陶篁邨续会稽三赋等注。日久渐圮，乾隆中，商先生宝意等复建于龙山之麓，结社唱和，称西园十子，而追奉贺季真、秦公绪，方雄飞，陆务观及廉夫文长于中龛（龛），肖像祀之。其左龛则祀康熙初二十子，自后右龛即祀西园十子及道光中泊鸥社诸子。岁月滋多，不免屡杂。粤匪之乱，遂为废墟。今都城祠后尚有隙地，傥桑梓诸公惠然解囊，将伯共助，句欤赢给，当更筑楼三楹，踵铁之风流，存越纽之文献，由廉夫以上，溯二谢及齐梁之虞羲、虞骞、孔翁归、孔逭，唐之贺朝、万万齐、<small>新旧《唐书》皆脱一万字，《嘉太》志因之。</small>朱放、严维、朱庆馀、范摅，宋之钱易、彦远父子，贺铸、华镇、孙因、张淏、王英翁、王沂孙、高翥、高观国，下逮元之张宪、王冕、岑安卿镏绩，以及明之诗人，国朝之诗文章家，凡遗集尚存，或集虽不传，而逸事风流世所共知者皆与焉。断代于道光朝，咸丰以后，待之论定，庶几咏歌有讬，文字常留，借京雒之馨香，储稽阴之坛坫。且其地邻南郊，洼下多水，更拟引泉通户，疏壤栽花，构流觞、丽句两亭于墙外，临池仿佛剡溪，模写鉴曲，增都门之丽瞩，为觞咏之胜区，尚冀仁风，共成盛事。流觞亭上附祀王右军、谢文靖、孙兴公、许元度、王子猷、子敬。丽句亭祀秦公绪、方雄飞，至贺、陆二公已祀先贤，则不重出。

一　吾越列女，自曹娥开其先，以后朱娥诸娥皆千古卓绝。明末之大金夫人章烈妇，游击将军沈云英，尤彤史之奇行。其他舍生取义，辉映闺襜，指不胜屈。越人仕女，接第都门，宜有观型，以资内教。见在祠西眼药庵前楹，有铜观世音像，传为唐代所铸，旧在潘家河沿晋阳庵，明季移奉于此，今拟于诗巢之西，建白华绛跗阁二层，上奉观音，下祀列女。而越中丛林古德，自帛道猷、竺法深、支道林、竺道壹卓锡来东以后，代有可述，如晋之昙翼、昙彦；齐梁之慧基、慧皎、昙斐、昙颖、僧护、僧佑；陈之智永、智果；唐之辨才、道芬、皎然、澄观、灵一、灵彻；宋之行瑫、见近日日本所传唐释慧琳《大藏经音义》前附其国人所撰《刻书纪事》引宋《高僧传》云：后周会稽郡大善寺行瑫律师，慨慧琳《音义》不传，遂述《大藏经音疏》五百许卷，今行于江浙左右僧坊。海慧、从朗、咸润、了演、华光；明之湛然、雪峤；国朝之宏觉，皆戒律精严，文采照映，拟附于眼药庵之前楹，俾应和灵山，扶持象教，亦通人所不废也。

汉西城都护安远穆侯郑公吉《汉书》止云会稽人。《后汉书·郑宏传》云：从祖吉。注引谢承书曰：其曾祖父本临淄人，武帝时将三子移居山阴，遂家焉。长子吉是侯，实山阴人。古缪、穆字通，班书《楚元王传》言刘德谥缪，以讼子向罪，故《张安世传》言勃谥缪，以举陈汤非其人。故《陈汤传》亦言之，侯以功名始终，下诏褒显，而谥曰缪。史无它辞，则为穆字之借无疑焉。

  汉逸民子陵严公光

  汉尚书仆射鲁相子阿钟离公意

  汉合浦太守伯周孟公尝

  汉太尉巨君郑公宏

  汉江夏太守叔儒韩公说

  汉有道长君赵公煜

  汉大中大夫君期陈公嚣

  汉孝廉光禄主事景成戴公就

  汉尚书少英魏公朗

  汉孝子杨公威

  汉太尉录尚书事钱唐侯公伟、朱公俊

  吴骑都尉仲翔虞公翻

吴太子太傅德润阚公泽

吴偏将军元代董公袭

吴后将军领徐州牧山阴侯公苗、贺公齐

吴司徒子贱丁公固

吴武陵太守伟平谢公承

吴孝子山阴祁公庚、上虞樊公正

吴功曹温伯邵公畴

吴侍中嗣卿朱公育

晋开府仪同三司赠司空穆公彦、先贤公循

晋散骑常侍仲宁虞公喜

晋散骑常侍平康县侯叔宁虞公预

晋金紫光禄大夫馀不贞侯敬康孔公愉

晋散骑常侍晋陵简侯君平孔公坦

晋高梁太守公回杨公方

晋著作郎行思谢公沈

晋左光禄大夫永安简侯世康丁公潭

晋吴兴太守彭祖孔公严

晋开府仪同三司武昌孝烈侯思奥虞公潭

晋吴国内史伟康张公茂

宋处士朱公百年

宋孝仪赠天水郡显亲都尉贾公恩

宋孝行郭公世通

宋殊行举太学博士长恭郭公原平

宋海虞令何公子平

宋义行严公世期

宋侍中右军长史行会稽郡事思远孔公觊

宋廷尉士恭虞公愿

齐太子詹事散骑常侍德璋孔公稚珪

梁金紫光禄大夫贞侯庆绪孔公休源

梁步兵校尉领五经博士德琏贺公玚

梁南郡太守文明贺公革

梁尚书左丞国宝贺公琛

梁步兵校尉孔公子祛

梁侍中大将军巴陵忠武王子珩王公琳

梁东扬州刺史张公彪

唐银青光禄大夫永兴文懿公伯施虞公世南

唐太子宾客孔公述睿

唐京兆尹谥夷罗公珦

唐秘书监赠礼部尚书季真贺公知章

唐岭南节度使吏部侍郎会稽县公季海徐公浩

唐户部侍郎翰林承旨学士子华吴公融

唐孝子丁公兴、张公万和、戴公恭、李公渭、许公伯会、俞公仪

南唐右内史舍人赠礼部侍郎谥文楚金徐公锴

宋太子太师同平章事祁国正献公世昌杜公衍

宋龙图阁学士知河南府子敦顾公临

宋龙图阁学士知开封府穆父钱公勰

宋资政殿学士尚书左丞农师陆公佃

宋宝文阁待制国子祭酒辉中姚公勔

宋进士稽山书院山长赠刑部尚书季平石公待旦

宋中书侍郎谥忠肃宾王陈公过庭

宋枢密直学士兵部尚书国佐石公公弼

宋少保资政殿学士参知政事谥庄简泰发李公光

宋徽猷阁待制左朝请大夫叔光张公宇发

宋徽猷阁待制权户部侍郎廷辉姚公舜明

宋愍孝元应蔡公定

宋给事中子骏傅公崧卿

宋直宝谟阁浙东提点刑狱文授李公孟传

宋枢密院编修官权尚书户部员外郎令威姚公宽

宋端明殿学士参知政事令则姚公宪

宋刑部侍郎德应陈公橐

宋龙图阁学士礼部尚书谥献简周伯胡公沂

宋宝文阁直学士权户部尚书谥文庄宣子王公佐

宋直显谟阁左司郎中德卿潘公畤

宋宝章阁待制秘书监渭南县伯务观陆公游

宋太常寺主簿知南康军子重石公鼛

宋焕章阁学士礼部尚书文叔黄公度

宋右文殿修撰知温州粹中莫公子纯

宋知常熟县季和孙公应时

宋户部侍郎谥忠正甫刘公汉弼

宋太常少卿知临安府元实孙公子秀

宋浙西提点刑狱知饶州谥忠介景实唐公震

宋知岳州赠太师和王全公昭孙

宋宗室赵公孟松

宋义士玉潜唐公珏

元孝子石公明三、徐公允□、陆公思孝、石公永寿

元处士谥庄节先生明善韩公性

元江西行省左右司员外郎止善王公艮

明左副都御史伯时韩公宜可

明左副都御史赐谥节愍复初陈公性善

明南京吏部尚书谥文靖仲房魏公骥

明礼部侍郎尚文章公敞

明右佥都御史广东巡抚谥恭惠杨公信民

明少傅兼太子太傅武英殿大学士谥文正于乔谢公迁

明南京工部尚书时俊张公嶪

明太常寺少卿孔修潘公府

明太子太保兵部尚书世光何公鉴

明南京刑部尚书谥庄僖大经韩公邦问

明广东按察司副使谥忠襄宗吉毛公吉

明右副都御史巡抚江西谥忠烈德成孙公燧

明南京兵部尚书新建文成侯伯安王公守仁

明刑部主事亮之郁公采

明锦衣卫经历谥忠愍纯甫沈公铼

明南京右通政宗安沈公束

明孝子杨公宗晖、维勤刘公瑾、邦植何公競、马公彦清、张公震、娄公可道、茂纯宋公瑜、景修俞公孜、蒋公子浚、夏公千、陆公尚质、赵公万全

明兵部左侍郎谥庄敏世和陶公谐

明通政使天宏葛公浩

明右佥都御史巡抚宁夏汝登胡公东皋

明右副都御史巡抚郧阳公瞻宋公冕

明广西布政司参议时庸牧公相

明南京工部郎中曰仁徐公爱

明长沙府知府明德季公本

明江西提学佥事子宿汪公应轸

明广东提学副使子雝萧公鸣凤

明右副都御史巡抚贵州即卿陈公克宅

明南京礼部尚书谥文恪志高孙公升

明南京工部尚书信卿吕公光洵

明吏部右侍郎谥文懿端甫诸公大绶

明刑部郎中绪山钱公德洪

明南京兵部郎中汝中王公畿

明右副都御史巡抚江西叔谦张公元冲

明广东按察司佥事允平徐公甫宰

明巡抚山东御史叔明叶公经

明御史如卿谢公瑜

明韶州府知府用光陈公绍

明南京通政司参议以言徐公学诗

明右副都御史总理河道文卿孙公应奎

明南京礼部尚书谥恭惠子述陶公承学

明太子少保刑部尚书谥端肃元樸赵公锦

明吏部侍郎谥文僖虞臣陶公大临

明吏部尚书谥清简文中孙公鑨

明太子少保兵部尚书君泽吴公兑

明刑部右侍郎汝宗张公岳

明吏部尚书谥恭介登之陈公有年

明湖广按察司副使子本骆公问礼

明礼部尚书谥文懿一甫罗公万化

明左谕德谥文恭子荩张公元忭

明国子监祭酒谥文简周望陶公望龄

明少师总督川湖云贵谥忠定懋和朱公燮元

明太子太保文渊阁大学士谥文恭景文孙公如游

明右都御史赐谥忠介起东刘公宗周

明江西布政司参政夷度祁公承煠

明陕西布政司参政伯鹰徐公如翰

明少保武英殿大学士谥文贞宏载钱公象坤

明福建右布政使道之来公斯行

明布衣继志周公述学

明诸生叔则沈公国模、子虚史公孝咸

明礼部右侍郎季重王公思任

明御史谥忠端真长黄公尊素

明陕西布政使右参政赐谥忠烈君启陆公梦龙

明户部尚书赐谥文贞玉汝倪公元璐

明左副都御使赐谥忠愍尔韬施公邦曜

明右副都御史巡抚苏松赐谥忠惠世培祁公彪佳

明兵部尚书赐谥忠节武贞余公煌

明左谕德赐谥文忠仪伯周公凤翔

明吏部侍郎羽侯章公正宸

明兵部尚书东阁大学士赐谥忠节雨殷熊公汝霖

明太师中极殿大学士定兴侯赐谥忠诚云从何公腾蛟

明礼部尚书东阁大学士赐谥忠节震生严公起恒

明礼部尚书东阁大学士谥忠襄硕肤孙公嘉绩

明中军都督府右都督义兴侯赐谥节愍履恭郑公遵谦

明南阳府知府赐谥忠烈华阳颜公曰愉

明四川按察司金事赐谥烈愍鲁生张公孔教

明御史赐谥节愍际华俞公志虞

明长安县知县赐谥节愍岁青吴公从义

明南京户科给事中赐谥忠节九山张公焜芳

明光禄寺少卿赐谥节愍无功高公勋

明翰林院编修赐谥节愍汉官徐公复仪

明兵部职方司主事赐谥节愍鲁瞻高公岱

明御史仲渊何公宏仁

明行人司行人泰若李公安世

明宝应县知县孝节先生谦贞余公增远

明诸生正义先生元趾王公毓蓍

明诸生中黄傅公曰炯

明布衣赐祀忠义祠子翔潘公集、定夫周公卜年、鸿儒朱公玮、舜平倪公文徵

明江阴县典史赐谥烈愍陈公明遇

明兵部右侍郎赐谥烈愍完勋王公翊

明都督同知钦臣章公宪

明兵科给事中文载祁公熊佳

明左副都御史文孝先生太冲黄公宗羲

明兵部职方司郎中无功先生子新倪公会鼎

明举人清文余公增雍

明中书舍人贞孝先生伯绳刘公汋

明中书舍人奕喜祁公班孙

明诸生无休先生董公玚

明诸生陶庵先生宗子张公岱

皇清太子太保兵部尚书福建总督熙止姚公启圣

皇清兵部尚书两广总督伯成吴公兴祚

皇清翰林院检讨大可毛公奇龄

皇清徵士大瓢山人可师杨公宾

皇清孝子诸生封翰林院编修周鼎厉公世昌

皇清孝子道州知州隽工翁公运标

皇清柳州府知府左南范公家相

皇清德安府同知逊来茹公敦和

皇清翰林院侍读学士召弓卢公文弨

皇清翰林院侍讲学士二云邵公晋涵

皇清湖南宁远县知县焕曾汪公辉祖

皇清湖南按察使赠巡抚重庵傅公鼐

光绪十一年十一月

按：越中先贤祠，即清绍兴府府属八邑（山阴、会稽、萧山、诸暨、余姚、上虞、嵊县、新昌）会馆。朱一新《京师坊巷志稿》"西珠市口大街"条记"有越中先贤祠"，即今北京市西城区珠市口西大街。

李慈铭《越缦堂文集》卷十二，页三至十九。《续修四库全书》第1559册，第238—246页。

记修葺全浙会馆事

李慈铭

光绪十六年六月二十九日丁卯傍午,诣下斜街全浙馆赴萼庭之饮。馆本为赵吉士之"寄园",有藤甚古,今久不葺,屋舍多圮,藤亦枯朽。今年杭人濮紫泉等取所存公费二千馀金营造之,为堂宇三,补种花木,以备游宴,颇华洁宏整。最后之堂为"紫藤精舍",最宽敞,藤两株,对峙院中,亦近年补栽者也。是日坐有班侯、介唐、仲弢诸君及不识姓名者两人。晡后归。

李慈铭《越缦堂日记》第17册,第12523页。题为点校者所加。